2025
千葉県公立 高校

はじめに

行きたい学校

自分で発見。

　中学生のみなさん。みなさんは、やがてくる進学先の高校選びをどんな基準で行いますか？　もうその準備は始めていますか？

　「公立高校に行きたいんだけれど、私立高校に比べると学校の様子がよく見えなくて、結局勉強の成績だけで学校を選んでしまいそう。」といった声をよく耳にします。でも、今、公立高校が変わろうとしています。それも大きく変わろうとしています。多種多様な学科を設けたり、学校が独自にカリキュラムを工夫したりと、「画一的な教育」というイメージから、生徒の個性や特技を生かす柔軟な教育体制に整えようとしています。

　本書は、変わりゆく公立高校の姿を、入試システムの視点から、そして学校単位での視点からとらえ、わかりやすくご案内します。

　高校の3年間。それはたったの3年間かもしれませんが、皆さんの将来を方向づける大切な期間となるのです。どの高校で充実した3年間を送るかは、本書でじっくり研究してください。

東京学参

公立高校入試完全ガイド　2025年

千葉県

この本の
使い方

＜使用上のご注意＞

★学校や学科の再編・統合などの計画により、本ガイドの内容に変更が生じる場合があります。再編・統合に関する最新の情報は、千葉県教育委員会のホームページなどでご確認ください。

　千葉県教育委員会ホームページ　https://www.pref.chiba.lg.jp/kyouiku/index.html

★入学時におけるカリキュラムには変更が生じている場合があります。各校の最新の案内資料やホームページなどでご確認ください。

★通信制課程の入試実施方法については、教育委員会や学校へお問い合わせいただくか、教育委員会や学校のホームページなどでご確認ください。

＜知りたい学校の探し方＞

★この本は次のような順序で各学校を紹介しています。

　1. 県立高校の全日制課程を紹介したページは、学区ごとに配列しています。（県内全域を学区とする高校も、所在地による分類で含めています。）

　2. 市立高校の全日制課程を紹介したページは、県立高校のあとに配置しています。なお、配列は1に準じています。

　3. 定時制・通信制課程を紹介したページの配列は、1・2に準じています。

★各学校を紹介したページを探す場合には、p.8 ～ 12の総合インデックスもしくはp.178 ～ 180の総索引をご覧ください。

＜ガイドページの見方＞

各学校を紹介したページは、次のようにご覧ください。

学校名

単位制・課程
単位制	＝単位制高校の場合に表示
定時制	＝定時制の場合に表示
通信制	＝通信制の場合に表示

※定時制・通信制のページのみに記載

ホームページ
学校のホームページのアドレスです。(アドレスは移動している場合があります。ご注意ください。)

所在地、アクセス方法
所在地、電話番号が記されています。また、学校の最寄り駅もわかります。

カリキュラム
設置されている学科やコースごとの内容などを紹介。

進路
進路指導法や卒業生の進路先などの情報がわかります。

入試！インフォメーション
＜受検状況＞
選抜状況が数字でわかります。(単一学科設置校を中心に最大過去３年分を掲載。)

学科名・コース名
設置されている学科・コースが記されています。

部活動
設置されている部・同好会の名称や活動の様子などを紹介。

トピックス
上記の各項目の他に、学校の雰囲気が伝わってくるような話題を、「トピックス」として紹介します。

学校見学
学校の空気に触れられるチャンスを紹介。興味のある学校には、受験前にぜひ一度、足を伸ばしてみましょう。

行事
文化祭や体育祭など、生徒に人気の高い行事、伝統となっている行事について紹介。

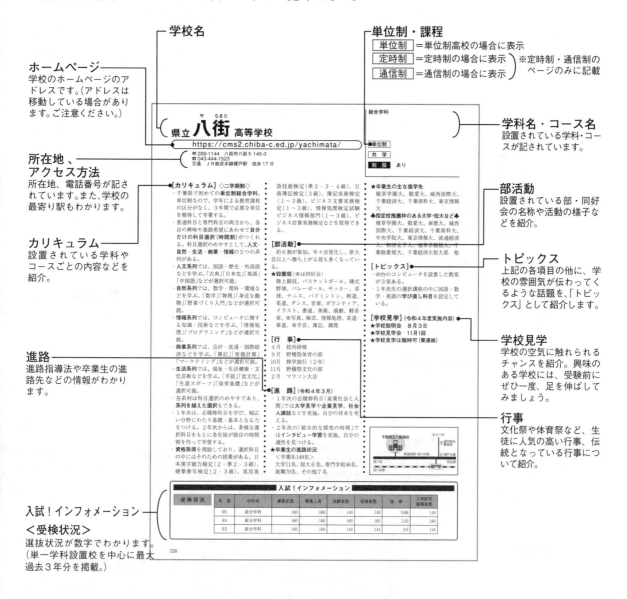

千葉県公立高校の入学検査料・入学料について

（市立高校もすべて同額・令和６年３月現在）

●入学検査料（１回につき）
　全日制　2,200円　　　　　定時制・通信制　950円
・県立高校から市立高校，市立高校から県立高校（またはほかの市の市立高校）
　に志願変更した場合は，志願変更時に新たに入学検査料が必要。

●入学料（１回につき）

全 日 制	定 時 制	通 信 制
5,650円	2,100円	500円

第3学区

第4学区

第2学区

第1学区

千葉県公立高校マップ

◉北部◉

第5学区

第6学区

滑河

佐原
佐原白楊
佐原

小見川
小見川

下総

成田西陵
北
田国際
成田

富里

多古

椎柴
松岸
銚子商業（海洋校舎）
銚子
市立銚子
銚子商業

榎戸
八街
八街

東総工業
旭
干潟
旭農業
猿田

匝瑳
八日市場

松尾
松尾

成東
成東

東金商業
東金
東金

大網
大網

九十九里

第9学区

第8学区

姉崎

袖ケ浦　●袖ケ浦

木更津　●木更津東
　　　●木更津

君津　●
　君津

大貫　●君津商業

上総湊　●天羽

市原　●
上総牛久
上総川間
上総鶴舞

市原（グリーンキャンパス）

●君津青葉

上総
（君津と統合後実習場予定）

大多喜　●大多喜

勝浦

長狭　●
　　　安房鴨川

安房拓心　●

安房
●館山総合
館山

茂原樟陽
長生
茂原

一宮商業

第7学区

長者町　大原〈岬キャンパス〉

大原　大原

御宿

勝浦
大原〈勝浦キャンパス〉

千葉県公立高校
マップ
◢◢南部◢◢

総合インデックス

この総合インデックスでは、掲載されている学校名を、課程や学科ごとに
整理しています。整理の方法は以下の通りです。

①全日制普通科

②全日制単位制普通科

③全日制専門学科

④全日制単位制専門学科

⑤全日制単位制総合学科

⑥定時制単位制普通科

⑦定時制単位制専門学科

⑧通信制単位制普通科

※各項目内の配列は、校名を50音順で整理しています。なお、市立高校の場合
　には、「○○市立」を除いた部分で並べています。
※各項目内に県立高校と市立高校がある場合には、県立高校、市立高校の順序で
　記しています。
※専門学科については、学科ごとに整理しています。なお、設置されている学科
　の内容により、複数の箇所に校名が記されている学校があります。また、示さ
　れた学科名の各箇所には、それに類する学科を設置した学校も含めて記してい
　ます。
※校名のあとに☆印が記されているものは、普通科でも学区は県内全域です。

① 全日制普通科

◆第1学区

◆第2学区

③ 全日制専門学科

＜農業に関する学科＞

＜水産に関する学科＞

＜工業に関する学科＞

＜商業に関する学科＞

＜理数に関する学科＞

＜国際関係に関する学科＞

＜福祉教養科＞

＜家庭に関する学科＞

＜芸術科＞

千葉県公立高校難易度一覧

ランク		目安となる偏差値	公立高校名
AA		75 ~ 73	千葉①
			船橋②
		72 ~ 70	東葛飾③
			船橋②(理数)，佐倉④
			千葉東①，薬園台②，佐倉④(理数)
A	1	69 ~ 67	市千葉市立千葉①(普／理数)
	2		木更津⑨(理数)
			小金②(総合)，船橋東②，八千代②，柏③，長生⑦(普・理数)，木更津⑨
	3	66 ~ 64	市千葉市立稲毛①(普／国際教養)
			柏③(理数)
B	1	63 ~ 61	幕張総合①(総合)，佐原⑤(普／理数)
	2		国府台②，柏南③，鎌ヶ谷③，成田国際④
			成田国際④(国際)，成東⑥(普・理数)
			千葉西①，匝瑳(総合)⑤
	3	60 ~ 58	津田沼②，松戸国際②
			検見川①，国分②，松戸国際②(国際教養)，柏中央③，市銚子市立銚子⑤(普・理数)，安房⑧
			千葉南①，千葉女子①，幕張総合①(看護)，柏の葉③，君津⑨
C	1	57 ~ 55	佐原白楊⑤
			千葉北①，千葉女子①(家政)，市習志野市立習志野②，東金⑥
			磯辺①，市川東②，船橋芝山①
	2	54 ~ 51	我孫子③，柏の葉③(情報理数)，袖ヶ浦⑨
			船橋啓明②，成田北④，東金⑥(国際教養)，茂原⑦
			市船橋市立船橋②，松戸六実②，大多喜⑦
	3		千葉商業①(商業・情報処理)，市松戸市立松戸②(国際人文)，八千代②(体育)，流山おおたかの森③，四街道④，袖ヶ浦⑨(情報コミュニケーション)
			千城台①，千葉工業①(理数工学)，市習志野市立習志野②(商業)，八千代②(家政)，八千代東②，印旛明誠④
D	1	50 ~ 47	千葉工業①(情報技術)，土気①，市原八幡②，松戸②(普／芸術)，市松戸市立松戸②，流山おおたかの森③(国際コミュニケーション)，柏陵③，銚子⑤，長狭⑧
			柏井①，千葉工業①(電子機械／電気)，若松①，市川昴②，実籾②，市柏市立柏③，佐倉東④(調理国際)，富里④，銚子商業⑤(商業・情報処理)，一宮商業⑦(商業・情報処理)
			市船橋市立船橋②(商業)，佐倉東④，東金商業⑥(商業・情報処理)，木更津東⑨，君津商業⑨(商業・情報管理)，京葉⑨
	2	46 ~ 43	千葉工業①(工業化学)，船橋二和②，佐倉東④(服飾デザイン)，東総工業⑤(電子機械／電気／情報技術／建設)，松尾⑥，茂原樟陽⑦(電子機械／電気／環境化学)，館山総合⑧(工業／商業)，木更津東⑨(家政)
			京葉工業①(機械／電子工業／設備システム／建設)，市川南②
	3		生浜①，市川工業②(インテリア)，薬園台②(園芸)，流山③(商業・情報処理)，野田中央③，佐倉西④，小見川⑤，茂原樟陽⑦(土木造園)，館山総合⑧(家政)
			犢橋①，市川工業②(機械／電気／建築)，市船橋市立船橋②(体育)，松戸向陽②(福祉教養)，松戸馬橋②，市柏市立柏③(スポーツ科学)，白井④，多古⑤，九十九里⑥，茂原樟陽⑦(農業／食品科学)，姉崎⑨
E	1	42 ~ 38	船橋北②／鎌ヶ谷西③／流山南③／四街道北④／大網⑥／大原⑦(総合)／安房拓心⑧(総合)
			市原緑②，松戸向陽②，成田西陵④(情報処理)，多古⑤(園芸)
			市原②，浦安②，船橋豊富②，下総④(自動車／情報処理)，成田西陵④(園芸／土木造園／食品科学)，八街④(総合)，君津青葉⑨(総合)
			泉①，船橋法典②，我孫子東③，清水③(食品科学／機械・電気・環境化学)，沼南③，沼南高柳③，流山③(園芸)，流山北③，旭農業⑤(畜産／園芸／食品科学)，銚子商業⑤(海洋)，大網⑥(農業／食品科学／生物工学)，館山総合⑧(海洋)，天羽⑨
			市原②(園芸)，浦安南②，行徳②，船橋古和釜②，八千代西②，関宿③，下総④(園芸)，君津⑨(園芸)
	2	37 ~	

*①～⑨は，学区(第1学区～第9学区)を表します。全日制普通科以外の学科と千葉女子・木更津東は学区の制限がない全県学区の高校ですが，通学の目安のために学区表示を付けています。

*データが不足している高校，または学科・コースなどにつきましては掲載していない場合があります。市は市立を意味します。

*公立高校の入学者は，「学力検査の得点」のほかに，「調査書点」や「面接点」などが大きく加味されて選抜されます。上記の内容は想定した目安ですので，ご注意ください。

*公立高校入学者の選抜方法や制度は変更される場合があります。また，統廃合による閉校や学校名の変更，学科の変更などが行われる場合もあります。教育委員会などの関係機関が発表する最新の情報を確認してください。

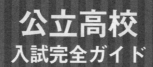

入学時、そして入学後の誰もが気になるお金の話

公立高校で「かかるお金」を考える

　古くから、私立高校は公立高校と比較して、費用がかかると言われてきました。実際に、高校の進学先を選ぶ際に、そうした経済的な負担の比較から、公立高校を希望先として選択する人がたいへん多くいたことは事実と言えましょう。

　しかしながら、「公立高校は費用がかからない」と言っても、かかるお金がそれなりにあることは察しがつきます。そして、たとえ授業料無償化が進んでも、かかるお金がすべてなくなるわけではありません。

　それでは実際に、どういうものに、どれくらいの費用がかかるのでしょうか。意外にもこんなことにお金がかかるのかといったことから、もしもの場合のお金のやりくりや工夫まで、高校入学時やその後の学校生活のお金にまつわる話をご紹介します。

「公立高校」への進学……かかるお金の実際は

　近年、私立高校における授業料の補助制度の拡充が進み、経済的負担が少なくなってきました。（下記参照）

公立高校と私立高校
年間の授業料補助の比較（全日制）

● 公立高校
11万8,800円（月額 9,900円）＜全額＞
▲世帯の年収910万円未満が対象
● 私立高校
39万6,000円（月額 33,300円）
＜支援上限＞
▲世帯の年収590万円未満が対象
※令和2年4月から、私立高校授業料実質
　無償化がスタート
（参考：文部科学省 HP 公表リーフレット）

　それでも、公立高校は私立高校に比べると、入学後にかかる費用が比較的抑えられ

る、そんなイメージを持っている方が少なくないかもしれません。実際には、入学時、そして入学後に、どのような費用がかかるのかを見てみることにしましょう。

　まず、受検料や入学料を簡単にみておきます。東京都、神奈川県、埼玉県、千葉県の全日制各校とも共通です（呼称は都県により異なります）。

受検料 ¥2,200　入学料 ¥5,650

　さて、気になるのは、入学後のさまざまな出費です。文部科学省では「子供の学習費調査」というものを隔年で発表しています。これは、学校に子どもを通学させている保護者が、学校教育や学校外活動のために使った1年間の費用の実態をとらえたものです。この中から「学校教育費」を取り上げてみます。

　公立高校の場合では約28万円。私立と比較すると一見、安く感じられます。しかし、

「子供の学習費調査の結果について」（平成30年度・文部科学省）

内容	公立高校	私立高校
授業料	25,378円（9.0%）	230,026円（32.0%）
修学旅行・遠足・見学費	35,579円（12.7%）	53,999円（7.5%）
学校納付金等	55,360円（19.7%）	215,999円（30.0%）
図書・学用品・実習材料費等	41,258円（14.7%）	42,675円（5.9%）
教科外活動費	40,427円（14.4%）	56,224円（7.8%）
通学関係費	79,432円（28.3%）	114,043円（15.9%）
その他	3,053円（1.1%）	6,085円（0.8%）
合計	280,487円	719,051円

表にはありませんが、同じ調査における公立中学校の約13万円（給食費は含まず）と比較すると、授業料を除いても中学のおよそ2倍の金額になります。

　何にそんなにかかるのでしょうか。首都圏のある公立高校に通う高校生（女子）の実例（下表）を紹介します。

　総額ではおよそ24万円。購入するものは学校、学年によって変わりますので、例えば制服のない学校では、当然、制服の費用がかからないことになります。（その分、洋服代がかかるかもしれませんが。）

　修学旅行は、下記例の積立金が繰り越され、費用は2年次でさらに追加されます。総額では約13万円。これは沖縄が目的地の場合の例ですので、海外へとなると、かかる費用はさらに大きくなります。

　公立中学との大きな違いということでは、学校への交通手段や距離によっては通学定期の購入に費用が生じることも大事なポイントです。

　このように、中学と比較すると、たとえ公立と言っても何かと費用がかさむことが伺えます。そこで、単純に節約というだけではなく、何か工夫できることがないか調べてみることもお勧めです。（COLUMN1 参照）

公立高校入学初年度にかかる費用

内容		金額	備考
学校生活	制服　女子・夏・一式	13,000 円▷	スカート（スラックス選択可）、Yシャツ、リボン、送料
	制服　女子・冬・一式	34,000 円▷	ブレザー、スカート（スラックス選択可）、Yシャツ、リボン、送料
	体育用品	21,000 円▷	ジャージ上下、ハーフパンツ、シャツ、体育館シューズ
	体育祭のTシャツ	1,000 円▷	クラスごとに作成
学習・校外活動	教科書	37,000 円▷	コースにより異なる
	補助教材	1,000 円▷	コースにより必要
	芸術鑑賞費	2,000 円	
	宿泊研修・遠足	16,000 円	
	模試・英検	8,000 円	
積立金・諸会費	積立金	50,000 円▷	¥25,000を前期・後期の2回に分けて納入
	生徒会費	5,000 円▷	コースにより必要
	PTA会費	6,000 円▷	総合補償保険料を含む
	修学旅行（積立）	46,000 円	

費用は概算。上記の他、選択科目での材料費、手帳代、写真代、健康センター掛金など。
この学校の2、3年生では、予備校の衛星通信講座約4千円（実施全3科を受講の場合）、
模擬試験約2万5千円（計5回、一部任意）などが、進路関連の費用としてかかる。

進学・通学のためのお金の工面

≫国の教育ローンの活用

国の教育ローンの一つに教育一般貸付というものがあります。これは家庭の教育費負担を軽減し、子どもの進学・在学を応援する公的な融資制度です。融資対象は、保護者世帯の年間収

子供の数	年間収入
子供が1人	790万円
子供が2人	890万円
子供が3人	990万円
子供が4人	1090万円
子供が5人	1190万円

入が、原則として、右記の表の額以下の場合とされています。(緩和措置あり)
入学金、授業料、教科書代などの費用に充てるため、学生一人につき最大350万円(外国の教育施設に3ヵ月以上在籍する資金なら最大450万円)を借りることができます。利率は、年1,66%(母子家庭等は年1,26%)〈※令和2年3月17日現在〉。
返済期間は15年以内(母子家庭等の場合は18年以内)とされており、子供が在学中は利子のみの返済にすることも可能です。日本政策金融公庫のHPに返済シミュレーションのコーナーがあり、各月の返済額や返済総額を試算してくれます。
「国の教育ローン」は1年中いつでも申し込むことができ、また、日本政策金融公庫のHPから申し込むことも可能です。

≫奨学金事業の活用

独立行政法人日本学生支援機構が、奨学金事業を実施しています。これは経済的理由で修学が困難な優れた学生に学資の貸与を行い、また、経済・社会情勢等を踏まえ、学生等が安心して学べるよう、「貸与」または「給付」を行う制度です。なお、奨学金は「国の教育ローン」と重複して利用することも可能です。奨学金の申し込み基準や申し込み方法等は、独立行政法人日本学生支援機構のHPで確認できます。

≫年金担保貸付事業国の教育ローンの活用

独立行政法人福祉医療機構が、年金担保貸付事業を実施しています。厚生年金保険、国民年金、労災保険など様々な公的制度がありますが、これらの制度から年金を受けている人(例えば夫が亡くなって遺族年金を受けているとか、事故で障害が残り障害年金を受けているなど)は、年金を受ける権利を担保にして、最大で200万円を借りることができます。これを入学金や授業料などの教育資金に充てるという方法があります。
この制度でお金を借りると、借入の申し込みの際に指定した額が、年金額から天引きされ、返済に充てられていきます。直接、福祉医療機構へ返済金の支払いを行うものではありません。連帯保証人が必要となりますが、信用保証機関を利用し保証料を支払うことで、個人の連帯保証人が不要になります。「独立行政法人福祉医療機構代理店」の表示がある金融機関等で相談や申し込みができます。
※年金担保貸付事業の申込受付は令和4年3月末で終了とされていますが、これは申込受付を終了するだけであり、令和4年3月末までに申し込みが受け付けられた年金担保貸付については、その返済期間や返済方法は、これまで通りの取扱いとなります。

≫遺族補償年金前払一時金の活用

労災保険の遺族(補償)年金を受ける場合については、前払一時金制度を利用するという選択肢があります。遺族(補償)年金を受けることになった遺族は、まとまったお金を必要とすることが多いので、年金の前払として、一時金(最大で死亡した人の賃金日額の1000日分相当額)を請求することができます。この前払一時金制度を利用して、入学金や授業料を工面するという方法もあります。

コラム〈COLUMN1.2〉:特定社会保険労務士　梅本達司
ティースリー社会保険労務士事務所　所長／一般社団法人日本ホワイト企業審査協会　理事／
社労士試験受験対策講座シャロッシータゼミナール　主任講師／「サザエさん一家の公的保険」など、著書多数

部活動の費用も中学とはケタ違い ///////////////

　昨今、大学に入学するときに、ノートパソコンの用意が必要になり、大きな出費の一つと言えます。高校入学後にかかる大きな費用というと、部活動への参加があげられます。もちろん、参加する部活動によって差はありますが、運動部か文化部かでの差はなく、それなりにお金の準備が必要です。かかる費用を実例でみてみましょう。

部活動での年間費用（吹奏楽部の例）

内容	金額
部費	36,000円
合宿費用	33,000円
定期演奏会費	5,000円
Tシャツ・トレーナー	5,000円
楽譜	1,000円
合計	80,000円

費用は概算。他に、楽器メンテナンス、教則本などの費用、大会や演奏会、野球部の試合応援への交通費など。内容により複数回費用がかかるものも。

　中学と比べると何かと活動の規模や範囲が大きくなり、成長とともに費用も大きくなることを実感させられます。

　さらに、部活動によっては道具の購入に思わぬ費用がかかることもあります。高価なものに目が向けば思わぬ出費となります。

　かかる費用を自分自身でまかなおうと、アルバイトを考えるケースがあるかもしれません。たとえ学校が認める場合でも、高校生のアルバイトには潜む危険は多く、十分に注意が必要です。（COLUMN2上段参照）

　部活動に参加しない場合でも、趣味や活動にお金をかけたい人も少なからずいることでしょう。また、時間的な余裕があると、安易にアルバイトを考えることがあるかもしれません。しかし、高校生活を送る中であくまでも優先されるものが学業であることは、大前提と言えます。

　ところで、トラブルに直面するケースは、何もアルバイトばかりではありません。親にも思わぬ形で予想外の事態が生じることがあります。それでも、そうした場合に対処できる知識があるのとないのとでは大違いです。（COLUMN2下段参照）

部活動の種類によっては、大会参加のための交通費や道具の購入など、意外に大きな出費となる。

アルバイトで遭遇するトラブルと対処法

≫学生アルバイトでも労災認定は受けられる

学生アルバイトでも、通勤途中の事故や仕事が原因で負傷等をした場合は、労災保険制度の適用があり、ちゃんと保険給付を受けることができます。

健康保険制度の医療給付の場合は、原則として医療費の3割を自己負担しなければなりませんが、労災保険の医療給付を受ける場合には、自己負担がなく、原則として医療費の全額について労災保険制度がカバーしてくれます。また、労災保険には、休業（補償）給付・休業特別支給金という給付があり、労働基準監督署に請求し、ケガで働けない状態であることの認定を受けると、賃金日額の8割相当額の所得保障が行われます。仮に、負傷した直後にアルバイトを辞めた（退職した）としても、労災保険の保険給付を受ける権利は退職によって変更されませんので、この休業補償給付・休業特別給付金の支給は引き続き行われます。

アルバイト先の会社に知識がなく、アルバイトだからという理由で労災保険に関する手続きを行ってくれないようであれば、直接、労働基準監督署の労災保険課に相談してみましょう。

≫アルバイト先がいわゆるブラック企業だったら

労働基準法では、親権者もしくは後見人または行政官庁は、労働契約が未成年者に不利であると認める場合においては、将来に向かってこれを解除することができるとしています。

不利であるかどうかは親権者等が判断すればよく、未成年者の意に反する解除も認められます。ですから、親からみて、不利な働き方をさせられていると判断したのであれば、たとえ子供がその会社で働き続けたいという意向であっても、労働契約の解除をすることができます。もちろん、その会社が退職を認めないなどと言っても、退職させることができます。そして、このような場合でも、会社は、退職するまでに働いた分の賃金を支払う義務があります。もし、この支払を会社が拒否した場合は、労働基準法の賃金全額払いの原則違反になりますので、その旨を会社側に伝え、それでも支払いをしないのであれば、労働基準監督署へ相談または違反についての申告をすることをお勧めします。

こんな「もしも」と対処法

≫子育て中にリストラされた場合の保険加入！

リストラされ無職となってしまった場合は、年金制度の加入は、国民年金の第1号被保険者となります。しかし、失業状態であれば、この保険料を支払っていくのも大変です。

国民年金の場合、失業・倒産などにより保険料を納付することが困難と認められる者については、保険料の免除を受けることができます。ただし、黙って待っていても免除は行われません。本人が市区町村へ免除申請を行う必要があります。

医療保険の加入については、原則として、国民健康保険の被保険者になります。国民健康保険には被扶養者という扱いはありませんので、扶養家族も国民健康保険の被保険者になります。ただし、健康保険には任意継続被保険者という制度があり、所定の条件を満たしている場合には、退職後も引き続き健康保険への加入が認められます。その条件とは、次の①と②の2つになります。

①退職日までに継続して2か月以上健康保険の被保険者であったこと
②退職後20日以内に、任意継続被保険者となることの申請をすること

任意継続被保険者になれば、その扶養家族についても、引き続き健康保険の被扶養者とされます。

任意継続被保険者と国民健康保険の被保険者のどちらを選択した方が得かは、一概には言えません。通常は、どちらを選択すれば、保険料負担が軽くなるのかを確認して選ぶことになります。

ただし、失業などの特別の事情で収入が著しく減少している場合には、国民健康保険の保険料が減額・免除されることがあるのでその点も確認して選ぶ必要があります。

なお、任意継続被保険者となった日から2年を経過すると、任意継続被保険者ではなくなってしまいます。つまり、任意継続被保険者でいることができるのは、最長でも2年間となります。

千葉県
公立
高校

これが
千葉県公立高校の
入試システムだ!!

　千葉県では、教育委員会が中心となり特色ある公立高校づくりを進めています。この流れの中で、入試制度をはじめとするさまざまな点において毎年のように変化が生じており、今後もこうした改革は変化の大小を問わず続いていくことでしょう。入試における選抜方法・学力検査の内容はもちろんのこと、授業展開や履修科目の選び方など、さまざまなニーズに対応できるようなしくみが生まれています。学校の存在意義すら変わってきているといっても過言ではないでしょう。こうした改革は、個々人が自分にあった学校選びができるようになることを目標としています。

　公立高校を志望する皆さんは、その変化の内容や学校の特色をしっかりと理解し、適切な戦略を立てなければなりません。この章では、改革が進む公立高校入試の変化の内容を、くわしく紹介します。是非、参考にして来るべき受験に備えてください。

千葉県公立高校入試の今を知る

1 ||| 千葉県公立高校の現在

　千葉県では，県立学校改革に関する基本的な考え方を示すものとして，「県立高校改革推進プラン」を発表しています。計画は令和4年度を初年度とし，令和13年度を目標年次としています。「魅力ある県立学校づくりの推進」「県立学校の適性配置」などについて主なポイントを紹介します。

Ⅰ 魅力ある県立学校づくりの推進

1 普通科及び普通系専門学科・コース

（1）教員基礎コースの設置

対象高校	実施年度	設置学科	備考
国府台	6年度	普通科	・教員基礎コースを設置
成東	6年度	普通科・理数科	・教員基礎コースを設置
大多喜	6年度	普通科	・教員基礎コースを設置

（2）保育基礎コースの設置

対象高校	実施年度	設置学科	備考
鎌ヶ谷西	6年度	普通科	・保育基礎コースを設置
土気	7年度	普通科	・保育基礎コースを設置

（3）医療系コースの設置

対象高校	実施年度	設置学科	備考
小見川	6年度	普通科	・医療コースを設置

（4）グルーバルスクールの設置

対象高校	実施年度	設置学科	備考
松戸国際	6年度	普通科・国際教養科	・グローバルスクールを設置

（5）理数教育の充実

対象高校	実施年度	設置学科	備考
船橋	6年度	普通科・理数科	・理数教育の拠点校

2 職業系専門学科・コース

（1）農業教育の充実

対象高校	実施年度	設置学科	備考
茂原樟陽	6年度	農業に関する学科 （農業科、食品科学科、土木造園科） 工業に関する学科 （電子機械科、電気科、環境化学科）	・農業に関する学科に農業経営者育成に関するコースを設置

（2）商業教育の充実

対象高校	実施年度	設置学科	備考
千葉商業	6年度	商業に関する学科 （商業科、情報処理科）	・起業家育成に関するコースを設置
一宮商業	6年度	商業に関する学科 （商業科、情報処理科）	・観光に関するコースを設置

（3）福祉教育の充実

対象高校	実施年度	設置学科	備考
松戸向陽	6年度	普通科・福祉教養科	・コンソーシアムを設置
船橋豊富	5年度	普通科	・福祉コースを設置

（4）情報教育の充実

対象高校	実施年度	設置学科	備考
袖ヶ浦	6年度	普通科 情報コミュニケーション科	・情報コミュニケーション科に先端ITコース（仮称）を設置

3 総合学科

対象高校	実施年度	設置学科	備考
匝瑳	6年度	総合学科	・普通科と理数科を改編し総合学科を設置 ・理数科は、理数系列に再構成 ・国際に関するコースは、国際系列に再構成

4 社会のニーズに対応した教育

（1）地域連携アクティブスクールの設置

対象高校	実施年度	設置学科	備考
行徳	6年度	普通科	・地域連携アクティブスクールを設置
市原	6年度	普通科・園芸科	・地域連携アクティブスクールを設置

（2）通信制高校の配置（通信制協力校）

対象高校	実施年度	設置学科	備考
銚子商業	6年度	全日制定時制	・通信制協力校に指定

Ⅱ 県立学校の適正規模・適正配置

　都市部では，適正規模未満の学校や将来適正規模の維持が困難となることが見込まれる学校及び同じタイプの学校が近接している場合，適正配置を考慮しながら規模の最適化を図ります。

　郡部では，統合により通学が著しく困難となる地域かつ地元からの進学率が高い高校を地域連携協働校に位置付けます。地域連携協働校は，学校運営協議会制度を導入するなど，地域の協力・支援を得つつ，地域と一体となり，地域ならではの資源を活用し，「地域の将来を担う人材」や「地域社会に積極的に参画する人材」の育成を目指します。地域連携協働校に指定された高校も含め，生徒募集において著しく困難が生じる場合については，統合も検討します。

2 || 受験可能な学区の広がり

普通科の学区は現在9学区に編成されており，県立高校の場合，隣接する学区にある高校がすべて受験できるようになりました。かつてと比べると，受験可能な高校の数は飛躍的に増加しました。他方，市立高校の場合，船橋市，習志野市，松戸市，柏市，銚子市の高校は県立高校の場合と同様の区域から受験することができますが，千葉市の高校の普通科は，その市内に住んでいないと受験できません。なお，普通科以外の学科（全日制）・定時制・通信制および千葉女子高校・木更津東高校は，学区制限がなく，県立・市立とも全県のどこからでも受験することができます。

1学区に住んでいる人は，千葉市内の高校の他，隣接する2・4・6・7・9学区の高校も受験することができます。同様に，2学区に住んでいる人は隣接する1・3・4学区の高校を，3学区に住んでいる人は2・4学区の高校を，というように，自分の住んでいる学区にある高校に加えて受験が可能です。

全日制普通科通学区域図
（令和6年3月現在）

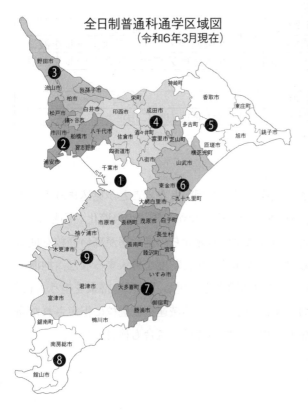

また，一部の市町村に住んでいる人は，埼玉県や茨城県など隣接県の公立高校に志願することもできます（詳細は県教育庁のホームページなどを参照）。

学区	所在市町村	所在高校名	志願可能学区
1	千葉市	千葉，○千葉女子，千葉東，千葉南，検見川，千葉北，若松，千城台，生浜，磯辺，泉，柏井，土気，千葉西，犢橋，●市立千葉，●市立稲毛	2・4 6・7 9
2	船橋市 習志野市 八千代市 市川市 松戸市 浦安市	八千代，八千代東，八千代西，津田沼，実籾，船橋，薬園台，船橋東，船橋啓明，船橋芝山，船橋二和，船橋古和釜，船橋法典，船橋豊富，船橋北，国府台，国分，行徳，市川東，市川南，市川昴，浦安，浦安南，松戸，松戸国際，松戸六実，松戸馬橋，松戸向陽，市立習志野，市立船橋，市立松戸	1・3 4
3	我孫子市 柏市 鎌ケ谷市 流山市 野田市	鎌ケ谷，鎌ケ谷西，東葛飾，柏，柏南，柏陵，柏の葉，柏中央，流山おおたかの森，流山南，流山北，野田中央，関宿，我孫子，我孫子東，沼南，沼南高柳，市立柏	2・4
4	印西市，佐倉市，成田市，八街市，四街道市，白井市，富里市，印旛郡全町	白井，印旛明誠，成田国際，成田北，富里，佐倉，佐倉東，佐倉西，四街道，四街道北	1・2 3・5 6
5	旭市，香取市，銚子市，匝瑳市，香取郡全町	佐原，佐原白楊，小見川，多古，銚子，匝瑳，市立銚子	4・6
6	東金市，山武市，大網白里市，山武郡全町	松尾，成東，東金，大網，九十九里	1・4 5・7
7	勝浦市，茂原市，いすみ市，長生郡全町村，夷隅郡全町	長生，茂原，大多喜	1・6 8・9
8	鴨川市，館山市，南房総市，鋸南町	長狭，安房	7・9
9	市原市 木更津市 君津市 袖ケ浦市 富津市	天羽，木更津，○木更津東，君津，袖ケ浦，市原，京葉，市原緑，姉崎，市原八幡	1・7 8

●通学区域が市内に限られる学校。
○千葉女子，木更津東は全学区から受験することができる。
※市原は平成31年度に鶴舞桜が丘と統合し新校市原へと改編。
※君津と上総は令和3年度に統合。
※佐倉南は令和4年度に三部制定時制高校を設置し，全日制は募集を停止。
※令和6年3月現在

3 ┃┃一般入学者選抜について

　これまで２回（前期選抜・後期選抜）実施されてきた公立高校入試を１回にまとめた一般入学者選抜が，令和３年度よりスタートしました。

　検査は２日間で行う形となります。県共通の学力検査として１日目に＜国・数各50分，英60分＞，２日目に＜理・社各50分＞をすべての学校で行い，また，２日目には面接など各高校が独自に選んだ検査も実施されました。大まかな流れについては以下の通りです。

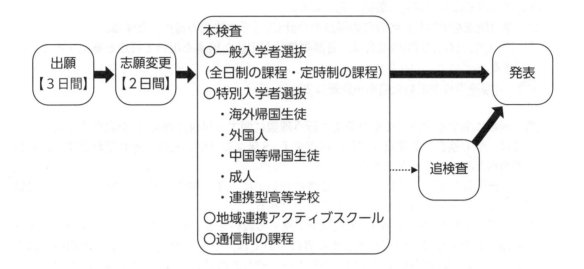

　新しい一般入学者選抜は，学力検査，各高校が定めた検査，書類の審査などにより，多様な能力・適性・努力の成果などの優れた面を多元的に評価する選抜となります。

　選抜方法は，「調査書の評定の全学年の合計およびその他の記載事項」「学力検査の成績」「各高等学校において実施した検査の結果」等を資料とした，総合的な判定をします。（選抜の資料の配点は各高等学校において別に定めます。ただし，市立高等学校にあっては，当該市教育委員会が定めるところによります。）

　では，調査書，学力検査の成績及び学校設定検査の結果について，詳しくみていきましょう。

📖　調査書について

次のア及びイにより得点（数値）化します。

ア　調査書の教科の学習の記録における，国語，社会，数学，理科，音楽，美術，保健体育，技術・家庭及び外国語（外国語については，必修及び全ての生徒が共通に履修するもの。）の評定の全学年の合計値について，各高等学校の定めるKの数値を乗じ，「調査書の得点」とする。Kの数値は，原則として１とし，各高等学校において学校の特色に応じて０.５以上２以下の範囲内で別に定める。

❓　<u>Kの数値</u>…詳細は25ページ～

※調査書の教科の学習の記録に評定の記載のない教科がある場合等については，他の選抜の資料と併せて，他の者の資料と比較検討した上で，総合的に判定する。

※外国において，学校教育における９年の課程を修了した者等で，所定の調査書が提出できない者については，総合的に判定する。

イ　調査書の記載事項について，各高等学校は学校の特色に応じて５０点を上限として，上記アに定める「調査書の得点」に加点することができる。

学力検査の成績について

次のア及びイにより得点（数値）化します。

ア　学力検査を実施した各教科の得点を合計し，「学力検査の得点」とする。

イ　次の(ｱ)，(ｲ)及び(ｳ)の場合は，各高等学校が定めた倍率を用いて得点を算出することができる。

❓　各高等学校が定めた倍率…詳細は29ページ

(ｱ)　理数に関する学科（くくり募集を行う理数に関する学科は除く。）を志願する者については，学力検査の数学及び理科の得点を１．５倍又は２倍した値をそれぞれ数学及び理科の得点とみなすことができる。

(ｲ)　国際関係に関する学科を志願する者については，学力検査の英語の得点を１．５倍又は２倍した値を英語の得点とみなすことができる。

(ｳ)　三部制の定時制の課程の学力検査を実施する教科を５教科（国語・社会・数学・理科・英語）と定めた高等学校を志願する者については，５教科のうち，志願者が出願時に申告した３教科の得点を１～３倍した値をそれぞれの教科の得点とみなすものとする。

学校設定検査の結果について

次のア及びイにより得点（数値）化する。

ア　「学校設定検査の得点」の配点は，各高等学校が学校の特色に応じて１０点以上１００点以下の範囲内で定める。ただし，その他の検査のうちの県が作成する「思考力を問う問題」の配点は，１００点とする。

イ　学校設定検査を２つ以上実施する場合には，学校設定検査の合計得点は１５０点を上限とする。なお，専門学科において適性検査を２つ以上実施する高等学校が，さらに面接を実施する場合には，面接の配点は５０点を上限とし，学校設定検査の合計得点は２００点を超えないものとする。

令和６年度　「一般入学者選抜」における検査の内容

県立高等学校　全日制の課程

学校名	学科名	K	学校設定検査の内容	志願理由書
千葉県立千葉高等学校	普通科	0.5	その他の検査 （思考力を問う問題）	／
千葉県立千葉女子高等学校	普通科	1	面接	／
	家政科	1	適性検査	／
千葉県立千葉東高等学校	普通科	0.5	その他の検査 （思考力を問う問題）	／
千葉県立千葉商業高等学校	商業科 情報処理科	1	自己表現	／
千葉県立京葉工業高等学校	機械科	1	自己表現	／
	電子工業科	1	自己表現	／
	設備システム科	1	自己表現	／
	建設科	1	自己表現	／
千葉県立千葉工業高等学校	電子機械科	1	面接	／
	電気科	1	面接	／
	情報技術科	1	面接	／
	工業化学科	1	面接	／
	理数工学科	1	面接	／
千葉県立千葉南高等学校	普通科	1	面接	／
千葉県立検見川高等学校	普通科	1	面接	／
千葉県立千葉北高等学校	普通科	1	面接	／
千葉県立若松高等学校	普通科	1	自己表現	／
千葉県立千城台高等学校	普通科	1	面接	／
千葉県立生浜高等学校	普通科	1	自己表現	／
千葉県立磯辺高等学校	普通科	1	作文	／
千葉県立幕張総合高等学校	総合学科	1	自己表現	／
	看護科	1	面接	有
千葉県立柏井高等学校	普通科	1	自己表現	／
千葉県立土気高等学校	普通科	1	自己表現	／
千葉県立千葉西高等学校	普通科	1	面接	／
千葉県立犢橋高等学校	普通科	2	面接、自己表現	／
千葉県立八千代高等学校	普通科	1	集団討論	／
	家政科	1	面接、適性検査	／
	体育科	1	面接、適性検査	／
千葉県立八千代東高等学校	普通科	2	自己表現	／
千葉県立八千代西高等学校	普通科	1	面接	／
千葉県立津田沼高等学校	普通科	1	自己表現	／
千葉県立実籾高等学校	普通科	1	面接	／
千葉県立船橋高等学校	普通科	0.5	作文	／
	理数科	0.5	作文	／
千葉県立薬園台高等学校	普通科	1	面接	／
	園芸科	1	面接	有
千葉県立船橋東高等学校	普通科	1	面接	／
千葉県立船橋啓明高等学校	普通科	2	面接	／
千葉県立船橋芝山高等学校	普通科	1	面接	／
千葉県立船橋二和高等学校	普通科	2	面接、自己表現	／
千葉県立船橋法典高等学校	普通科	1	自己表現	／
千葉県立船橋豊富高等学校	普通科	1	面接	／
千葉県立船橋北高等学校	普通科	2	自己表現	／
千葉県立市川工業高等学校	機械科	1	面接	／
	電気科	1	面接	／
	建築科	1	面接	／
	インテリア科	1	面接	／

学校名	学科名	K	学校設定検査の内容	志願理由書
千葉県立国府台高等学校	普通科	1	面接	／
千葉県立国分高等学校	普通科	1	面接	／
千葉県立市川東高等学校	普通科	1	面接	／
千葉県立市川昴高等学校	普通科	1	面接	／
千葉県立市川南高等学校	普通科	1	面接、自己表現	／
千葉県立浦安高等学校	普通科	1	自己表現	／
千葉県立浦安南高等学校	普通科	2	面接	有
千葉県立鎌ヶ谷高等学校	普通科	1	自己表現	／
千葉県立鎌ヶ谷西高等学校	普通科	2	面接	／
千葉県立松戸高等学校	普通科	1	面接	／
	芸術科	1	面接、適性検査	／
千葉県立小金高等学校	総合学科	0.5	作文	／
千葉県立松戸国際高等学校	普通科	1	面接	／
	国際教養科	1	面接	／
千葉県立松戸六実高等学校	普通科	1	自己表現	／
千葉県立松戸向陽高等学校	普通科	1	面接	／
	福祉教養科	1	面接	／
千葉県立松戸馬橋高等学校	普通科	1	面接、自己表現	／
千葉県立東葛飾高等学校	普通科	0.5	その他の検査 (思考力を問う問題)	／
千葉県立柏高等学校	普通科	1	作文	／
	理数科	1	作文	／
千葉県立柏南高等学校	普通科	1	作文	／
千葉県立柏陵高等学校	普通科	1	自己表現	／
千葉県立柏の葉高等学校	普通科	1	面接	／
	情報理数科	1	面接	／
千葉県立柏中央高等学校	普通科	1	面接	／
千葉県立沼南高等学校	普通科	2	面接	／
千葉県立沼南高柳高等学校	普通科	2	面接	／
千葉県立流山高等学校	園芸科	1	面接	／
	商業科 情報処理科	1	面接	／
千葉県立流山おおたかの森高等学校	普通科	1	面接	／
	国際 コミュニケーション科	1	面接、適性検査	／
千葉県立流山南高等学校	普通科	1	自己表現	／
千葉県立野田中央高等学校	普通科	2	面接、自己表現	／
千葉県立清水高等学校	食品科学科	1	面接、適性検査	／
	機械科 電気科 環境化学科	1	面接、適性検査	／
千葉県立関宿高等学校	普通科	2	面接	／
千葉県立我孫子高等学校	普通科	1	自己表現	／
千葉県立我孫子東高等学校	普通科	2	面接	／
千葉県立白井高等学校	普通科	1	面接	／
千葉県立印旛明誠高等学校	普通科	1	面接	／
千葉県立成田西陵高等学校	園芸科	1	面接	／
	土木造園科	1	面接	／
	食品科学科	1	面接	／
	情報処理科	1	面接	／
千葉県立成田国際高等学校	普通科	1	自己表現	／
	国際科	1	自己表現	／
千葉県立成田北高等学校	普通科	1	自己表現	／

学校名	学科名	K	学校設定検査の内容	志願理由書
千葉県立下総高等学校	園芸科	1	面接	／
	自動車科	1	適性検査	／
	情報処理科	1	面接	／
千葉県立富里高等学校	普通科	1	自己表現	／
千葉県立佐倉高等学校	普通科	0.5	面接	／
	理数科	0.5	面接	／
千葉県立佐倉東高等学校	普通科	2	面接	／
	調理国際科	2	面接	／
	服飾デザイン科	2	面接	／
千葉県立佐倉西高等学校	普通科	1	自己表現	／
千葉県立八街高等学校	総合学科	1	面接	／
千葉県立四街道高等学校	普通科	1	面接、自己表現	／
千葉県立四街道北高等学校	普通科	2	面接	／
千葉県立佐原高等学校	普通科	1	作文	／
	理数科	1	作文	／
千葉県立佐原白楊高等学校	普通科	1	作文	／
千葉県立小見川高等学校	普通科	2	面接	／
千葉県立多古高等学校	普通科	1	面接、自己表現	／
	園芸科	1	面接、自己表現	／
千葉県立銚子高等学校	普通科	2	面接	／
千葉県立銚子商業高等学校	商業科 情報処理科	1	自己表現	／
	海洋科	1	自己表現	／
千葉県立旭農業高等学校	畜産科	1	面接	／
	園芸科	1	面接	／
	食品科学科	1	面接	／
千葉県立東総工業高等学校	電子機械科	1	自己表現	／
	電気科	1	自己表現	／
	情報技術科	1	自己表現	／
	建設科	1	自己表現	／
千葉県立匝瑳高等学校	総合学科	1	面接	／
千葉県立松尾高等学校	普通科	1	面接	／
千葉県立成東高等学校	普通科 理数科	1	面接	／
千葉県立東金高等学校	普通科	1	面接	／
	国際教養科	1	面接	／
千葉県立東金商業高等学校	商業科 情報処理科	1	自己表現	／
千葉県立大網高等学校	普通科	1	面接	／
	農業科	1	面接	／
	食品科学科	1	面接	／
	生物工学科	1	面接	／
千葉県立九十九里高等学校	普通科	1	面接	／
千葉県立長生高等学校	普通科 理数科	1	作文	／
千葉県立茂原高等学校	普通科	1	面接	／
千葉県立茂原樟陽高等学校	農業科	1	面接	／
	食品科学科	1	面接	／
	土木造園科	1	面接	／
	電子機械科	1	面接	／
	電気科	1	面接	／
	環境化学科	1	面接	／
千葉県立一宮商業高等学校	商業科 情報処理科	1	自己表現	／

学校名	学科名	K	学校設定検査の内容	志願理由書
千葉県立大多喜高等学校	普通科	1	面接	／
千葉県立大原高等学校	総合学科	1	面接	／
千葉県立長狭高等学校	普通科	1	面接	／
千葉県立安房拓心高等学校	総合学科	1	面接	／
千葉県立安房高等学校	普通科	1	面接	／
千葉県立館山総合高等学校	工業科	1	面接	／
	商業科	1	面接	／
	海洋科	1	面接	／
	家政科	1	面接	／
千葉県立君津商業高等学校	商業科 情報処理科	1	自己表現	／
千葉県立木更津高等学校	普通科	1	作文	／
	理数科	1	作文	／
千葉県立木更津東高等学校	普通科	1	面接	／
	家政科	1	面接	／
千葉県立君津高等学校	普通科	1	自己表現	／
	園芸科	1	面接	有
千葉県立君津青葉高等学校	総合学科	1	面接	／
千葉県立袖ヶ浦高等学校	普通科	1	自己表現	／
	情報コミュニケーション科	1	自己表現	／
千葉県立京葉高等学校	普通科	1	自己表現	／
千葉県立市原緑高等学校	普通科	2	面接	／
千葉県立姉崎高等学校	普通科	1	面接、自己表現	／
千葉県立市原八幡高等学校	普通科	1	自己表現	／

県立高等学校　定時制の課程

学校名	学科名	K	学校設定検査の内容	志願理由書
千葉県立千葉商業高等学校	商業科	1	面接	／
千葉県立千葉工業高等学校	工業科	1	面接	有
千葉県立船橋高等学校	総合学科	1	面接	有
千葉県立市川工業高等学校	工業科	1	面接、作文	有
千葉県立東葛飾高等学校	普通科	1	面接	／
千葉県立佐原高等学校	普通科	1	面接	／
千葉県立銚子商業高等学校	商業科	1	面接	／
千葉県立匝瑳高等学校	普通科	1	面接	有
千葉県立東金高等学校	普通科	1	面接	有
千葉県立長生高等学校	普通科	2	面接	有
千葉県立長狭高等学校	普通科	1	面接	／
千葉県立館山総合高等学校	普通科	1	面接	有
千葉県立木更津東高等学校	普通科	1	面接	／

県立高等学校　三部制の定時制の課程

学校名	学科名	K	学校設定検査の内容	志願理由書
生浜高等学校	普通	1	面接	／
松戸南高等学校	普通	1	面接	／
佐倉南高等学校	普通	1	面接	／

市立高等学校　全日制の課程

学校名	学科名	K	学校設定検査の内容	志願理由書
千葉市立千葉高等学校	普通科	1	小論文	／
	理数科	1	小論文	／
千葉市立稲毛高等学校	普通科	1	面接	／
	国際教養科	1	面接	／
習志野市立習志野高等学校	普通科	1	自己表現	／
	商業科	1	自己表現	／
船橋市立船橋高等学校	普通科	1	自己表現	／
	商業科	1	面接、自己表現	／
	体育科	1	適性検査	／
松戸市立松戸高等学校	普通科	1	自己表現	／
	国際人文科	1	面接	／
柏市立柏高等学校	普通科	1	自己表現	／
	スポーツ科学科	1	適性検査	／
銚子市立銚子高等学校	普通科 理数科	1	自己表現	／

理数及び国際関係に関する学科で特定教科の得点にかける倍率（一般入学者選抜）

学校名	課程	学科名	倍率	
			数学及び理科	英語
千葉県立船橋高等学校	全日制	理数科	1.5	
千葉県立松戸国際高等学校	全日制	国際教養科		1.5
千葉県立柏高等学校	全日制	理数科	1.5	
千葉県立流山おおたかの森高等学校	全日制	国際コミュニケーション科		1.5
千葉県立成田国際高等学校	全日制	国際科		1.5
千葉県立佐倉高等学校	全日制	理数科	1.5	
千葉県立佐原高等学校	全日制	理数科	1.5	
千葉県立東金高等学校	全日制	国際教養科		1.5
千葉市立稲毛高等学校	全日制	国際教養科		1.5
松戸市立松戸高等学校	全日制	国際人文科		1.5

注　千葉県立木更津高等学校（全日制の課程・理数科）及び千葉市立千葉高等学校（全日制の課程・理数科）については、数学及び理科の得点に、各高等学校が定めた倍率を用いて算出することをしない。

三部制の定時制の課程で特定教科の得点にかける倍率（一般入学者選抜）

学校名	課程	学科名	倍率
			志願者が申告した3教科
千葉県立生浜高等学校	定時制	普通科	1
千葉県立松戸南高等学校	定時制	普通科	1
千葉県立佐倉南高等学校	定時制	普通科	1

各高校の難易度と併願校選択例一覧

・主に全日制の普通科設置校（普通科に類する学科を含む学校については一部掲載）について、学区別に掲載しています。
・併願校には共学校、男子校、女子校が含まれています。
・併願校名は選択例であり、必ずしもその学校を受験した場合に合格の可能性が高いことを示すものではありません（選択例には私立を第一志望にした場合の学校も含んでいます）。また、併願校の難易度は、推薦、一般などの受験種別や男女により異なる場合があります。

＜難易度の目安＞
AA～E－2の15段階でだいたいのランクを示しています。なお、目安となる偏差値（合格の可能性8割程度）については12ページをご参照ください。

校　　名	難易度	併　願　校　選　択　例
第1学区		
千葉	AA	市川、渋谷教育学園幕張、昭和学院秀英、専修大松戸、日本大習志野
千葉女子	B-3	普通：市原中央、千葉英和、昭和学院、八千代松陰、和洋国府台女子、千葉黎明
千葉東	AA	市川、市原中央、昭和学院秀英、日本大習志野、八千代松陰
千葉南	C-1	市原中央、植草学園大附属、千葉敬愛、千葉明徳、東海大付属浦安
検見川	B-3	市原中央、木更津総合、敬愛学園、千葉敬愛、千葉日本大第一
千葉北	C-1	敬愛学園、秀明八千代、千葉英和、千葉敬愛、千葉経済大附属、千葉黎明
若松	D-2	植草学園大附属、千葉敬愛、千葉経済大附属、東京学館、東京学館浦安、千葉黎明
千城台	D-1	植草学園大附属、敬愛学園、千葉敬愛、千葉経済大附属、千葉明徳、千葉黎明
生浜	D-3	桜林、木更津総合、拓殖大紅陵、千葉学芸、千葉経済大附属
磯辺	C-2	敬愛学園、千葉敬愛、千葉経済大附属、千葉明徳、東京学館浦安
泉	E-2	愛国学園大附属四街道、桜林、秀明八千代、千葉聖心、不二女子
幕張総合	B-1	志学館、千葉敬愛、千葉日本大第一、日本大習志野、八千代松陰、千葉黎明
柏井	D-2	敬愛学園、千葉英和、東京学館浦安、東京学館船橋、東葉
土気	D-2	千葉敬愛、千葉経済大附属、千葉明徳、東海大付属市原望洋、茂原北陵
千葉西	B-2	市原中央、敬愛学園、千葉敬愛、千葉日本大第一、二松學舍大附属柏
犢橋	D-3	植草学園大附属、桜林、千葉英和、千葉聖心、東京学館
第2学区		
八千代	A-3	専修大松戸、千葉敬愛、成田、日本大習志野、八千代松陰、千葉日本大第一
八千代東	D-1	敬愛学園、秀明八千代、千葉英和、千葉商科大附属、東京学館船橋
八千代西	E-2	愛国学園大附属四街道、桜林、千葉聖心、東京学館船橋、東葉
津田沼	B-3	千葉英和、昭和学院、千葉日本大第一、東京学館浦安、八千代松陰
実籾	D-2	千葉経済大附属、千葉聖心、東海大付属浦安、東京学館浦安、東葉
船橋	AA	市川、渋谷教育学園幕張、専修大松戸、日本大習志野、八千代松陰
薬園台	AA	昭和学院秀英、専修大松戸、東洋、日本大習志野、八千代松陰、千葉日本大第一
船橋東	A-3	専修大松戸、東洋、成田、日本大習志野、八千代松陰、千葉日本大第一
船橋啓明	C-2	敬愛学園、千葉英和、千葉敬愛、千葉経済大附属、千葉商科大付属
船橋芝山	C-2	敬愛学園、昭和学院、千葉英和、千葉日本大第一、二松學舍大附属柏
船橋二和	D-3	秀明八千代、聖徳大附属女子、東京学館船橋、東葉、日本体育大柏
船橋古和釜	E-2	桜林、秀明八千代、東京学館船橋、東葉、不二女子
船橋法典	E-2	愛国、桜林、秀明八千代、東京学館船橋、東葉
船橋豊富	E-2	愛国、東京学館、東京学館船橋、東葉、不二女子

校　名	難易度	併　願　校　選　択　例
船橋北	E-1	千葉聖心、東京学館、東京学館船橋、日本体育大柏、東葉
国府台	B-2	昭和学院、千葉日本大第一、東洋、日本大習志野、八千代松陰
国分	B-3	昭和学院、千葉英和、千葉日本大第一、東京学館浦安、八千代松陰
行徳	E-2	愛国学園大附属四街道、桜林、千葉経済大附属、東葉、不二女子
市川東	C-2	植草学園大附属、千葉英和、千葉商科大付属、中央学院、東京学館
市川昴	D-2	敬愛学園、秀明八千代、千葉英和、千葉商科大付属、和洋国府台女子
市川南	D-3	関東第一、秀明八千代、東京学館浦安、東葉、日本体育大柏
浦安	E-2	愛国、中央学院大中央、東京学館浦安、東葉、不二女子
浦安南	E-2	千葉聖心、中央学院大中央、東京学館船橋、東葉、不二女子
松戸	D-1	普通：関東第一、敬愛学園、二松學舍大附属柏、中央学院、東京学館船橋
小金	A-3	専修大松戸、土浦日本大、日本大習志野、八千代松陰、流通経済大付属柏、千葉日本大第一
松戸国際	B-3	普通：国府台女子学院、昭和学院、千葉英和、千葉日本大第一、東京学館
松戸六実	C-3	昭和学院、秀明八千代、中央学院、千葉経済大附属、日本体育大柏
松戸向陽	E-1	普通：愛国、我孫子二階堂、潤徳女子、東京学館船橋、不二女子
松戸馬橋	E-1	愛国、我孫子二階堂、潤徳女子、日本体育大柏、浦和麗明
第3学区		
鎌ヶ谷	B-2	昭和学院、専修大松戸、二松學舍大附属柏、日本大習志野、八千代松陰、千葉日本大第一
鎌ヶ谷西	E-1	愛国、我孫子二階堂、聖徳附属女子、東京学館船橋、東葉、日本体育大柏
東葛飾	AA	江戸川学園取手、芝浦工業大柏、常総学院、専修大松戸、土浦日本大
柏	A-2	普通：専修大松戸、土浦日本大、日本大習志野、流通経済大付属柏、麗澤
柏南	B-2	専修大松戸、二松學舍大附属柏、流通経済大付属柏、八千代松陰、麗澤、千葉日本大第一
柏陵	D-2	西武台千葉、千葉日本大第一、中央学院、二松學舍大附属柏、日本体育大柏
柏の葉	C-1(情報理数C-2)	普通：西武台千葉、中央学院、二松學舍大附属柏、流通経済大付属柏、麗澤
柏中央	C-1	西武台千葉、専修大松戸、千葉日本大第一、中央学院、東洋大附属牛久
流山おおたかの森	C-3(国際D-1)	普通：西武台千葉、千葉英和、中央学院、二松學舍大附属柏、日本体育大柏
流山南	E-1	我孫子二階堂、叡明、聖徳大附属女子、東葉、日本体育大柏
流山北	E-1	愛国学園大附属龍ケ崎、我孫子二階堂、叡明、東京学館船橋、日本体育大柏
野田中央	D-3	我孫子二階堂、叡明、西武台千葉、中央学院、日本体育大柏
関宿	E-2	愛国学園大附属龍ケ崎、我孫子二階堂、浦和麗明、叡明、日本体育大柏
我孫子	C-2	西武台千葉、専修大松戸、中央学院、二松學舍大附属柏、日本体育大柏
我孫子東	E-2	愛国学園大附属龍ケ崎、我孫子二階堂、つくば国際大、日本体育大柏
沼南	E-1	愛国学園大附属龍ケ崎、我孫子二階堂、叡明、東京学館船橋、東葉
沼南高柳	E-2	愛国、我孫子二階堂、東京学館船橋、東葉、日本体育大柏
第4学区		
白井	D-3	愛国、修徳、秀明八千代、東京学館船橋、東葉
印旛明誠	D-2	我孫子二階堂、秀明八千代、聖徳大附属女子、東京学館、日本体育大柏
成田国際	B-2	千葉敬愛、千葉萌陽、東京学館、成田、八千代松陰、千葉黎明
成田北	C-3	千葉英和、千葉敬愛、千葉日本大第一、中央学院、東京学館、千葉黎明
富里	D-1	千葉敬愛、千葉萌陽、千葉黎明、東京学館、横芝敬愛
佐倉	AA	普通：昭和学院秀英、千葉敬愛、成田、日本大習志野、八千代松陰、千葉黎明
佐倉東	D-3	普通：敬愛大八日市場、千葉経済大附属、千葉黎明、東京学館、茂原北陵
佐倉西	E-1	愛国学園大附属四街道、桜林、敬愛学園、秀明八千代、東京学館、千葉黎明
佐倉南	D-3	愛国学園大附属四街道、敬愛学園、千葉敬愛、千葉黎明、東京学館
八街	E-1	愛国学園大附属四街道、千葉学芸、千葉黎明、東京学館、横芝敬愛
四街道	D-1	千葉英和、千葉敬愛、千葉黎明、秀明八千代、東京学館
四街道北	E-1	愛国学園大附属四街道、植草学園大附属、桜林、千葉黎明、東京学館

校　　名	難易度	併　願　校　選　択　例
第5学区		
佐原	B-1	普通：清真学園、東京学館、成田、日本大習志野、八千代松陰
佐原白楊	C-1	鹿島学園、千葉英和、千葉敬愛、中央学院、東京学館
小見川	D-3	鹿島学園、敬愛大八日市場、千葉萌陽、東京学館
多古	D-3	普通：敬愛大八日市場、千葉萌陽、東京学館、横芝敬愛
銚子	D-2	鹿島学園、敬愛大八日市場、千葉萌陽、横芝敬愛、千葉黎明
匝瑳	B-2(理数B-2)	普通：敬愛大八日市場、創価、千葉敬愛、千葉明徳、千葉黎明
第6学区		
松尾	D-3	敬愛大八日市場、千葉学芸、千葉敬愛、千葉黎明、横芝敬愛
成東	B-2	普通：市原中央、千葉敬愛、千葉経済大附属、千葉明徳、成田、千葉黎明
東金	C-2	普通：千葉経済大附属、千葉敬愛、千葉明徳、千葉黎明、茂原北陵
大網	E-1	普通：植草学園大附属、敬愛学園、千葉学芸、千葉聖心、茂原北陵、千葉黎明
九十九里	E-1	敬愛大八日市場、千葉学芸、千葉明徳、茂原北陵、横芝敬愛
第7学区		
長生	A-3(理数A-2)	普通：市原中央、千葉明徳、成田、日本大習志野、茂原北陵
茂原	C-2	市原中央、敬愛学園、千葉明徳、東海大付属市原望洋、茂原北陵
大多喜	C-3	市原中央、木更津総合、千葉明徳、東海大付属市原望洋、茂原北陵
大原	E-1	木更津総合、茂原北陵
第8学区		
長狭	D-1	木更津総合、翔凜、拓殖大紅陵、千葉県安房西、文理開成
安房拓心	E-1	木更津総合、翔凜、拓殖大紅陵、千葉県安房西、文理開成
安房	C-1	市原中央、翔凜、志学館、拓殖大紅陵、千葉県安房西
第9学区		
天羽	E-2	木更津総合、翔凜、拓殖大紅陵、千葉県安房西、文理開成
木更津	A-3(理数AA)	普通：市原中央、木更津総合、志学館、芝浦工業大柏、東海大付属市原望洋
木更津東	D-3	普通：木更津総合、翔凜、千葉明徳、拓殖大紅陵、東海大付属市原望洋
君津	B-3	市原中央、木更津総合、志学館、翔凜、拓殖大紅陵
君津青葉	E-1	桜林、木更津総合、翔凜、拓殖大紅陵、千葉県安房西
袖ヶ浦	C-2	普通：市原中央、木更津総合、志学館、拓殖大紅陵、東海大付属市原望洋
市原	E-1	普通：植草学園大附属、桜林、敬愛学園、拓殖大紅陵、千葉聖心
京葉	D-2	木更津総合、敬愛学園、拓殖大紅陵、千葉明徳、東海大付属市原望洋
市原緑	E-1	桜林、木更津総合、拓殖大紅陵、千葉聖心、千葉明徳
姉崎	E-1	木更津総合、拓殖大紅陵、千葉聖心、千葉明徳、東海大付属市原望洋
市原八幡	D-2	木更津総合、敬愛学園、拓殖大紅陵、千葉明徳、東海大付属市原望洋
市立高校		
千葉市立千葉	A-2	普通：芝浦工業大柏、専修大松戸、成田、日本大習志野、八千代松陰、千葉日本大第一
千葉市立稲毛	A-3	普通：市原中央、千葉敬愛、千葉日本大第一、日本大習志野、八千代松陰
習志野市立習志野	C-2	普通：敬愛学園、千葉英和、東京学館浦安、成田、八千代松陰
船橋市立船橋	C-3	普通：関東第一、千葉英和、千葉敬愛、千葉明徳、中央学院
松戸市立松戸	D-2(国際D-1)	普通：叡明、中央学院、東京学館、二松學舍大附属柏、日本体育大柏
柏市立柏	D-2	普通：我孫子二階堂、錦城学園、中央学院、日本体育大柏、花咲徳栄
銚子市立銚子	B-3	普通：鹿島学園、敬愛大八日市場、東京学館、成田、横芝敬愛、千葉黎明

学校ガイド

＜全日制　第１学区＞

・第１学区のエリアに含まれる、専門学科や総合学科を
　設置する高校も、紹介しています。
・学校を紹介したページの探し方については、２ページ
　「この本の使い方＜知りたい学校の探し方＞」を参照し
　てください。

県立 千葉 (ちば) 高等学校

https://cms1.chiba-c.ed.jp/chiba-h/

☏ 260-0853　千葉市中央区葛城 1-5-2
☎ 043-227-7434
交通　ＪＲ外房線本千葉駅　徒歩 10 分
　　　京成線千葉中央駅　徒歩 15 分
　　　千葉都市モノレール県庁前駅　徒歩 10 分

普通科

| 共　学 |
| 制　服　あり |

[カリキュラム] ◇三学期制◇
・「重厚な教養主義」のもと、生徒の知的好奇心に応え、学問の世界にいざなう質の高い授業を展開し、真理・本質を探究する姿勢を養う。理科においては大学と連携した授業も実施している。
・第3学年において、各自の関心、適性、進路希望に応じて**文系・理系**のいずれかを選択する。

[部活動]
主な実績は次のとおり。
＜令和5年度＞
全国大会に**山岳部・弓道部**（国体全国5位）・**囲碁部**（女子団体全国6位）・**書道部・地理部**（ジュニア世界オリエンテーリング大会）が出場し、関東大会に**合唱部**が出場した。
＜令和4年度＞
全国大会に**弓道部・囲碁部・将棋部・合唱部**が出場し、関東大会に**山岳部**が出場した。
＜令和3年度＞
全国大会に**山岳部・書道部・将棋部・囲碁部・地理部**が出場し、関東大会に**弓道部**が出場した。
★**設置部**（※は同好会など）
陸上競技、水泳、バレーボール、バスケットボール、サッカー（男女）、卓球、野球、ソフトテニス、柔道、剣道、弓道、山岳、ラグビー、テニス、バドミントン、空手拳法玄気道、ダンス、文学、地理、郷土研究、化学、生物研究、天文、合唱、美術、書道、工芸、家庭、放送、園芸、演劇、華道、茶道、将棋、写真、囲碁、鉄道研究、漫画研究、オーケストラ、クラシックギター、フォークソング、コンピュータ研究、グローバルサイエンス、クイズ研究、※競技かるた、※英語ディベート

[行　事]
文化祭・体育大会は千葉中学校の生徒と合同で行われる。
5月　校外学習、春季体育大会
9月　千秋祭（文化祭）
10月　体育大会
11月　修学旅行（2年）、合唱コンクール（1年）
12月　球技大会（1・2年）

[進　路]（令和5年3月）
・外部講師講演会として本校卒業生による講演を行うほか、第1学年では**学部学科説明会**や病院関係や法律事務所で**インターンシップ**を、第2学年では**東京大学見学会**や**大学教授による模擬講義**を行うことで、将来についてのイメージを具体的なものにしていく。
・第3学年では、**受験体験報告会、医学部対象面接講座**などを実施する。
★**卒業生の進路状況**
＜卒業生311名＞
大学210名、短大・専門学校0名、就職0名、その他101名
★**卒業生の主な合格実績**
東京大、京都大、北海道大、東北大、大阪大、九州大、お茶の水女子大、千葉大（医）、筑波大（医）、東京医科歯科大（医）、東京外国語大、東京海洋大、東京工業大、東京農工大、一橋大、横浜国立大、神戸大、広島大、国際教養大、防衛医科大学校、早稲田大、慶應義塾大、青山学院大、学習院大、上智大、中央大、東京理科大、法政大、明治大、立教大
♣**指定校推薦枠のある大学・短大など**♣
早稲田大、慶應義塾大　他

[トピックス]
・明治11年に千葉中学校として創立され、新制高校への移行、男女共学化などを経て、現在に至る。卒業生は30,000名を越え、各界で活躍している。
・**東京大学を訪問**して本校卒業生の説明を受ける行事や医学部をはじめとする**大学教授の講義**が受けられる行事、本校卒業生と連携した進路行事を実施するなど、生徒の進学希望に応じた進路指導を行っている。
・「総合的な探究の時間」では、生徒各自がテーマを選び約2年半かけて調査・研究を行う。それらをまとめたものの中から、最も優れたものに**千葉高ノーベル賞**が与えられる。
・普通教室には**冷房**を設置。
・平成20年度に、**併設型中高一貫教育校**として、県立千葉中学校が設置された。

[学校見学]（令和5年度実施内容）
★学校説明会　7月2回
★千秋祭　9月　見学可
★学校見学は随時可（要連絡）

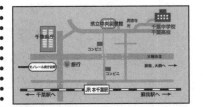

入試！インフォメーション

受検状況	年 度	学科名	募集定員	募集人員	志願者数	受検者数	倍 率	入学許可候補者数
	R6	普　通	320	240	356	344	1.43	240
	R5	普　通	320	240	380	364	1.52	241
	R4	普　通	320	240	406	389	1.62	240

※千葉高校の募集人員は、募集定員から併設型中学校からの進学者および入学確約書提出者数を減じた人数。

県立 千葉女子 高等学校
（ち　ば　じょ　し）

https://cms1.chiba-c.ed.jp/chibajoshi-h/

普通科
家政科

女

制　服　あり

〒263-0043　千葉市稲毛区小仲台5-10-1
☎ 043-254-1188
交通　JR総武線稲毛駅　徒歩12分またはバス
　　　京成線稲毛駅　バス

[カリキュラム] ◇三学期制◇
・1・2年次に「教員基礎コース」を設置。教養講座や体験活動を通じ、教育という仕事への理解を深めたり、教員を目指せる能力や資質を備えたりすることができる。

★普通科
・3年次に、文系、理系のコースに分かれ、一人ひとりの進路希望に対応できるよう、大幅な選択科目を設置。

★家政科
・専門の実習科目により、日商PC検定、家庭科技術検定などの資格を取得することができる。
・専門科目には、家庭基礎、生活産業基礎、ファッション造形、フードデザインなどがある。
・和洋女子大学と高大連携協定を結んでおり、大学の実習施設で専門分野を学んだり、講師を招いて授業を受けたりしている。

[部活動]
・約9割が参加。なぎなた部はインターハイや選抜国体に出場している強豪。オーケストラ部は全国優勝7度の実績をもつ。文学・弁論部も全国弁論大会優勝の経験がある。
＜令和5年度＞
なぎなた部が全部門でインターハイに出場した。吹奏楽部が県吹奏楽コンクールでB部門金賞・本選大会出場を果たした（6大会連続）。
＜令和4年度＞
なぎなた部が関東県予選で団体2位・個人2位、県総体で団体2位・個人1位の成績を収めた。

★設置部
弓道、ソフトテニス、テニス、バスケットボール、バレーボール、ソフトボール、陸上競技、剣道、バドミントン、山岳、なぎなた、チアリーディング、マンドリン・ギター、オーケストラ、合唱、ミュージカル、コンピュータ、演劇、文学・弁論、英語、写真、書道、美術、自然科学、園芸、箏曲、吹奏楽、百人一首歌留多、手芸、食物、茶華道、※JRC、※マンガ研究

[行　事]
・「船の旅」は3年に1度横浜へ赴く（令和5年度実施）。
・新入生歓迎会、芸術鑑賞会、松籟祭（文化祭）、体育祭、球技大会、校外学習（1年）、修学旅行（2年）を実施。

[進　路]（令和5年3月）
・丁寧な進路指導で、自己実現を目指す。現役合格率が95％と非常に高い。
・進学補習、千葉大と連携したHOCなどを実施。

★卒業生の進路状況
＜卒業生303名＞
大学242名、短大11名、専門学校30名、就職3名、その他17名

★卒業生の主な合格実績
茨城大、千葉大、千葉県立保健医療大、尾道市立大、広島市立大、学習院大、中央大、東京医科大、東京女子医大、東京理科大、獨協医科大、法政大、立教大

♣指定校推薦枠のある大学・短大など♣
学習院大、中央大、東京女子大、東京理科大、法政大、立教大　他

[トピックス]
・一人一台端末を活用した授業を展開。
・英語教育に力を入れており、習熟度別少人数クラスや英語による授業を実施している。
・千葉大学と連携しHOCを実施。千葉大学の講義を受講すれば高校の修得単位となる。
・令和4年8月に千葉県立保健医療大学と高大連携し、各種事業を行っている。
・東邦大学との高大連携では、「次世代の優れた女性研究者の育成」を目的として、高度な実験講座や大学講師による紹介講座「サイエンスカフェ」を実施。
・国際交流が盛ん。夏休みにはショートホームステイを実施し、オーストラリアとニュージーランドの姉妹校を訪問する。
・各教室や特別教室、図書館、文化ホールには冷房が完備されている。
・各教室にプロジェクターを設置。

[学校見学]（令和5年度実施内容）
★個別学校説明会　11月3回、12月2回
★松籟祭　9月　見学可

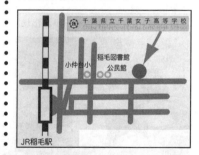

入試！インフォメーション

受検状況	年度	学科名	募集定員	募集人員	志願者数	受検者数	倍率	入学許可候補者数
	R6	普通	240	240	253	250	1.04	240
		家政	40	40	41	41	1.03	40
	R5	普通	240	240	347	346	1.44	240
		家政	40	40	57	57	1.43	40

県立 千葉東 高等学校（ちばひがし）

普通科

単位制
共学
制服 あり

https://cms1.chiba-c.ed.jp/chibahigashi-h/

〒263-0021　千葉市稲毛区轟町1-18-52
☎ 043-251-9221
交通　ＪＲ総武線西千葉駅　徒歩８分
　　　千葉都市モノレール作草部駅　徒歩５分

[カリキュラム]　◇二学期制◇

- 1時限50分で週33時間（7限3日、6限2日）の授業が組まれている。
- 1年次全員が「理数探究基礎」を履修。実験実習を通して課題の発見・解決・表現（発表）に取り組む。
- 1、2年次は全教科をバランスよく学び、総合的な学力を養成。国立大学受験に必要な科目を全員が履修できる。数学は3年間通して習熟度別・少人数授業を取り入れ、英・国も少人数展開で、わかりやすい授業を展開している。
- 3年次は文類型と理類型（数学Ⅲと総合数学βの2パターンあり）に分かれ、より進学に適した授業を展開。多くの学校設定科目から興味関心や進路希望に対応した科目が選択可能。

[部活動]

- 約10割が参加。山岳部はインターハイに男子が24回、女子が22回の出場実績を誇る（令和5年度まで）。
- 最近の主な実績は以下のとおり。
  ＜令和5年度＞
  山岳部女子がインターハイ準優勝。水泳部と陸上競技部が関東大会出場。化学部とマンドリン楽部が全国高校総合文化祭出場。
  ＜令和4年度＞
  山岳部（男女）がインターハイ出場。

化学部と文学部が全国高校総合文化祭出場。

★設置部（※は同好会）
陸上競技、水泳、バスケットボール、バレーボール、サッカー、ラグビー、ソフトボール、野球、テニス、卓球、柔道、剣道、山岳、文学、物理、化学、生物、地学、音楽、吹奏楽、マンドリン楽、美術、写真、書道、演劇、ESS、茶華道、コンピュータ、食物手芸、※歴史研究、※JRC、※漫画研究、※軽音楽、※陶芸、※囲碁、※ジャグリング、※ダンス

[行　事]

国際交流事業として、米国のクラークストン高校とは相互に、豪州のウォリラ高校にも生徒を派遣しているが、令和元年度～4年度は中止となった。
- 5月　スポレク大会（球技大会）
- 7月　芸術鑑賞会、東雲祭（文化祭）
- 10月　陸上競技大会
- 11月　修学旅行（2年）、百人一首大会（1年）
- 2月　マラソン大会（1・2年）

[進　路]（令和5年3月）

- 県の「進学指導重点校」の指定を受け、「受験は団体戦だ！」を合言葉に教師・生徒・保護者・卒業生が一丸となり進路実現に取り組んでいる。
- 受験対策には万全を期し、早朝・放課後・土曜日・長期休業中の補習、小論文指導、校外模試や面談等、きめ細かな指導で対応。

★卒業生の進路状況
　＜卒業生315名＞
　大学264名、短大0名、専門学校2名、就職1名、その他48名

★卒業生の主な合格実績

東京大、北海道大、東北大、東京工業大、一橋大、お茶の水女子大、千葉大、筑波大、横浜国立大、早稲田大、慶應義塾大、上智大、東京理科大、青山学院大学、中央大、法政大、明治大、立教大

♣指定校推薦枠のある大学・短大など♣
早稲田大、慶應義塾大、学習院大、上智大、中央大、津田塾大、東京女子大、東京理科大、東邦大、法政大、明治大、明治薬科大、立教大　他

[トピックス]

- 千葉大との連携事業を多数展開。教育学部教授の基礎教養講座が年間14回、土曜日を利用して開かれるほか、理学部とも連携。HOCとして、放課後希望生徒が大学で授業を受けており、これは高校の修得単位となる。また、千葉大の高大連携理数教育重点校に指定されている。
- ユネスコスクールに加盟。また、米国、豪州へ希望者を派遣するなど国際理解教育にも力を入れており、グローバル人材を育成している。
- 全教室（普通教室）に冷房を設置。

[学校見学]（令和5年度実施内容）

★学校説明会　7・8月各2回
★学校見学は学校説明会で対応

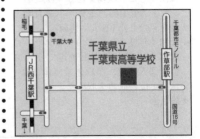

入試！インフォメーション

受検状況	年度	学科名	募集定員	募集人員	志願者数	受検者数	倍率	入学許可候補者数
	R6	普通	320	320	418	409	1.28	320
	R5	普通	320	320	429	426	1.33	320
	R4	普通	320	320	529	522	1.63	320

県立 千葉商業 高等学校
(ちば しょうぎょう)

https://cms1.chiba-c.ed.jp/chiba-ch/

〒260-0044　千葉市中央区松波 2-22-48
☎ 043-251-6335
交通　ＪＲ総武線西千葉駅　徒歩７分　　ＪＲ総武線千葉駅　徒歩 12 分
　　　千葉都市モノレール作草部駅　徒歩９分
　　　京成線西登戸駅　徒歩 10 分

商業科
情報処理科

共　学
制　服　あり

[カリキュラム] ◇三学期制◇

・５教室200台を超すパソコンがネットワークで結ばれ、情報教育を推進している。
・日本商工会議所の簿記検定１・２級、国家資格の応用情報処理技術者試験、基本情報処理技術者試験、ＩＴパスポート試験、税理士試験（科目合格）などの**高度資格**が取得可能。

★商業科
２年次から４コースに分かれる。

＜流通・観光コース＞
商品流通・マーケティング・観光ビジネスの学習を通し、将来の流通ビジネス界で活躍するスペシャリストや起業家の育成を目指す。

＜会計ビジネスコース＞
会計・原価計算や会計情報を分析活用する学習を通し、将来の企業会計のスペシャリストの育成を目指す。

＜経営情報コース＞
ビジネス社会での情報を、コンピュータを使用し分析活用する学習を通し、将来の企業内情報化を推進するスペシャリストの育成を目指す。

★情報処理科
２年次から３コースに分かれる。

＜情報システムコース＞
高度なプログラミングの学習を通し、将来のシステムエンジニアの育成を目指す。

＜情報ビジネスコース＞
ビジネスや会計に関する情報を活用するための知識と技術を通し、将来の経理業務やコンピュータ業務のリーダーの育成を目指す。

＜情報αコース＞
四年制大学進学後を見据えて国語や英語の力を一層身につける。商業系の資格も取得できる。

[部活動]

・約９割が参加。たいへん盛んである。
・最近の主な実績は以下のとおり。

＜令和５年度＞
ソフトテニス部、弓道部、情報処理部、簿記部、珠算部、ワープロ部、吹奏楽部が全国大会に、**柔道部、吹奏楽部、文芸部**が関東大会に出場した。

＜令和４年度＞
情報処理部、珠算部、ワープロ部、簿記部が全国大会出場。**柔道部、ソフトテニス部、吹奏楽部、文芸部**が関東大会出場。

★設置部
硬式野球、サッカー、ソフトボール、ソフトテニス、バスケットボール、バレーボール（女）、バドミントン、柔道、剣道、弓道、バトントワラー、陸上競技、ハンドボール、珠算、簿記、情報処理、ワープロ、国際交流、吹奏楽、書道、文芸、演劇、美術、写真、茶道　他

[行事]

主なものとして、千商祭（文化祭・９月）、体育祭（10月）、修学旅行（２年・10月）、芸術鑑賞会（11月）、スポーツ大会（３月）などがある。

[進路] （令和５年３月）

・高度検定・資格の取得を通し、四年制大学への進学や就職等、生徒の夢の実現を目指している。
・就職希望者の**内定率は100%**
・千葉商科大学との高大連携協定の下、発展的な学びを取り入れるほか、**小論文講座やインターンシップ**を実施。
・専門学校のプロ講師を招いて、**公務員試験対策講座**を実施。令和４年度卒業生は税務大学校、東京消防庁、防衛省、千葉県警などに８名が合格した。

★卒業生の進路状況
＜卒業生315名＞
大学143名、短大６名、専門学校79名、就職83名、その他４名

★卒業生の主な進学先
千葉県立保健医療大、学習院大、國學院大、駒澤大、専修大、中央大、東洋大、同志社大、日本大、法政大、武蔵大、明治大、明治学院大

♣指定校推薦枠のある大学・短大など♣
学習院大、駒澤大、専修大、中央大、東洋大、同志社大、日本大、法政大、武蔵大、明治大、明治学院大　他

[学校見学] （令和５年度実施内容）
★１日体験入学　８月１回
★学校説明会　８・11・12月各１回
★個別相談会　10月１回
★千商祭　９月　見学可（個別相談会も実施）
★学校見学は随時可（要連絡）

入試！インフォメーション

受検状況	年　度	学科名	募集定員	募集人員	志願者数	受検者数	倍　率	入学許可候補者数
	R6	商業・情報処理	320	320	360	358	1.12	320
	R5	商業・情報処理	320	320	382	381	1.19	320
	R4	商業・情報処理	320	320	312	308	0.96	310

※商業科・情報処理科はくくり募集。

県立 京葉工業 高等学校
けいようこうぎょう

https://cms1.chiba-c.ed.jp/keiyo-th/

〒263-0024　千葉市稲毛区穴川 4-11-32
☎ 043-251-4197
交通　JR総武線稲毛駅　徒歩 15 分またはバス
　　　千葉都市モノレール穴川駅　徒歩 6 分

共 学	
制 服	あり

[カリキュラム] ◇三学期制◇

少人数制授業を実施しており、とりわけ専門教科では10名以下の人数できめ細かな指導が行われている。また、**企業実習**や先端技術の授業などは地元や県内の企業の協力を得ており、体験的な学習の機会が多い。

★機械科

製品づくりの基本となる、加工技術、設計、製図、情報技術、電気の基礎などを幅広く学び、IoT時代を担うエンジニアになることを目標としている。実習・実験室には、様々な工作機械や実験設備、コンピュータが用意され、施盤、フライス盤・マイニングセンタなどの機械実習・溶接、材料試験、電気・制御等の実習やプログラミングを行う。

★電子工業科

電気の基礎・基本から学習し、電気・通信・情報の各分野で活躍する技術者の育成をめざす。専門科目として、理論を学ぶ「電気回路」「電子回路」「ハードウェア技術」「通信技術」、パソコンを操作しながら楽しく学ぶ「プログラミング技術」、少人数の班分けで体験しながら学ぶ「実習」「課題研究」がある。

★設備システム科

技術進歩が著しく、周辺環境が激しく変化し続けている現代において、快適な環境を維持していくために必要な電気、機械、建設、化学などの幅広い知識を習得できる県内唯一の学科。卒業後の進路選択の幅も広い。2年次に**設備コース**、**システムコース**を置き、少人数制での教育を徹底・実践している。

★建設科

「まちづくり」に必要な土木や建築の知識を幅広く学ぶ。1年次は製図や測量、コンクリート材料実験などを学んで基礎力を養い、2年次以降は選択したコースで専門的学習を行う。**土木コース**では、測量や施工法について学び、土質実験など実社会に即した実習を行う。難関国家資格の取得もめざす。**建築コース**では、建築物の構造、光・音・熱などの環境を学び、コンピュータによる設計製図や模型製作、材料実験などの実習を行う。

[部活動]

・最近の主な実績は以下のとおり。
<令和4年度>
レスリング部が個人戦でインターハイ出場、県総体の団体戦で県2位。**自転車競技部**は関東大会へ出場。工業系では、**機械研究・建設研究・自動車・マイコン研究部**がものづくり関東大会へ出場。

★設置部

陸上競技、卓球、剣道、ソフトテニス、レスリング、バレーボール、柔道、テニス、サッカー、バドミントン、野球、自転車競技、山岳、吹奏楽、写真、マイコン研究、漫画アニメーション研究、鉄道研究、模型工作、自動車、機械研究、基礎工学研究、電子工業研究、建設研究

[行　事]

校外学習、球技大会、京工祭（文化祭）、芸術鑑賞会、課題研究発表（3年）、修学旅行（2年)などを実施。

[進　路] (令和5年3月)

・**資格取得指導**が充実しており、電気工事士、消防設備士、溶接、危険物取扱者、測量士補、土木・建築施工管理技術検定などの**講習会**を実施している。
・4年制大学などの**指定校推薦枠**を多く持っている。
・技術系の公務員への合格者も多数輩出している。

★卒業生の進路状況

<卒業生206名>
大学34名、短大7名、専門学校35名、就職126名、その他4名

★卒業生の主な進学先

敬愛大、国士舘大、淑徳大、千葉経済大、千葉工業大、東京情報大、日本大、日本工業大、明海大

[トピックス]

・普通教科や専門教科の学習活動を通して、**高い教養と広い視野をもった社会生活に対応し得る工業人の育成**に努めている。
・先端設備が充実しており、例えば機械科の加工実習（MC・NC加工）で使用する機械はコンピュータで動作するもので、部品加工の際には0.005mm以下の誤差しか生じない。

[学校見学] (令和5年度実施内容)

★学校見学会　6月1回
★学校説明会　8月1回
★体験入学　9月1回
★学科説明会　11・12月各1回
★京工祭　11月　見学可

入試！インフォメーション

受検状況	年度	学科名	募集定員	募集人員	志願者数	受検者数	倍率	入学許可候補者数
	R6	機　械	80	80	70	69	0.86	71
		電子工業	80	80	83	81	1.01	80
		設備システム	40	40	36	36	0.90	35
		建　設	40	40	36	36	0.90	35

県立 千葉工業 高等学校
ちば こう ぎょう

電子機械科
電気科
情報技術科
工業化学科
理数工学科

共 学

制 服 あり

https://cms1.chiba-c.ed.jp/chiba-th/

☎ 260-0815　千葉市中央区今井町 1478
☎ 043-264-6251
交通　JR京葉線・内房線・外房線蘇我駅　徒歩 20 分またはバス
　　　京成線千葉中央駅、JR総武線千葉駅　バス

[カリキュラム] ◇三学期制◇
・資格取得に力を入れており、アーク溶接講習やガス溶接特別教育講習など、**各種講習会**を学校で定期的に実施している。

★電子機械科
・機械工学を中心として、電子・電気技術、コンピュータを総合的に学習。
・電子機械技術者の養成を目指す。

★電気科
・電気工学の基礎的な知識や技術を学習する。卒業生には、工事担任者や第2種電気工事士、第3種電気主任技術者等の資格について、試験の一部免除等の特典がある。
・将来の工業界で中核となる技術者の育成を目指す。

★情報技術科
・最先端のIT関連技術であるハードウェア技術やプログラム言語、さらにネットワーク技術やWebデザインの技術者の養成を目指す。

★工業化学科
・化学合成・成分分析・運転管理などの技術を学習し、化学品の製造技術者の養成を目指す。

★理数工学科
・英語・数学・理科の授業時数を増やし、**理工系大学への進学**をめざす。週2回の7時間授業、年間10時間程度の産業工学研究の授業（土曜日）がある。予備校の映像授業も活用している
・タブレットを使用してものづくりの基礎・技術を学ぶ。

[部活動]
　約6割の生徒が参加。**体操部**が関東大会出場。**理数工学研究部**はSTEAM JAPAN　AWARD金賞、第70回 日本大学全国高等学校・建築設計競技『最優秀賞』『最優秀学校賞』などの成績を収めた。

★設置部（※は同好会）
　体操、柔道、剣道、陸上競技、バレーボール、ラグビー、バスケットボール、サッカー、卓球、野球、水泳、ソフトテニス、山岳、弓道、写真、美術、吹奏楽、電気発明創作、機械発明創作、工業化学研究、コンピュータ技術研究、鉄道研究、茶道、軽音楽、理数工学研究、※文芸

[行　事]
5月　遠足（1年）、工場見学（2年）、球技大会
8月　インターンシップ（2年）
9月　修学旅行
10月　体育祭、千工祭（文化祭）

[進　路]（令和5年3月）
　令和4年度の高校生求人倍率約3.2倍（千葉県）の中、本校は**約19.8倍の求人**があった。これは創立以来2万3千人を超える卒業生が中堅技術者として就職し、活躍した結果である。求人社数は1843社、求人延べ人数は2614人であった。このような状況なので、**100%の就職が可能である**。
　また、**指定校推薦枠**や総合型選抜を利用しての進学者も年々増えているのが特徴である。

★卒業生の進路状況
　＜卒業生226名＞
　大学46名、短大11名、専門学校26名、就職133名、その他10名

★卒業生の主な進学先
　千葉大、新潟大、電気通信大、長岡技術大、國學院大、敬愛大、城西国際大、千葉科学大、千葉経済大、千葉工業大、千葉商科大、東京工科大、東京情報大、東京電機大、東京農業大、東京理科大、日本大、日本工業大、ものつくり大、和洋女子大、東京都市大、湘南工科大、金澤工業大、流通経済大

♣指定校推薦枠のある大学・短大など♣
　敬愛大、国士舘大、湘南工科大、千葉経済大、千葉工業大、東海大、東京工科大、東京工芸大、東京情報大、東京電機大、日本大　他

[トピックス]
・昭和11年創立。千葉県で一番**伝統のある工業高校**である。1年次より3分の1の専門教科があり、2～3年次では2分の1となる。特に実習や製図などの実践的な授業では、社会に出て**即戦力**の知識と技術を習得できる。年間の皆勤者は4割を超え、ほとんどの生徒が部活動と勉強を両立している。その結果、数々の資格を取得し、**就職率は100%**。さらに**進学**もできる。
・最近は工業技術に関する研究大会にて受賞するなど、多方面で生徒が活躍している。

[学校見学]（令和5年度実施内容）
★学校説明会　8月1回
★体験入学　9・11月各1回
★千工祭　11月　見学可（抽選制）
★学校見学は随時可（要連絡）

入試！インフォメーション

受検状況	年 度	学科名	募集定員	募集人員	志願者数	受検者数	倍 率	入学許可候補者数
	R6	電子機械	80	80	53	51	0.64	54
		電 気	40	40	36	35	0.88	36
		情報技術	40	40	48	47	1.18	40
		工業化学	40	40	13	13	0.33	14
		理数工学	40	40	26	24	0.60	24

県立 千葉南 (ちばみなみ) 高等学校

普通科

https://cms1.chiba-c.ed.jp/chibaminami-h/

〒260-0803　千葉市中央区花輪町45-3
☎ 043-264-1362
交通　ＪＲ総武線千葉駅・外房線蘇我駅・鎌取駅　バス

共学

制服　あり

[カリキュラム]　◇三学期制◇

・99％の生徒が進学を希望しているため、国公立大・私立大どちらの進学にも対応できるカリキュラム編成となっている。
・1年次は全員共通の科目を履修。
・一人ひとりの興味、適性や進路希望にあわせた学習ができるよう、2年次では、社会・理科での科目選択制が設けられ、3年次より、**文系**、**理系**の2つのコースに分かれる。
・2・3年次の理系の数学では、少人数制の到達度別クラス編成（**レッスンルーム**）で実施。
・1・2年次の英語の授業では、コミュニケーション能力の育成を目指し、**ALT**（外国語指導助手）との**ティームティーチング**を行っている。
・理科の授業は、科目ごとの特性を生かした実験を重視。

[部活動]

・約8割が参加。
・バドミントン部、ソフトテニス部、空手道部、水泳部、陸上競技部、弓道部、ラグビー部、吹奏楽部、美術部が全国大会（インターハイなど）または関東大会（東関東大会）出場の経験をもつ。
・最近の主な実績は以下のとおり。
＜令和5年度＞
　水泳部と空手道部がインターハイに出場した。美術部と書道部が全国高校総合文化祭に出展した。
＜令和4年度＞
　水泳部と空手道部がインターハイに出場し、**弓道部**が国体に出場した。陸上競技部が関東大会に出場した。
★設置部（※は同好会）

水泳、バドミントン、弓道、空手道、バレーボール、卓球、ワンダーフォーゲル、ラグビー（男）、野球（男）、サッカー、硬式テニス、ソフトボール（女）、陸上競技、ソフトテニス、バスケットボール、剣道、ダンス、美術、吹奏楽、茶道、書道、※将棋、※華道、※家庭科、※音楽、※写真、※アナウンス、※かるた、※自然科学

[行　事]

　7月と9月に行われる**かんな祭**は、生徒が主体となり、たいへん盛り上がる。文化の部では**合唱コンクール**も行われる。
4月　校外学習
7月　かんな祭（文化の部）
9月　かんな祭（体育の部）
11月　修学旅行（2年）
1月　百人一首大会
2月　マラソン大会

[進　路]（令和5年3月）

・進路指導室や進路資料閲覧室に職員が常駐し、いつでも進路相談ができる。
・通常時の放課後や早朝、夏期休業中に全学年の希望者を対象に**課外ゼミ**と呼ばれる**進路補習**を実施している。
★卒業生の進路状況
＜卒業生314名＞
大学257名、短大7名、専門学校23名、就職3名、その他24名
★卒業生の主な進学先
茨城大、千葉大、東京農工大、信州大、弘前大、千葉県立保健医療大、早稲田大、青山学院大、学習院大、中央大、東京理科大、法政大、明治大、立教大
♣**指定校推薦枠のある大学・短大など**♣
青山学院大、学習院大、成蹊大、成城大、中央大、東京理科大、法政大、武蔵大、明治大、明治学院大　他

[トピックス]

・夏季休業中、多くの日で**図書館**が自習室として利用されている。
・千葉県教育委員会から**英語教育拠点校**に指定され、ＡＬＴが常駐している。
・千葉大学や東邦大学、淑徳大学と連携しており（**高大連携**）、大学での授業や実験講座に参加できる。千葉大学での講座については単位認定している。
・令和5年度より**新制服**となった。

[学校見学]（令和5年度実施内容）

★学校説明会　8・9月各1回
★学校見学は随時可（要連絡）

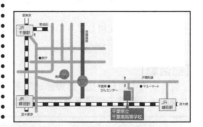

入試！インフォメーション

受検状況	年度	学科名	募集定員	募集人員	志願者数	受検者数	倍率	入学許可候補者数
	R6	普通	320	320	359	355	1.11	320
	R5	普通	320	320	413	411	1.28	320
	R4	普通	320	320	409	408	1.28	320

普通科

県立 検見川 高等学校
けみがわ

https://cms1.chiba-c.ed.jp/kemigawa-h/

〒261-0011　千葉市美浜区真砂4-17-1
☎ 043-278-1218
交通　ＪＲ京葉線検見川浜駅　徒歩7分
　　　ＪＲ総武線新検見川駅　バス

共 学

制 服　あり

[カリキュラム]◇三学期制◇

・令和4年度より国公立大学入試に対応するため、1・2年生はほぼ共通履修で、芸術科目のみ2年次に選択教科となった。3年生は文系A・B類型、理系A・B類型に分かれ、従来実施してきたカリキュラムをより大学入試を見据えて選択科目を増やしている。

・朝学習は基礎学力の定着を目的とし、スタディサプリを利用して、自分のペースに合わせた学習を毎日行うことができる。また、英単語テストと漢字テストを毎月一回程度を目途にこの時間に組み入れている。なお、朝の学習時間は「リメディアルⅠ～Ⅲ」という一つの科目として編成される。

[部活動]

・約8割が参加。
・最近の主な実績は以下のとおり。

＜令和5年度＞
　フェンシング部が関東大会（女子団体、男子個人、女子個人）、インターハイ（男子個人、女子個人）、関東選抜大会（男子団体、女子団体）に出場した。放送委員会がNHK杯全国高校放送コンテスト全国大会（アナウンス、ラジオドキュメント）、全国高校総合文化祭（朗読）に出場した。

＜令和4年度＞
　フェンシング部が関東大会出場（団体）・県総体準優勝（団体・個人）、陸上競技部が関東大会出場などの成績を収めた。放送委員会がNHK杯放送コンテスト全国大会に3部門で出場した。

★設置部（※は同好会）

陸上競技、野球、ソフトボール（女）、バレーボール（女）、卓球、バスケットボール、バドミントン、サッカー（男）、剣道、ラグビー、山岳、テニス、フェンシング、吹奏楽、茶道、写真、書道、音楽、地学、美術、放送委員会、※クッキング、※演劇、※ESS、※イラスト、※生物、※チア

[行　事]

・校外学習、潮風祭（文化の部・体育の部）、修学旅行などを実施。
・潮風祭文化の部では3年全クラスが演劇を行い、創造的な姿を見せる。

[進　路]（令和5年3月）

・1年生から将来を見据えたガイダンスを実施。
・2年生は進路別・分野別のガイダンスを段階的に実施。
・独自のデータを活用しての進路指導の徹底。
・一般受験生徒へのサポート体制を確立。
・進学ゼミ（課外ゼミ）を通年放課後や土曜日、長期休業中に実施。

★卒業生の進路状況
　＜卒業生317名＞
　大学282名、短大6名、専門学校9名、就職2名、その他18名

★卒業生の主な合格実績
　茨城大、埼玉大、千葉大、千葉県立保健医療大、早稲田大、慶應義塾大、青山学院大、学習院大、國學院大、上智大、成蹊大、成城大、中央大、東京理科大、獨協大、法政大、武蔵大、明治大、明治学院大、立教大

♣指定校推薦枠のある大学・短大など♣
　青山学院大、学習院大、学習院女子大、神田外語大、國學院大、駒澤大、芝浦工業大、成蹊大、成城大、中央大、東京都市大、東京理科大、東洋大、獨協大、日本大、法政大、武蔵大、明治大、明治学院大　他

[トピックス]

・モットーは文武両道。部活動を充実させるために週32時間のカリキュラムを実施しているが、進学を中心に考える生徒に対しては、通年ゼミ、夏季休業中ゼミが自由に受講できるようになっており、生徒のライフスタイルに合わせた高校生活が送れるようになっている。

・地域との交流に積極的で、吹奏楽部が自治会やコミュニティセンターのイベントで演奏したり、書道部が市内小学校で書初めの指導をしたりしている。

[学校見学]（令和5年度実施内容）

★学校説明会　8月2回、9・10・11月各1回
★潮風祭文化の部　7月　見学可

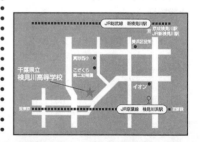

入試！インフォメーション

受検状況	年　度	学科名	募集定員	募集人員	志願者数	受検者数	倍　率	入学許可候補者数
	R6	普　通	320	320	404	397	1.24	320
	R5	普　通	320	320	442	439	1.37	320
	R4	普　通	320	320	407	403	1.26	320

県立 千葉北 高等学校
ちばきた

普通科

https://cms1.chiba-c.ed.jp/chibakita-h/

共 学

制 服　あり

〒263-0005　千葉市稲毛区長沼町153
☎ 043-257-2753
交通　ＪＲ総武線稲毛駅、京成線勝田台駅、千葉都市モノレールスポーツセンター駅　バス

[カリキュラム] ◇三学期制◇
・１、２年次は基礎学力を定着させるため、全員ほぼ共通の科目を履修し、１・２年次の芸術と２年次の理科の授業が選択制となる。
・３年次は**文系**と**理系**の２類型に分かれる。さらに、それぞれの生徒の興味や進路希望に対応できるよう選択授業を設置。特に文系は大幅な選択制となっている。

[部活動]
・約７割が参加。
・近年の主な実績は以下のとおり。
＜令和５年度＞
水泳部が関東大会に出場した。**ワンダーフォーゲル部**が県総体クライミング競技男子団体４位、**陸上競技部**が県総体やり投８位の成績を収めた。
＜令和４年度＞
生物部が千葉県児童生徒化学作品展で千葉県総合センター所長賞を受賞し、全国展へ出場した。**水泳部**が県新人大会４位の成績を収めた。
＜令和３年度＞
ワンダーフォーゲル部が県総体クライミング競技で女子団体優勝・男子団体４位、**ラグビー部**が県総体５位という成績を収めた。**演劇部**が関東演劇研究大会優秀賞を受賞した。

★設置部
野球、ソフトボール（女）、サッカー、ラグビー、ソフトテニス（女）、テニス、弓道、ワンダーフォーゲル、バドミントン、バレーボール、バスケットボール、柔道、剣道、水泳、陸上競技、卓球、美術・工芸、書道、吹奏楽、演劇、茶道、生物

[行　事]
4月　遠足
7月　オーストラリア短期留学（希望者）
9月　北斗祭（文化祭）、合唱祭、体育大会
11月　修学旅行（２年）

[進　路]（令和５年３月）
・**進路指導室**を設置し、一人ひとりの生徒の相談に応じている。
・大学・短大・専門学校ガイダンスや**模擬面接**などを実施。
・放課後や長期休業中の**進学補習**など、きめの細かい指導をしている。

★卒業生の進路状況
　＜卒業生312名＞
　大学250名、短大13名、専門学校26名、就職３名、その他20名
★卒業生の主な合格実績
　千葉大、防衛大学校、秋田県立大、早稲田大、慶應義塾大、青山学院大、学習院大、國學院大、成蹊大、成城大、中央大、東京理科大、獨協大、法政大、武蔵大、明治大、明治学院大、立教大
♣指定校推薦枠のある大学・短大など♣
　青山学院大、学習院大、神田外語大、國學院大、成城大、千葉工業大、東京都市大、東京理科大、東邦大、東洋大、日本大、法政大、武蔵大　他

[トピックス]
・**国際理解教育**に力を入れており、毎年、オーストラリアへの**短期留学**（希望者）を実施している。**国際理解セミナー**では、海外で活躍する日本人や日本で活躍している外国の方を招き、講演を実施している。
・**英語検定**に多くの生徒がチャレンジ

している。
・吹奏楽部や茶道部が地域の行事に参加するなど**地域活動への参加**を積極的に行っている。
・生物選択者を対象に**専門機関との連携**を展開。令和３年度には遺伝子分析の実習（東邦大学）を行った。
・各教室に**プロジェクター**とスクリーンを設置しており、授業や行事などで活用している。

[学校見学]（令和５年度実施内容）
★学校見学会　８・10月各１回
★北斗祭り　９月　見学可
★学校見学は２学期の水・金曜日に可（要連絡）

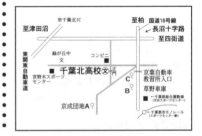

入試！インフォメーション

受検状況	年度	学科名	募集定員	募集人員	志願者数	受検者数	倍率	入学許可候補者数
	R6	普　通	320	320	350	346	1.08	320
	R5	普　通	320	320	349	348	1.09	320
	R4	普　通	320	320	329	326	1.02	320

県立 若松（わかまつ）高等学校

https://cms1.chiba-c.ed.jp/chb-wakamatsu-h/

〒264-0021　千葉市若葉区若松町 429
☎ 043-232-5171
交通　ＪＲ総武線都賀駅・千葉都市モノレール都賀駅　徒歩 18 分またはバス

普通科

共　学

| 制　服 | あり |

［カリキュラム］◇三学期制◇

・1 年次は数学と英語の授業で 2 クラ
ス 3 展開の **少人数・習熟度別** による
きめ細かい授業を実施。
・2 年次より古典または数学の選択と
理科基礎科目の選択を行う。
・3 年次には文理のコース分けを行わ
ず、多数の科目の中から選択を行う。
3 年間を通して幅広く進路や関心に
あわせて自分に合った授業を選ぶこ
とができる。
・**漢字検定**や**英語検定**といった検定の
受検者も多い。

［部活動］

・約 6 割が参加。
・最近の主な実績は以下のとおり。
<令和 5 年度>
　陸上競技部が関東大会に出場した。
男子ハンドボール部が県総体 3 位、
女子ハンドボール部が県総体ベスト
8 となった。
<令和 4 年度>
　弓道部が関東選抜大会出場（女子個
人 2 名）、**陸上競技部**が南関東大会
出場（男子 3 名）・関東新人大会 7
位（女子 1 名）、**ハンドボール部**が
関東大会県予選女子ベスト 4 などの
成績を収めた。
<令和 3 年度>
　弓道部が関東予選の女子団体で県優
勝を果たし関東大会ではベスト16、
陸上競技部が県新人大会の男子砲丸
投で県 2 位となり関東新人大会出
場、**ハンドボール部**女子が県総体で
県 3 位などの成績を収めた。
★設置部（※は同好会）
サッカー、野球、陸上競技、バレー
ボール（女）、バスケットボール、
卓球、バドミントン、剣道、ハンド
ボール、テニス、ソフトテニス（女）、
ワンダーフォーゲル、弓道、吹奏楽、
合唱、華道、茶道、書道、演劇、英
語、写真、科学、囲碁将棋、イラス
ト、美術、料理、コンピュータ、※
文芸

［行　事］

5 月	校外学習
7 月	短期留学
9 月	紫苑祭（文化祭）、体育祭
11 月	修学旅行（2 年）、芸術鑑賞会
	（3 年）

［進　路］（令和 5 年 3 月）

　進路指導室・資料室を設置し、随時
進路相談ができる。1 年次より計画的
に**進路別ガイダンス**等を実施し、各学
期や長期休業中には**課外授業**を行う。
★卒業生の進路状況
　　<卒業生300名>
　　大学106名、短大22名、専門学校126
名、就職20名、その他26名
★卒業生の主な進学先
　医療創生大、植草学園大、江戸川大、
敬愛大、駒澤大、秀明大、淑徳大、
城西国際大、千葉科学大、千葉経済
大、千葉工業大、千葉商科大、中央
学院大、東京情報大、東洋大、日本
大、明海大、流通経済大、麗澤大、
和洋女子大
♣指定校推薦枠のある大学・短大など♣
植草学園大、江戸川大、神田外語大、
国士舘大、城西国際大、聖徳大、千
葉経済大、千葉工業大、千葉商科大、
中央学院大、帝京平成大、東京成徳
大、東洋大、日本大、文京学院大、
立正大、麗澤大、和洋女子大　他

［トピックス］

・選択科目「**保育**」の授業希望者に対
して、近隣の保育園で**保育実習**を実
施している。また、3 年生の家庭科
選択の授業で、乳幼児とのふれあい
体験「**子育てサロンin若松高校**」に取
り組んでいる。
・7 〜 8 月の 2 週間、ニュージーラン
ドへ**短期留学**を実施。オタゴ大学ラ
ンゲージセンターや姉妹校である
ローガンパーク高校で学ぶ。
・近隣小・中学校との交流や桜ケ丘特
別支援学校でのボランティア活動に
も力を入れている。
・障がい者施設でのボランティア活動
を実施している。
・令和 5 年度から女子の制服が新しく
なった。

［学校見学］（令和 5 年度実施内容）

★学校説明会　8 月 2 回、10月 1 回
★紫苑祭　9 月　見学可
★学校見学は連絡後に調整

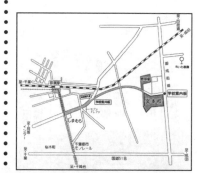

入試！インフォメーション

受検状況	年　度	学科名	募集定員	募集人員	志願者数	受検者数	倍　率	入学許可候補者数
	R6	普　通	320	320	384	384	1.20	320
	R5	普　通	320	320	443	443	1.38	320
	R4	普　通	320	320	377	372	1.16	320

県立 千城台 高等学校
ちしろだい

https://cms1.chiba-c.ed.jp/chishirodai-h/

〒264-0004　千葉市若葉区千城台西2-1-1
☎ 043-236-0161
交通　ＪＲ総武線千葉駅　バス
　　　千葉都市モノレール千城台駅　徒歩3分

普通科

共学

制服　あり

[カリキュラム] ◇三学期制◇

・1学年は芸術選択、2年は3学年での文理選択を見据えて芸術・数学と理科の一部を選択。
・3学年で**文理**に分かれ、文系は国語・地歴・英語に力を入れ、さらに総合選択などで生徒のニーズに応える。
・1年の英語・数学、3年理系の数学では**習熟度別少人数授業**を行う。
・東京情報大や植草学園大、植草学園短期大の**特別講座**や**ボランティア活動**、英語検定・漢字検定の**資格取得**（2級以上）なども単位認定される。

[部活動]

・吹奏楽部や演劇部は定期的に演奏会や公演会を行っている。また地域のイベントでの演奏や小中学校との交流に力を注いでいる。
・最近の主な実績は以下のとおり。
<令和5年度>
美術部が全国高校総合文化祭に出品した。**書道部**が高校生国際美術展で佳作を受賞した。**陸上競技部**が関東大会に男子円盤投で出場した。**クライミング部**が県総体で男子団体2位・女子団体2位・女子個人3位・男子個人5位の成績を収めた。
<令和4年度>
美術部が全国高校総合文化祭に出品した。**演劇部**が県演劇中央発表会で

優秀賞第1席となった（関東大会出場）。**クライミング部**が県総体で男子団体4位・女子個人4位、県ボルダリング大会で女子団体優勝・男子団体2位となった。

★設置部（※は同好会）

野球、剣道、バスケットボール、テニス、ソフトテニス、陸上競技、サッカー、ソフトボール（女）、卓球、バドミントン、バレーボール、クライミング、美術、演劇、書道、音楽、茶道、写真、マンガ・イラスト・アニメーション、吹奏楽、華道、※文芸、※ギター、※将棋

[行事]

・**まほろば祭（体育の部）**での応援合戦は、3年生を中心に熱心に取り組み、当日はすばらしい演技を披露する。

5月	校外学習
9月	まほろば祭（文化の部）
10月	まほろば祭（体育の部）
11月	修学旅行（2年）

[進路]（令和5年3月）

・総合的な学習の時間などを利用して**キャリア教育**を実施している。
・**進路指導室**・進路資料室を設置。生徒の職員への相談や資料の利用が常時可能。
・朝の**英単語・漢字テスト**、論文対策の**トピックリーディング**（毎月1回程度）、放課後や長期休業中の**実力養成講座**など、受験対策は万全である。
・定期的に**模試**を実施。スタディサプリを活用した振り返りも行う。

★卒業生の進路状況
<卒業生308名>
大学188名、短大22名、専門学校74名、

就職14名、その他10名

★卒業生の主な進学先
千葉県立保健医療大、学習院大、駒澤大、専修大、中央大、東京電機大、東邦大、東洋大、獨協大、日本大、法政大、武蔵大

♣指定校推薦枠のある大学・短大など♣
学習院大、中央大、東京電機大、東京都市大、東京理科大、東邦大、東洋大、日本大、法政大、武蔵大　他

[トピックス]

・東京情報大との**高大連携**に取り組んでいる。希望者は週1回東京情報大で情報関係の講義を受講し、終了後は単位の取得が認められる。また、東京情報大の「**留学生との交流会**」は毎年実施している。
・教室は**冷暖房完備**。

[学校見学]（令和5年度実施内容）

★学校説明会　8月2回、9・11月各1回
★まほろば祭文化の部　9月　見学可

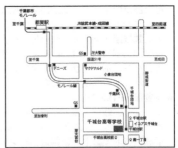

入試！インフォメーション

受検状況	年度	学科名	募集定員	募集人員	志願者数	受検者数	倍率	入学許可候補者数
	R6	普通	320	320	383	379	1.18	320
	R5	普通	320	320	378	378	1.18	320
	R4	普通	320	320	351	350	1.09	320

県立 生浜 高等学校

おいはま

https://cms1.chiba-c.ed.jp/oihama-h/

〒260-0823　千葉市中央区塩田町372
☎ 043-266-4591
交通　JR浜野駅　徒歩15分、JR蘇我駅　自転車15分

普通科

単位制
共学
制服　あり

[カリキュラム] ◇二学期制◇

・単位制を採用しており、学年による教育課程の区分はない。3年間在籍し**80単位以上修得**することで卒業が可能となっている

・45分授業を2時限連続で実施。これが6時限目まである。

・少人数制授業、ティームティーチング授業、習熟度別授業を実施し、わかりやすい授業が展開されている。

・高校卒業後の進路希望を実現するため、放課後、週3回、マナトレを教材として**基礎学力向上**に取り組んでいる。

・希望者対象の**看護医療系ゼミ**や**公務員試験対策ゼミ**を開講している。

[部活動]

・充実した施設・設備のもと、丁寧で熱心な指導が行われている。

・最近の主な実績は以下のとおり。

＜令和4年度＞
バレーボール部が県大会でベスト20の成績を残した。

＜令和3年度＞
アーチェリー部が関東大会に出場した。

★設置部（※は同好会）
陸上競技、野球、サッカー、ソフトテニス、ソフトボール、アーチェリー、卓球、バレーボール、バドミントン、剣道、合気道、硬式テニス、ハンドボール、バスケットボール、軟式野球、ダンス、演劇、合唱、音楽、書道、美術、茶道、コンピュータ、家庭科、生物、将棋、写真、ビジネス研究、※英語、※文芸

[行　事]

学校行事は全日制・定時制の生徒が一体となって行う。

4月　遠足
5月　生徒総会
10月　スポーツデー、しほた祭（文化祭）
11月　修学旅行（関西方面）

[進　路]

・希望進路別に細かい指導を実施。

・**インターンシップ**（就業体験）を推進している。

・**補習授業、小論文指導、面接指導、作文指導、模擬試験、進路ガイダンス、企業・大学見学、卒業生との懇談会**など、多彩なプログラムが用意されている。

・1年次には**進路適性検査**を実施するとともに、**進路講演会**や**分野別説明会**などを実施している。

・2年次には、**見学会**などによって進路先について知る。

・3年次には、**面接指導**などが行われ、各進路実現をめざす。

★卒業生の進路状況（令和5年3月）
＜卒業生69名＞
大学12名、短大2名、専門学校31名、就職13名、その他11名

★卒業生の主な進学先
江戸川大、関東学院大、敬愛大、淑徳大、千葉工業大、日本大、明海大、立正大

[トピックス]

・令和4年度、**コミュニティ・スクール**となった。

・1学年2クラスの小規模でアットホームな環境であり、一人ひとりの生徒に丁寧な生活および学習指導ができる学校である。

・毎朝の校門指導等、「**いつでも面接に臨める生徒**」を目標に生徒指導に力を入れている。

・頭髪、服装のチェックによる**再登校指導**を行っている。

・併設の三部制定時制の課程との相互履修が可能。

・**教育相談体制**が充実しており、週に2回学校カウンセラーおよびスクールソーシャルワーカーが来校し生徒の悩みのケアを行っている。また、養護教諭も3名いる。

・6時限目の終了時間は14:30であり、その後の時間は部活動などに打ち込むなど有意義に活用できる。

・近隣の特別支援学校や小学校とのボランティア活動など、**異校種交流**を積極的に推進している。

・年3回の**通学路清掃**を実施している。

・生物部・研究チーム「チームぴよちゃん」による**ウズラの殻なし卵孵化の研究**が世界的な反響を呼び、国内外のメジャーなテレビ局や新聞社などから多数の取材を受けている。

[学校見学]（令和5年度実施内容）

★一日体験入学　8月1回
★学校説明会　10・11月各1回

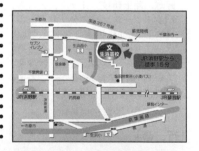

入試！インフォメーション

受検状況	年　度	学科名	募集定員	募集人員	志願者数	受検者数	倍　率	入学許可候補者数
	R6	普　通	80	80	87	86	1.08	80
	R5	普　通	80	80	87	87	1.09	80
	R4	普　通	80	80	85	84	1.05	80

県立 **磯辺** 高等学校 （いそべ）

https://cms1.chiba-c.ed.jp/isobe-h/

〒261-0012　千葉市美浜区磯辺2-7-1
☎ 043-277-2211
交通　ＪＲ総武線稲毛駅・新検見川駅　バス
　　　ＪＲ京葉線稲毛海岸駅　徒歩25分またはバス
　　　ＪＲ京葉線検見川浜駅　徒歩25分またはバス

普通科

共　学

制　服　あり

[カリキュラム] ◇三学期制◇
・1年次は芸術科目以外は全員共通の科目を履修する。
・2年次からは選択科目に芸術Ⅱ・家庭選択と歴史選択が加わる。
・3年次から各自の興味、関心や希望進路に応じて**文系**、**理系**から選択して学習する。
・文系では教科の枠を超えた幅広い選択科目が用意されている。
・朝のＨＲで漢字と英単語の小テストを行って優秀者を表彰するなど、基礎学力を育成している。

[部活動]
・ヨット部はインターハイなどの全国大会の常連。
・最近の主な実績は以下のとおり。
＜令和5年度＞
　ヨット部が県総体優勝（女子団体・男子個人・女子個人）、**アーチェリー部**が関東大会5位（女子団体）・県総体準優勝（女子団体）・国体出場などの成績を収めた。
＜令和4年度＞
　書道部が書の甲子園で文部科学大臣賞に輝いた。また、**ヨット部**がインターハイと関東大会に、**アーチェリー部**が関東大会に出場した。
★設置部（※は同好会）
　野球、陸上競技、ヨット、テニス、バレーボール、バスケットボール、ソフトボール、バドミントン、サッカー、アーチェリー、ラグビー、ワンダーフォーゲル、書道、吹奏楽、美術、演劇、アニメーション、茶道、文芸、※家庭科、※英会話、※合唱、※新体操、※科学

[行　事]

磯友祭は文化委員会が中心となって、より良きものを目指し活動している。

5月　校外学習、球技大会
9月　磯友祭（文化祭）、体育大会
11月　修学旅行（2年）
1月　百人一首大会
2月　マラソン大会

[進　路]（令和5年3月）
・面談、講習、補習、進路ガイダンスなど進路希望の実現に向けて学年と進路指導部が協力し、きめの細かい指導を行っている。また、**進路資料室**も充実している。
★卒業生の進路状況
　＜卒業生314名＞
　大学236名、短大10名、専門学校39名、就職0名、その他29名
★卒業生の主な進学先
　宇都宮大、千葉県立保健医療大、学習院大、駒澤大、芝浦工業大、成蹊大、成城大、専修大、東京電機大、東京都市大、東洋大、獨協大、日本大、法政大、武蔵大、明治大、明治学院大、立教大
♣指定校推薦枠のある大学・短大など♣
　法政大、成蹊大、日本大、東洋大、駒澤大、専修大、東邦大、武蔵大、武蔵野大、二松學舍大、東京農業大、大妻女子大、実践女子大、神田外語大、麗澤大、東京電機大、玉川大、淑徳大、千葉工業大　他

[トピックス]
・周囲は閑静な住宅街で、校舎からは東京湾や幕張新都心ビル群を見渡せるなど、環境に恵まれている。
・校舎を挟んで**グラウンド**が2面あり、北グラウンドでは野球・サッカー・アーチェリーを、南グラウンドでは陸上競技・ラグビー・ソフトボールを行うことができる。
・冷房完備。
・令和2年度より女子の制服にスラックスを導入。

[学校見学]（令和5年度実施内容）
★学校説明会　7月2回
★磯友祭　9月　見学可

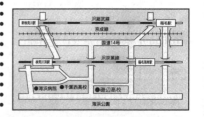

受検状況	年度	学科名	募集定員	募集人員	志願者数	受検者数	倍率	入学許可候補者数
	R6	普通	320	320	439	439	1.37	320
	R5	普通	320	320	411	409	1.28	320
	R4	普通	320	320	369	364	1.14	320

入試！インフォメーション

県立 泉 高等学校 (いずみ)

https://cms1.chiba-c.ed.jp/chb-izumi-h/

〒265-0061　千葉市若葉区高根町 875-1
☎ 043-228-2551
交通　ＪＲ総武線千葉駅、千葉都市モノレール千城台駅　バス

普通科

共　学

制　服	あり

[カリキュラム] ◇三学期制◇

・１年生は芸術、２年生は芸術と理科が選択制である以外は全員が共通の科目を学習する。
・３年生には文学国語・古典探究・体育・英語コミュニケーションⅢ・情報活用以外が選択制となっているので、興味・関心に応じた科目を学ぶことができる。
・国語・数学・英語は２年生まで少人数。数学は習熟度別に展開する。
・学校設定教科「ベーシック」により国語・数学・英語・理科・社会について中学までの復習を行い、基礎学力を確実なものとする。
・「ＳＳＴ」(Sosial Skill Training)でコミュニケーションスキルを養う。

[部活動]

・吹奏楽部はボランティア活動として老人ホームで演奏活動を行っている。
・グラウンドにはLED照明が設置され、日没後の練習が可能。
・最近の主な実績は以下のとおり。
＜令和５年度＞
吹奏楽部が県吹奏楽コンクールでB部門銀賞を受賞した。
★設置部
バスケットボール、バレーボール、バドミントン、ソフトテニス、サッカー、剣道、卓球、野球、吹奏楽、書道、茶道、美術、マイコン研究、漫画イラスト、軽音楽

[行事]

4月　校外学習
5月　体育祭
6月　インターンシップ
9月　いずみ祭(文化祭)
10月　インターンシップ
11月　修学旅行
1月　百人一首大会

[進路] (令和５年３月)

・就職説明会や公務員学習会、就職・進学面接指導、進路分野別ガイダンスなどを行い、きめの細かい進路指導をしている。
・地域・関係諸機関と連携し、インターンシップなど、実践的キャリア教育を行う。
・進路閲覧室は夏休みや放課後に開放されている。
★卒業生の進路状況
＜卒業生128名＞
大学15名、短大７名、専門学校33名、就職60名、その他13名
★卒業生の主な進学先
植草学園大、敬愛大、城西国際大、清和大、聖徳大、千葉経済大、千葉商科大、日本体育大、和洋女子大
♣指定校推薦枠のある大学・短大など♣
愛国学園大、植草学園大、江戸川大、敬愛大、国士舘大、淑徳大、城西国際大、千葉商科大、日本大、流通経済大、和洋女子大、東京情報大　他

[トピックス]

・昭和54年創立。平成30年に40周年を迎えた。
・千葉県教育委員会より「地域連携アクティブスクール」に指定され、平成24年度、キャリア教育と学び直しを中核とした新しいタイプの高校に生まれ変わった。東京情報大学の大学生による学習支援や、千葉市若葉区の生活自立・仕事相談センターなどの行政機関と連携した進路・生活支援などが行われている。

・スクールカウンセラー、スクールソーシャルワーカー通級(巡回指導)による悩み相談を行うなど、生徒一人ひとりを大切にした教育環境となっている。
・令和３年度、キャリア教育優良校として文部科学大臣表彰を受彰した。
・令和４年度、千葉県教育功労者表彰学校教育の部を受彰した。

[学校見学] (令和５年度実施内容)

★学校説明会　７・11月各１回
★学校見学は随時可 (要連絡)

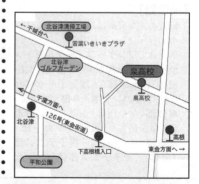

入試！インフォメーション

受検状況	年　度	学科名	募集定員	募集人員	志願者数	受検者数	倍　率	入学許可候補者数
	R6	普　通	160	160	101	99	0.62	99
	R5	普　通	160	160	120	118	0.74	118
	R4	普　通	160	160	150	149	0.93	149

県立 幕張総合 高等学校
まくはりそうごう

https://cms1.chiba-c.ed.jp/msh/

☎261-0014　千葉市美浜区若葉 3-1-6〈総合学科〉　千葉市美浜区若葉 2-10-2〈看護科〉
☎ 043-211-6311〈総合学科〉　043-272-7711〈看護科〉
交通　ＪＲ京葉線海浜幕張駅　徒歩 15 分〈総合学科〉　徒歩 20 分〈看護科〉
　　　ＪＲ総武線幕張駅、京成線京成幕張駅　徒歩 25 分〈総合学科〉　徒歩 15 分〈看護科〉

総合学科
看護科

単位制
共　学
制　服　あり

[カリキュラム] ◇二学期制◇

★総合学科

・進学重視の総合学科。各自の興味・関心、希望進路に応じて講座を選択し、3 年間で必要な単位数を修得する。

・1 年次は全員が共通の科目を履修。

・2 年次から、進路希望の実現に向けた 4 系列（人文・文理・理工・芸術）に分かれて履修。選択した科目によって、自分だけの時間割を組むことができる。選択科目にはフランス語や中国語、映像表現などのユニークな科目も用意される。

・入試対策に直結する研究講座、基礎学力充実のための講座、発展的学習のための専門的な講座などを設置。

★看護科

・看護科 3 年、専攻科 2 年の**5 年一貫教育**により、**看護師国家試験受験資格**が得られる。これは看護師になるための最短コース。

・高校 3 年間は普通科目の他に、看護の**専門科目**として基礎看護、母性看護、臨地実習などを学ぶ。

・専門科目の授業では千葉大、東邦大等の講師陣の講義が受けられる。

[部活動]

最近の主な実績は以下のとおり。

＜令和 5 年度＞

県総体で**ワンダーフォーゲル部**がクライミング県優勝（男子団体・女子団体）、**水泳部**（水球男子・水球女子）・**女子ハンドボール部**が県 2 位、**卓球部**（女子団体）が県 3 位、**弓道部**（女子団体）・**女子サッカー部**・**卓球部**（男子団体）・**男子テニス部**（団体）・**女子テニス部**（団体）・女

子バスケットボール部が県ベスト 8 となり、**陸上競技部**は男子走幅跳・男子三段跳・女子800m・女子砲丸投で県 2 位、女子400mH・女子ハンマー投で県 4 位となった。**写真部**が全国大会に出場した。

＜令和 4 年度＞

陸上競技部がインターハイ出場（5 種目）、**水泳部**が県総体の水球で女子優勝・男子 3 位、**男子バレーボール部**と**女子サッカー部**が県総体で県 3 位などの成績を収めた。**百人一首競技かるた部**が全国高校総合文化祭に出場した。

★設置部（※は同好会）

弓道、剣道、サッカー、柔道、水泳、ソフトテニス、ソフトボール、卓球、ダンス、テニス、バスケットボール、バドミントン、バレーボール、ハンドボール、ボクシング、野球、ラグビー、陸上競技、ワンダーフォーゲル、ESS、演劇、科学、合唱、華道、工芸、茶道、写真、将棋、書道、シンフォニックオーケストラ、電気研究、美術、百人一首競技かるた、文芸、漫画アニメ研究、※アコースティックギター、※囲碁、※クッキング、※放送

[行 事]

学年行事（遠足）、鼎祭（文化の部・体育の部）、修学旅行、国際理解音楽公演などを実施。

[進 路] （令和 5 年 3 月）

・放課後や土曜日、長期休暇には**進学補習、系統別分野別説明会、個別進路説明会**などを実施している。

・**進路資料室**を設置。

・神田外語大や多摩美術大などと連携しており、**大学の講義を受講する**ことができる（本校単位として認定）。

★卒業生の主な合格実績

茨城大、埼玉大、千葉大、筑波大、電気通信大、東京医科歯科大、東京外国語大、東京藝術大、東京海洋大、東京農工大、島根大（医）、東京都立大、防衛大学校、早稲田大、慶應義塾大、上智大、東京理科大

[トピックス]

・800人収容のホール、防音レッスン室 5 室を備えた芸術棟、セミナーハウス（宿泊研修施設）、3 階建ての体育棟、開閉式屋根付きプール、400mトラック、全 8 面のテニスコート、専用のサッカー場や野球場など、たいへん**充実した施設**を誇る。

・夏休みを利用した**生徒の海外派遣**を実施（希望制）。

[学校見学] （令和 5 年度実施内容）

★学校見学会　8 月 2 回

★看護科体験入学　7 月 2 回

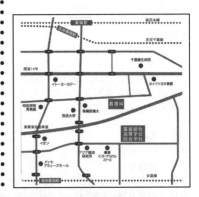

入試！インフォメーション

受 検 状 況	年 度	学科名	募集定員	募集人員	志願者数	受検者数	倍 率	入学許可候補者数
	R6	総合学科	680	680	1039	1028	1.51	680
		看 護	40	40	54	54	1.35	40
	R5	総合学科	680	680	1077	1069	1.57	680
		看 護	40	40	59	59	1.48	40

県立 柏井 高等学校
かしわい

https://cms1.chiba-c.ed.jp/kashiwai-h/

☏ 262-0041　千葉市花見川区柏井町1452
☎ 047-484-5526
交通　京成線大和田駅　徒歩20分
　　　京成線八千代台駅　徒歩25分またはバス

普通科

共　学

制　服　あり

［カリキュラム］◇三学期制◇

＜普通科普通コース＞

・1年次の英語コミュニケーションⅠは、ＡＬＴとのティームティーチング。2年次より選択科目を導入。3年次には文類型、理類型に分かれ、幅広い選択科目の中から各自の希望に応じた科目を選択することが可能。

＜普通科国際コミュニケーションコース＞

・2年次から選択することができる。
・グローバル化する社会の変化に対応し、豊かな国際感覚を養う国際教育を行う。かつての英語科の学びを継承しつつ、**英語圏以外の言語や文化**などについて**学習**する。
・2年次は**中国語・韓国語**の選択科目を設置。3年次には**異文化探究**などの特色ある授業を開設。近隣アジア諸国の文化などの理解を深める。

［部活動］

・約6割が参加。**文武両道**をめざし、部活動がとても盛んである。特に**女子バレーボール部**は関東大会の常連であり、インターハイに15回出場の他、国体や春高バレーにも多数の出場実績がある強豪。
・最近の主な実績は以下のとおり。
＜令和5年度＞
　ダンス・チア部が全国高校ダンスドリル選手権大会2023（全国大会）に出場した。
＜令和4年度＞
　ダンス・チア部がチアリーディング＆ダンス全国選手権大会（令和5年3月）に、**女子バレーボール部**が関東大会に、**ソフトボール部**が関東公立大会に、**弓道部**女子が関東個人選抜大会にそれぞれ出場した。

★設置部（※は同好会）

弓道、卓球、バスケットボール、バレーボール、剣道、陸上競技、サッカー、ソフトテニス、野球、ソフトボール、テニス、ダンス・チア、吹奏楽、華道、茶道、家庭科、自然観察、科学、ＥＳＳ、合唱、演劇、書道、美術、※コンピューター、※ボランティア、※漫画研究、※軽音楽

［行　事］

4月　校外学習
7月　サマーセミナー（1年希望者）
9月　飛鷹祭（文化の部、体育の部）
11月　修学旅行（2年）
1月　東京都英語村語学研修（冬休み中・希望者）
3月　オーストラリア語学研修（1・2年希望者）

［進　路］（令和5年3月）

・進路指導では、生徒個人の興味・関心・必要に応じたプログラムを3年間の中で組み、「今、何をすべきか」という意識を持たせ、進路実現の達成に向けて取り組んでいる。
・進学希望者には夏休みや放課後を利用した進学補習を実施している。
・ラーニングシステムを導入し、学習のサポートを行っている。

★卒業生の進路状況

＜卒業生263名＞
大学125名、短大16名、専門学校96名、就職15名、その他11名

★卒業生の主な合格実績

学習院大、神田外語大、敬愛大、國學院大、駒澤大、秀明大、順天堂大、成蹊大、成城大、専修大、千葉経済大、千葉工業大、千葉商業大、獨協大、東洋大、日本大、立教大

♣指定校推薦枠のある大学・短大など♣

敬愛大、駒澤大、千葉経済大、千葉工業大、千葉商科大、東洋大、日本大、麗澤大、和洋女子大　他

［トピックス］

・地域になくてはならない名門校をめざして、**学習指導・生活指導・部活動**を行っている。
・**英語検定、漢字検定、日本語検定、パソコン検定**の受検者が数多い。
・学校近隣の老人介護施設へ訪問し、七夕の飾り付けやクリスマス会を入居している人々と楽しんだり、施設で働く職員の子供たちへ絵本の読み聞かせをしたりといった**ボランティア**を、生徒たちが行っている。
・スタディサプリやMicrosoft Teamsを活用した**オンライン学習環境**が整備されている。
・学校公式Instagramを開設。

［学校見学］（令和5年度実施内容）

★学校説明会　7月2回
★部活動体験・見学会　8月1週間
★授業公開・部活動見学会　10月1回
★飛鷹祭文化の部　9月　見学可
★学校見学は随時可（要連絡）

入試！インフォメーション

受検状況	年　度	学科名	募集定員	募集人員	志願者数	受検者数	倍　率	入学許可候補者数
	R6	普　通	240	240	278	276	1.15	240
	R5	普　通	240	240	267	264	1.10	240
	R4	普　通	240	240	212	212	0.88	212

県立 土気（とけ）高等学校

https://cms1.chiba-c.ed.jp/toke-hs/

〒267-0067　千葉市緑区あすみが丘東2-24-1
☎ 043-294-0014
交通　ＪＲ外房線土気駅　徒歩12分

普通科

共　学

制服　あり

[カリキュラム] ◇二学期制◇

- 一人ひとりの適性や進路希望に対応するため、2年生から幅広い科目選択を行う。
- 1年生では、全員共通の科目を履修し、基礎力の充実を図る。
- 2年生では、合計8単位分の科目選択を行う。
- 3年生で理系クラス、文系クラスに分かれる。理系は4単位分、文系は合計10単位分の科目選択を行う。

[部活動]

- 約6割が参加。
- 吹奏楽部の土気サマーフェスティバルにおける演奏、放送部の緑区ふるさとまつり放送補助など、地域との交流が盛ん。
- 最近の主な実績は以下のとおり。

＜令和5年度＞
　ハンドボール部男子が関東予選で県ベスト16に進出した。

＜令和4年度＞
　吹奏楽部がジュニア打楽器コンクール全国大会で優秀賞を受賞した。ハンドボール部は関東予選で男女とも県ベスト16となった。柔道部が新人大会の女子団体で県ベスト8に進出した。

＜令和3年度＞
　ハンドボール部が関東予選で男女とも県ベスト8に進出した。

★設置部

陸上競技、テニス、卓球、ハンドボール、剣道、野球、サッカー、柔道、バレーボール、バスケットボール、英語、吹奏楽、美術、華道、ＪＲＣ、文芸、演劇、工芸、茶道、ギター、コンピュータ、書道、写真、イラスト、家庭

[行　事]

5月	スポーツテスト、校外学習
9月	文化祭、体育祭
10月	国際理解教育講演会
11月	修学旅行（2年）
12月	芸術鑑賞会（3年に1回実施）

[進　路]（令和5年3月）

- 平日の補習の他、夏休みには夏季進路課外補習を実施。
- 1学期には進路に関する資料「若杉」を発行。各進路の分野に合わせた進路ガイダンスを1年次から実施している。
- 1・2年次に実力テストや小論文指導、3年次に進学面接指導を行っている。
- 9割以上の生徒が進学を希望している。

★卒業生の進路状況

＜卒業生307名＞
大学142名、短大26名、専門学校94名、就職21名、その他24名

★卒業生の主な進学先

植草学園大、神田外語大、敬愛大、國學院大、国士舘大、淑徳大、城西国際大、聖徳大、専修大、千葉経済大、千葉工業大、千葉商科大、中央学院大、東京情報大、東洋大、獨協大、日本大、法政大、武蔵大、明海大、麗澤大、和洋女子大

♣指定校推薦枠のある大学・短大など♣

亜細亜大、大妻女子大、神田外語大、関東学院大、杏林大、敬愛大、国士舘大、専修大、大東文化大、千葉商科大、東京電機大、東洋大、獨協大、日本大、武蔵大、立正大　他

[トピックス]

- 普通教室・特別教室は冷房完備。
- 全ての普通教室に備付けのプロジェクターとスクリーンが設置され、授業などで使用している。
- 進学補習だけでなく、基礎学力の定着を図る補習も実施。
- 漢字能力検定と実用英語技能検定に向けての補習を行っている。
- サッカー部による中学生とのサッカー交流や吹奏楽部による土気サマーフェスティバルにおける演奏、放送委員会による緑区ふるさとまつり放送補助など、地域との交流を大事にしている。
- 国際交流活動を重視。オーストラリアや台湾の姉妹校との交流などを行っている。
- 令和7年度に保育基礎コースが設置される。2学年に進級時に希望生徒を募る（予定）。

[学校見学]（令和5年度実施内容）

★学校説明会　8月2回、11月1回
★秋麗祭　9月　見学可
★学校見学は随時可（要連絡）

入試！インフォメーション

受検状況	年　度	学科名	募集定員	募集人員	志願者数	受検者数	倍　率	入学許可候補者数
	R6	普　通	280	280	276	274	0.98	274
	R5	普　通	280	280	295	294	1.05	280
	R4	普　通	280	280	315	314	1.12	280

県立 千葉西 高等学校
ちばにし

https://cms1.chiba-c.ed.jp/chibanishi-h/

〒261-0012　千葉市美浜区磯辺 3-30-3
☎ 043-277-0115
交通　ＪＲ京葉線検見川浜駅　徒歩15分またはバス
　　　ＪＲ総武線稲毛駅・新検見川駅　バス

普通科

共　学

制　服	あり

[カリキュラム] ◇三学期制◇
・生徒の大半が進学を希望しており、一般受験で難関大学に挑む生徒が多い。令和4年度入学生よりカリキュラムが新しくなった。
・週32時間授業。
・1、2年次は、基礎力の充実の時期とし、完全に理解するまで徹底した指導をしている。国語・数学・英語は1・2年でそれぞれ合計10単位以上学習する。
・3年次には、各自の希望する進路により、文系と理系に分かれる。
・常用漢字テストと英単語テストについては年間を通して実施。
・学校を会場として実用英語検定・漢字検定の受検ができる。
・毎朝ＳＨＲ前に10分間の「朝読書」を全校一斉に実施している。

[部活動]
・約8割が参加。
・最近の主な実績は以下のとおり。
＜令和5年度＞
男子サッカー部が選手権2次トーナメント2回戦に進出した。
＜令和3年度＞
放送技術部が千葉県高文連放送コンテスト部門で優良賞を受賞し、千葉県高校弁論大会で優勝（個人）した。
★設置部（※は同好会）
バスケットボール、バレーボール、

陸上競技、柔道、剣道、野球、サッカー、テニス、バドミントン、卓球、ソフトテニス、ソフトボール（女）、ダンス体操、吹奏楽、書道、写真、茶道、工芸、美術、ＥＳＳ、パソコン、放送技術、箏曲、料理、※ボランティア、※囲碁・将棋、※サイエンス

[行　事]
9月の白帆祭（文化の部）では、3年生すべてのクラスが劇を上演する。一見の価値あり。
4月　球技大会
5月　校外学習
9月　白帆祭（文化の部・体育の部）
10月　芸術鑑賞会
11月　修学旅行（2年）

[進　路]（令和5年3月）
・1年次から、放課後や長期休業中に実力養成講座（進学補習）を実施。
・大学の先生を招き、進路ガイダンスを実施。
・校内実力テストの充実。
・進路指導室において、進路相談や資料・赤本等の閲覧が可能。
★卒業生の進路状況
＜卒業生314名＞
大学277名、短大2名、専門学校9名、就職0名、その他26名
★卒業生の主な進学先
茨城大、宇都宮大、埼玉大、千葉大、琉球大、千葉県立保健医療大、東京都立大、前橋工科大、名桜大、早稲田大、青山学院大、学習院大、國學院大、駒場大、成蹊大、成城大、専修大、中央大、東京理科大、東洋大、獨協大、日本大、法政大、武蔵大、明治大、明治学院大、立教大

♣指定校推薦枠のある大学・短大など♣
学習院大、國學院大、成城大、東京理科大、東洋大、獨協大、日本大、日本女子大、法政大、明治学院大、立教大　他

[トピックス]
地域との交流を大切にしており、吹奏楽部、茶道部がいそべ夏祭りや美浜区民フェスティバルなどの地元行事に参加している。また、陸上競技部が小学校で技術指導を行ったりしている。

[学校見学]（令和5年度実施内容）
★学校説明会　10・11月各2回
★白帆祭文化の部　9月　見学可

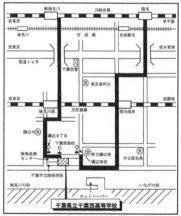

千葉県立千葉西高等学校

入試！インフォメーション

受検状況	年　度	学科名	募集定員	募集人員	志願者数	受検者数	倍　率	入学許可候補者数
	R6	普　通	320	320	383	375	1.17	320
	R5	普　通	320	320	381	376	1.18	320
	R4	普　通	320	320	390	386	1.21	320

県立 犢橋 高等学校
こてはし

https://cms1.chiba-c.ed.jp/kotehashi-h/

〒262-0012　千葉市花見川区千種町 381-1
☎ 043-257-8511
交通　ＪＲ総武線稲毛駅・新検見川駅、京成線勝田台駅、千葉都市モノレールスポーツセンター駅　バス

普通科

共　学

制　服　あり

[カリキュラム] ◇三学期制◇
・1年次の数学Ⅰは少人数・習熟度別授業を展開。
・2年から文系、理系、福祉の3コースに分かれ、じっくりと実力養成を行う。2年次のコースのまま3年に進級する。
・文系コースでは、多様な選択科目が設置されている。
・理系コースでは、数学・理科を中心に、確実な実力が身につくようになっている。
・福祉コースでは、介護職員初任者研修課程修了資格を取得できる。
・英語検定の取得を奨励しており、校内における受検も可能。

[部活動]
・部活動への加入を推奨。
・毎年、県大会で好成績を収める陸上競技部を筆頭に、活発に活動している。
・最近の主な実績は以下のとおり。
＜令和5年度＞
陸上競技部が男子100mと男子200m（関東8位）で関東新人大会に出場し、男子400mRで県大会に入賞した。
＜令和3年度＞
陸上競技部が男子やり投でインターハイに出場した。
★設置部（※は同好会）
バスケットボール、陸上競技、野球、サッカー、硬式テニス、ソフトボール、バレーボール、卓球、剣道、弓道、バトン、吹奏楽、演劇、書道、美術・工芸、茶道、華道、商業、ESS、囲碁・将棋、写真、手芸、クッキング、数学研究、※ボランティア研究

[行　事]
9月　スポーツ大会、黎明祭（文化祭）
11月　修学旅行（2年）

[進　路] （令和5年3月）
・多様な進路希望に合わせて進路ガイダンスが充実しており、大学・短大・専門学校が来校しての分野別説明会などが行われている。
・1・2年次から適性検査や講演会などを行い、生徒の意識・関心を高めている。また、ベネッセの基礎力診断テストで必要な学力を身に付けていく。
・3年次には、進路分野別ガイダンスなどを実施。また就職指導や小論文指導など、きめ細かなサポートが行われる。
★卒業生の進路状況
＜卒業生259名＞
大学70名、短大24名、専門学校115名、就職35名、その他15名
★卒業生の主な進学先
植草学園大、江戸川大、神田外語大、敬愛大、国際武道大、淑徳大、城西国際大、聖徳大、千葉科学大、千葉経済大、千葉工業大、千葉商科大、中央学院大、東京情報大、日本大、明海大、和洋女子大
♣指定校推薦枠のある大学・短大など♣
江戸川大、国士舘大、淑徳大、城西国際大、聖徳大、拓殖大、千葉経済大、千葉工業大、千葉商科大、中央学院大、東京情報大、東洋学園大、日本大、武蔵野大、明海大、目白大、麗澤大、和洋女子大

[トピックス]
・普通教室、特別教室に冷房を完備。

・令和2年度、福祉コースを設置。実習室などの設備も充実している。

[学校見学] （令和5年度実施内容）
★学校説明会　7・10月各1回
★黎明祭　9月　限定公開（中学生・保護者のみ）
★学校見学は随時可（要連絡）

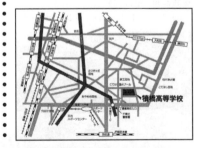

入試！インフォメーション

受検状況	年　度	学科名	募集定員	募集人員	志願者数	受検者数	倍　率	入学許可候補者数
	R6	普　通	240	240	274	272	1.13	240
	R5	普　通	240	240	237	235	0.98	234
	R4	普　通	240	240	257	255	1.06	240

学校ガイド

＜全日制　第２学区＞

・第２学区のエリアに含まれる、専門学科や総合学科を
　設置する高校も、紹介しています。
・学校を紹介したページの探し方については、２ページ
　「この本の使い方＜知りたい学校の探し方＞」を参照し
　てください。

県立 八千代 高等学校

普通科
家政科
体育科

https://cms1.chiba-c.ed.jp/chb-yachiyo-h/

〒276-0025　八千代市勝田台南1-1-1
☎ 047-484-2551
交通　京成線勝田台駅・東葉高速鉄道東葉勝田台駅　徒歩5分

| 共　学 | |
| 制　服 | あり |

[カリキュラム] ◇三学期制◇

★普通科
・1、2年次は、英・国・数の3教科の単位数を充実させ、**基礎学力**の定着を図っている。
・2年次に理科と地歴の科目から選択することで、早い時期から**受験を意識**させている。さらに3年次では**国公立・私立の文系・理系**を選択し、生徒の多様な進路希望に合わせたカリキュラムを設定している。

★家政科
・家政科では、被服製作や食物調理などの技術を身につけ、豊かな心を育てる。卒業後は、栄養士・保育士・パタンナー・介護福祉士などの専門職を目指して短大・大学・専門学校へ進学する生徒が多い。
・家政科の生徒は全員が全国および千葉県の**高等学校家庭クラブ連盟**に加盟している。クラブ全体の運営・高齢者施設の訪問・シスターズルーム活動など、個人だけの活動にとどまらず、クラスや学科全体で協力し、授業で学んだことを生かして多様な実践活動を行う。

★体育科
・スポーツの合理的実践とその理論について学習し、科学的なトレーニングや運動技能の構造や練習方法を学ぶ。また、各自の得意とする専門種目の競技力を向上させる。
・体育科独自の**野外実習**により、自然とのかかわりの深い野外活動の特性を学び、キャンプ・スキー・遠泳など自然の中での行動の仕方や自然に親しむ能力を養う。
・1年次に2泊3日の**キャンプ実習**、2年次に3泊4日の**スキー実習**、3年次に1泊2日の**遠泳実習**がある。

[部活動]
・約9割が参加。
・過去に全国優勝の経験もある**サッカー部**は全国高校選手権大会9回、インターハイ13回の出場を誇る。
・**女子柔道部**は団体戦で平成17～令和元年度までのインターハイで13回、および春の選手権大会でも9年連続出場を成し遂げた県内屈指の強豪。個人戦でも毎年複数の階級で全国大会に出場している。
・**男子バスケットボール部**はインターハイ9回、ウインターカップ3回出場を誇る強豪である。
・令和5年度は、関東大会に**女子柔道部、陸上部、サッカー部、山岳部、女子ハンドボール部、女子バスケットボール部**が出場した。

★設置部
サッカー、バスケットボール、バレーボール、野球、ソフトボール、ハンドボール、テニス、剣道、器械体操、卓球、山岳、柔道、陸上競技、水球、水泳、チアリーディング、吹奏楽、ギター、茶道、美術陶芸、書道、演劇、写真、音楽、華道、鼓組、化学、生物、史学、地学、文芸、漫画研究、クイズ研究

[行　事]
文化祭、体育祭、新入生歓迎球技大会、校外学習、修学旅行（2年）などを実施。

[進　路]（令和5年3月）
・放課後や長期休業中には**進学補習**を実施。
・大学進学実績を伸ばす授業を展開。

★卒業生の進路状況
＜卒業生350名＞
大学300名、短大8名、専門学校22名、就職3名、その他17名

★卒業生の主な合格実績
東北大、茨城大、千葉大、東京外国語大、東京海洋大、東京学芸大、一橋大、埼玉県立大、旭川医科大、早稲田大、慶應義塾大、上智大

♣指定校推薦枠のある大学・短大など♣
早稲田大、上智大、中央大、東京理科大、法政大、明治大、立教大　他

[トピックス]
・「**文武両道**」を校是とし、学力の充実や部活動の活発化に積極的に取り組んでいるため、進学実績もよく、部活動も全国レベルの部が多い。
・人工芝グラウンド・トレーニング場などの体育施設や家庭科施設が充実しているほか、100名の合宿が可能な**セミナーハウス**などもある。

[学校見学]（令和5年度実施内容）
★学校説明会　10月1回（要予約）
★1日体験入学（体育科・家政科）10月1回（要予約）
★八千代祭（文化の部）　9月　見学可
★ファッションショー（家政科）　動画配信　10月1回
★学校見学は2学期毎金曜日16時より実施（要連絡）

入試！インフォメーション

受検状況	年　度	学科名	募集定員	募集人員	志願者数	受検者数	倍率	入学許可候補者数
	R6	普　通	240	240	323	319	1.33	240
		家　政	40	40	40	40	1.00	40
		体　育	40	40	54	54	1.35	40
	R5	普　通	240	240	334	334	1.39	240
		家　政	40	40	45	45	1.13	40
		体　育	40	40	43	43	1.08	40

県立 八千代東 高等学校

や　ち　よ　ひがし

https://cms1.chiba-c.ed.jp/yachiyohigashi-h/

〒276-0028　八千代市村上881-1
☎ 047-482-1751
交通　京成線勝田台駅　バス
　　　東葉高速鉄道村上駅　徒歩20分

普通科

共　学

制　服　あり

[カリキュラム] ◇三学期制◇

- 一人ひとりの生徒を大切にしたきめの細かい学習指導をしている。また、わかる授業を目指し、常に授業の改善に取り組んでいる。
- 1～2年次は、社会人となったときに必要な教養を身につけ、基礎学力を充実させることを重視したカリキュラム編成。1年次の数学では少人数授業を実施している。
- 3年次には、各生徒の興味、適性や進路希望に応じて、文系と理系の2コースに分かれる。

[部活動]

- 野球部は過去に夏の甲子園大会出場の実績がある（平成21年度）。
- 最近の顕著な実績は以下のとおり。
<令和4年度>
将棋部県個人B級優勝。バスケットボール部県ベスト16。バドミントン部県個人ダブルスベスト16。
<令和3年度>
書道部全国高校総合文化祭出場。
- ★設置部（※は同好会）
野球、バスケットボール、陸上競技、バレーボール、剣道、バドミントン、ソフトボール、テニス、サッカー、※水泳、※ソフトテニス、美術、書道、英語、演劇、茶道、写真、将棋、吹奏楽、JRC、漫画研究、フォークソング、百人一首かるた部、家庭科

[行　事]

校外学習、躑躅（つつじ）祭（文化祭）、体育祭、修学旅行（2年）、球技大会などを実施。

[進　路] （令和5年3月）

- 進路指導の一環として、①キャリア教育、②基礎力の定着と応用力の育成に力を入れている。具体的には、大学等の出張模擬授業、インターンシップ、英検・漢検の受検指導などを実施。
- 進路指導部の年間計画のもと、希望者を対象に学力補充講座（進学補習）を実施。また、全学年を対象に夏季進学補習を実施。受験対策英語や小論文対策等、20以上の講座を開講し、きめ細かな受験指導を行う。
- スタディサプリ等を活用して教育環境を整えている。

★卒業生の進路状況

<卒業生299名>
大学145名、短大25名、専門学校91名、就職13名、その他25名

★卒業生の主な合格実績

東京藝術大、宮崎公立大、神田外語大、敬愛大、國學院大、国士舘大、駒澤大、淑徳大、専修大、拓殖大、千葉工業大、千葉商科大、中央大、東洋大、獨協大、日本大、法政大、明治大、麗澤大、和洋女子大

♣指定校推薦枠のある大学・短大など♣

神田外語大、国士舘大、駒澤大、実践女子大、淑徳大、聖徳大、大正大、拓殖大、千葉工業大、千葉商科大、東京電機大、東京農業大、東邦大、日本大、目白大、立正大、麗澤大、和洋女子大　他

[トピックス]

- 八千代市北東部の落ち着いた環境の中にある。体育館やグラウンドは広く、部活動が盛んなため、土日には練習試合がよく行われている。
- 吹奏楽部をはじめJRC部、フォークソング部などが地域で演奏などのパフォーマンスをしたり、行事の手伝いを行ったりしている。野球部は週に1回正門付近の清掃活動をしている。
- 平成21年度から24年度にかけて教室棟、格技館、体育館の耐震工事が完了。教室にエアコンも設置され、令和元年度からは特別教室にもエアコンを設置。快適な学習環境となっている。

[学校見学] （令和5年度実施内容）

★学校説明会　7月2回
★一日体験入学　10月1回
★学期中の学校見学は平日の16:00～16:45に可（2日前までに要連絡）

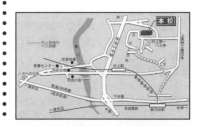

受検状況	年　度	学科名	募集定員	募集人員	志願者数	受検者数	倍　率	入学許可候補者数
	R6	普　通	280	280	268	265	0.95	266
	R5	普　通	320	320	279	278	0.87	276
	R4	普　通	320	320	295	293	0.92	290

入試！インフォメーション

県立 八千代西 高等学校

（やちよにし）

https://cms1.chiba-c.ed.jp/yachiyonishi-h/

☎ 276-0047　八千代市吉橋 2405-1
☎ 047-450-2451
交通　ＪＲ総武線津田沼駅、東葉高速鉄道八千代緑が丘駅　バス

普通科

共　学	
制服	あり

[カリキュラム]◇三学期制◇

・1年次は**1クラス2分割授業**を実施し、通常のクラスの半分の**少人数（20名）**で行い、落ち着いた雰囲気できめ細かな指導による**学びなおし**を行う。2年次も数学と英語で分割授業を実施。

・1年次は全員が共通の科目を履修し、2年次以降に**選択科目**を採用。2年次は1科目の、3年次は2科目の選択科目がある。

・年間複数回の**授業状況調査**を実施し、授業に対する取り組みの様子を調べる。また、日々の丁寧な個別指導を大切にし、**学習相談**も行っている。

・読書活動に力を入れており、本を読む習慣を身につけるべく、県内の公立高校では初めて**朝の10分間読書**を取り入れた。また、全校での**ビブリオバトル**なども行っている。

・**漢字検定**の取得に向け、全校で漢字テストを行っている。

[部活動]

・主な実績は以下のとおり。
＜令和5年度＞
　ウエイトリフティング部が関東大会に出場した。
＜令和4年度＞
　ウエイトリフティング部と**柔道部**が関東大会に出場した。
＜令和3年度＞
　ウエイトリフティング部が関東選抜の55kgで6位に入賞し、**柔道部**は県5位となった。

★設置部（※は同好会）
野球、サッカー、硬式テニス、陸上競技、ウエイトリフティング、バドミントン、バスケットボール、卓球、柔道、バレーボール、美術、吹奏楽、文芸、軽音楽、茶道、※書道、※ハンドメーキング

[行　事]

修学旅行の目的地は学年ごとに決めている。
4月　校外学習
5月　生徒総会
9月　凌雲祭（文化祭）
10月　体育祭、修学旅行（2年）

[進　路]

・進路補習、面接練習、進路別ガイダンスなどを実施。
・希望者に対しては基礎学力養成のための振り返り学習を行っている。

★卒業生の進路状況（令和5年3月）
　＜卒業生144名＞
　大学15名、短大3名、専門学校65名、就職42名、その他19名

★卒業生の主な合格実績
亜細亜大、植草学園大、江戸川大、開智国際大、敬愛大、国際武道大」、秀明大、淑徳大、聖徳大、千葉経済大、千葉工業大、中央学院大、東京情報大、東京保健医療専門職大、東都大、日本大、明海大、流通経済大、和洋女子大

♣指定校推薦枠のある大学・短大など♣
亜細亜大、江戸川大、敬愛大、淑徳大、聖徳大、千葉経済大、千葉工業大、中央学院大、東京情報大、東都大、日本大、明海大、流通経済大、和洋女子大　他

[トピックス]

・遅刻指導や服装頭髪の再登校指導を行っており、身だしなみやルールを守る意識を大切にしている。

・八千代緑が丘駅周辺を中心に、保護者や地域の方々、駅前交番のお巡りさん、青少年ボランティアの職員の方々と共に「**緑が丘駅ボランティア清掃**」を実施している。スローガンは「我が街に恩返し」。

[学校見学]（令和5年度実施内容）

★一日体験入学　7月1回
★学校説明会　11月1回
★学校見学は随時可（要連絡）

入試！インフォメーション

受検状況	年　度	学科名	募集定員	募集人員	志願者数	受検者数	倍　率	入学許可候補者数
	R6	普　通	200	200	93	92	0.46	92
	R5	普　通	200	200	123	122	0.61	118
	R4	普　通	200	200	170	169	0.85	169

県立 津田沼（つだぬま）高等学校

https://cms1.chiba-c.ed.jp/tsudanuma-h/

〒275-0025　習志野市秋津5-9-1
☎ 047-451-1177
交通　JR総武線津田沼駅　徒歩25分またはバス
　　　京成線京成津田沼駅　徒歩25分　京成線谷津駅　徒歩20分
　　　JR京葉線新習志野駅　徒歩15分

普通科

共　学

制　服　あり

[カリキュラム] ◇三学期制◇
・1年次は芸術以外、全員が同じ教科・科目を履修する。
・2年次に**音楽コース**と**文理コース**に分かれる。

<普通科音楽コース>
・音楽コースを選択するためには、1年次に**音楽Ⅰ**を履修する必要がある。
・ソルフェージュ、声楽、器楽の各コースに分かれ、音楽専門科目を学習する。
・音楽以外に文科系大学への進学にも対応した教育課程となっている。

<普通科文理コース>
・3年次に**文系コース**と**理系コース**に分かれる。12単位分の選択科目が用意され、各自の希望進路に応じた学習ができる。
・音楽専門科目の「音楽理論」や「演奏研究」を学べる**文系音楽コース**という履修パターンがある。

[部活動]
・約7割が参加。
・**アーチェリー部**は毎年のように関東大会や全国大会に出場する選手を送り出している。
・最近の主な実績は以下のとおり。
<令和5年度>
　アーチェリー部が県総体で男子団体6位、弓道部が県遠的大会で男子団体3位・男子個人2位となった。吹奏楽部が県吹奏楽コンクールB部門で金賞を受賞した。
<令和4年度>
　陸上競技部が男子やり投で関東大会に出場した。アーチェリー部が関東予選で男子団体県3位、男女個人県4位となった。吹奏楽部が県吹奏楽コンクールで金賞を受賞した。
★設置部（※は同好会）

野球、サッカー、陸上競技、バレーボール、卓球、バスケットボール、ソフトテニス、テニス、柔道、剣道、弓道、アーチェリー、ソフトボール、バドミントン、体操、ダブルダッチ、吹奏楽、オーケストラ、合唱、演劇、家庭、文芸、茶道、写真、美術、書道、華道、創作漫画、理科（天文・電子工学・化学・生物）、※英語、※JRC

[行　事]
5月　校外学習
7月　芸術鑑賞会
9月　秋輝祭（文化の部、体育の部）
10月　修学旅行

[進　路]（令和5年3月）
・「新たな進学校への躍進」のスローガンのもと、①**進学講座**の充実と②充実した**進路情報**の提供につとめており、**進路実績**は年々向上している。
・年間を通して**常用漢字テスト**や**英単語テスト**を実施することで、自学自習の習慣を養う。
・1年次より**校外実力テスト**や**模擬試験**に参加し、学力の到達度を全国レベルで図っている。
・教員志望の生徒のために**教員養成塾**を開講する。
★卒業生の進路状況
<卒業生312名>
大学268名、短大5名、専門学校16名、就職4名、その他19名
★卒業生の主な合格実績
茨城大、埼玉大、千葉大、東京藝術大、千葉県立保健医療大、長岡造形大、福井県立大、早稲田大、青山学院大、学習院大、芝浦工業大、成蹊大、成城大、中央大、東京理科大、獨協大、法政大、武蔵大、明治大、明治学院大、立教大

♣**指定校推薦枠のある大学・短大など**♣
学習院大、國學院大、成蹊大、成城大、東京理科大、獨協大、法政大、武蔵大、明治大、明治学院大、立教大、国立音楽大、昭和音楽大、洗足学園音楽大、東京音楽大　他

[トピックス]
・ラムサール条約の指定湿地である**谷津干潟**に隣接し、校舎からは美しい干潟を臨むことができる。**理科部生物班**はその干潟から取れた「アオサ」から**バイオエタノールの製造**に成功し、テレビでも放送されて話題になった。
・音楽コースは県内の公立高校で唯一。第2音楽室には4つの**個人練習室**が設置されている。
・全館冷暖房完備のセミナーハウス**「光風館」**があり、部活動の合宿などに使われている。
・全普通教室に**冷房設置**。

[学校見学]（令和5年度実施内容）
★学校見学会　8月2回
★ミニ学校見学会　10月1回、11月4回

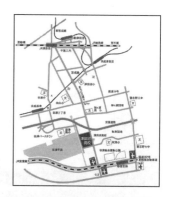

入試！インフォメーション

受検状況	年度	学科名	募集定員	募集人員	志願者数	受検者数	倍率	入学許可候補者数
	R6	普通	320	320	463	457	1.43	320
	R5	普通	320	320	462	457	1.43	320
	R4	普通	320	320	515	511	1.60	320

県立 実籾（みもみ）高等学校

https://cms1.chiba-c.ed.jp/mimomihs/

〒275-0003　習志野市実籾本郷 22-1
☎ 047-479-1144
交通　京成線実籾駅　徒歩 12 分
　　　ＪＲ総武線幕張本郷駅　バス

普通科

共学

制服　あり

[カリキュラム]　◇三学期制◇
・1 年次は、芸術科目以外は全員が共通の科目を履修する。
・2、3 年次は幅広い選択教科、科目が設置される。
・少人数制授業やティームティーチングを実施している。
・3 年次においては、文系・理系に分かれ、最大週11時間の選択科目で適性、進路希望などに応じて効果的に学習できるようにしている。
・漢字能力検定については、取得を支援している。

[部活動]
・約 7 割が参加。
・**射撃部**は全国大会常連の強豪。全国優勝の実績もある。
・**チアリーディング部**はUSA Regionals 2023まで 4 年連続で全国選手権大会に出場している。
・最近の主な実績は以下のとおり。
＜令和 5 年度＞
　射撃部が県総体の女子団体・女子個人で優勝し全国大会に進出した。
＜令和 4 年度＞
　射撃部が県総体の女子団体・女子個人で優勝し全国大会に進出した。
＜令和 3 年度＞
　射撃部が県総体のビームライフル男子団体・個人で優勝し、全国高校ラ

イフル射撃競技選手権大会に出場した。**チアリーディング部**が令和 4 年 3 月のチアリーディング＆ダンス選手権大会に県代表として出場した。

★設置部（※は同好会）
陸上競技、バレーボール、バスケットボール、サッカー、ソフトテニス、バドミントン、野球、柔道、卓球、射撃、硬式テニス、吹奏楽、書道、演劇、合唱、美術、手芸、天文、生物、写真、邦楽、華茶道、創作文化、チアリーディング、百人一首かるた、※自然科学

[行　事]
　数多くの行事があり、生徒が主体的に参加している。
5 月　校外学習
9 月　昂燿祭（文化の部・体育の部）
11 月　修学旅行（2 年）

[進　路]（令和 5 年 3 月）
・日本大学生産工学部の大学教授による**出前授業**などを行っている。
・**進路説明会**（2・3 年）、**進学補習、小論文指導、面接指導**などのサポートプログラムを用意している。

★卒業生の進路状況
　＜卒業生304名＞
　大学151名、短大20名、専門学校104名、就職21名、その他 8 名

★卒業生の主な進学先
亜細亜大、植草学園大、江戸川大、神田外語大、敬愛大、国士舘大、駒澤大、秀明大、淑徳大、聖徳大、専修大、千葉経済大、千葉工業大、千葉商科大、帝京大、東邦大、東洋大、獨協大、日本大、明海大、了徳寺大、麗澤大、和洋女子大

♣指定校推薦枠のある大学・短大など♣

国士舘大、淑徳大、千葉工業大、千葉商科大、東京電機大、東洋大、二松學舎大、日本大　他

[トピックス]
・たいへん落ち着いた雰囲気で、まじめな生徒が安心して通い、活躍できる。部活動・進学実績も着実に上がってきている。
・実籾本郷公園と屋敷近隣公園に囲まれた、**自然豊かで落ち着いた学習環境**にある。春には実籾桜が見事に咲き誇る。
・募金活動、**ボランティア活動**に力を入れている。

[学校見学]（令和 5 年度実施内容）
★学校説明会　8 月 2 回、11 月 1 回
★昂燿祭文化の部　9 月　見学可
★学校見学は随時可（要連絡）

入試！インフォメーション

受検状況	年　度	学科名	募集定員	募集人員	志願者数	受検者数	倍　率	入学許可候補者数
	R6	普　通	320	320	398	394	1.23	320
	R5	普　通	320	320	380	378	1.18	320
	R4	普　通	320	320	361	360	1.13	320

県立 船橋 高等学校

ふなばし

普通科
理数科

単位制
共学
制服　あり

https://www.chiba-c.ed.jp/funako/

〒273-0002　船橋市東船橋 6-1-1
☎ 047-422-2188
交通　ＪＲ総武線東船橋駅　徒歩７分
　　　京成線船橋競馬場駅　徒歩 12 分

[カリキュラム] ◇二学期制◇

1 単位時間を 45 分で**1日7限授業**とし、週あたり 35 時間の授業を実施。

★普通科

3 年次に**文・理類型**に分かれる。学校設定科目を中心に、多くの選択科目から自分の進路希望にあった科目を選択できる。

★理数科

学校設定教科「SS 理数探究Ⅰ・Ⅱ」や**野外実習**など、様々な活動を通じて個々の探究力を高める。

[部活動]

・加入率は 130％。ほとんどの生徒が参加しており、勉学と部活動の両立に励んでいる。

・最近の主な実績は以下のとおり。

＜令和５年度＞

水泳部が女子 100m 背泳ぎ・200m 背泳ぎで関東大会に出場し、県新人戦では男子 50m 自由形の優勝をはじめ 8 種目で入賞した。水球部門は県総体 7 位、県新人戦 6 位だった。**ソフトテニス部**が県総体の男子団体で県 3 位、**ワンダーフォーゲル部**が女子個人 2 位などの成績を収めた。

＜令和４年度＞

ソングリーディング部、放送委員会、陶芸部が全国大会に出場し、**水泳部**（9 種目）と**陸上競技部**（男子 800m）が関東大会に出場した。

★設置部（※は同好会）

野球、テニス、バスケットボール、柔道、陸上競技、サッカー、ワンダーフォーゲル、水泳、ソフトテニス、バレーボール、卓球、剣道、バドミントン、アーチェリー、ダンス、生物、演劇、合唱、軽音楽、写真、鉄道研究、自然科学、コンピュータ、陶芸、地学、書道、オーケストラ、美術、華道、ＪＲＣ、クイズ研究、将棋、現代視覚文化研究、歴史研究、茶道、アコースティックギター、ジャズバンド、ジャグリング、※数学、※囲碁、※英語ディベート、※文芸

[行　事]

6 月	たちばな祭（文化祭）
7 月	芸術鑑賞会（1 年）
9 月	球技大会
10 月	校内スポーツ大会
11 月	合唱祭（1・2 年）、修学旅行（2 年）
1 月	かるた大会（1 年）

[進　路]（令和5年3月）

・1・2 年生を対象に分野別大学模擬講義「**船高カレッジ**」を実施。

・土曜日には、**進学補習**や、大学の教授などによる**出前授業**を実施。

・進路指導に関する行事としては、東京大学説明会や医学部説明会、共通テスト直前に行われる共テ実戦・共通テスト授業などを実施している。

★卒業生の進路状況

＜卒業生 355 名＞

大学 300 名、短大 0 名、専門学校 0 名、就職 0 名、その他 55 名

★卒業生の主な進学先

東京大、京都大、一橋大、東京工業大、東北大、大阪大、名古屋大、北海道大、お茶の水女子大、千葉大（医）、筑波大（医）、神戸大、東京農工大、東京海洋大、電気通信大、埼玉大、横浜国立大、信州大、山形大（医）、島根大（医）、福島県立医科大（医）、防衛大学校、防衛医科

大学校（医）、早稲田大、慶應義塾大、上智大、東京理科大

♣指定校推薦枠のある大学・短大など♣

早稲田大、慶應義塾大、青山学院大、学習院大、中央大、東京理科大、法政大、立教大　他

[トピックス]

・大正 9 年創立の**伝統校**である。校歌はサトウ・ハチロー作詞、山田耕筰作曲である。

・**進学指導重点校**に指定されている。

・平成 21 年度より**単位制高校**となり、これまで以上に進路希望や適性に応じた学習が可能になった。

・平成 21 年度より**スーパー・サイエンス・ハイスクール(SSH)研究指定校**。31 年度には文部科学省より 3 期目の指定を受け、「自立した探究者への道を拓け〜知識を総合的に活用し自立的に探究する力をすべての生徒に〜」をテーマに、探究プログラムを実施している。

[学校見学]（令和5年度実施内容）

★学校説明会　8 月 2 回
★たちばな祭　6 月　見学可

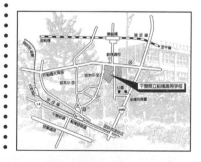

入試！インフォメーション

受検状況	年度	学科名	募集定員	募集人員	志願者数	受検者数	倍率	入学許可候補者数
	R6	普通	320	320	641	611	1.91	320
		理数	40	40	87	86	2.15	40
	R5	普通	320	320	569	555	1.73	320
		理数	40	40	67	66	1.65	40

県立 薬園台 高等学校
やくえんだい

普通科
園芸科

https://cms1.chiba-c.ed.jp/yakuendai-h/

〒274-0077 船橋市薬円台 5-34-1
☎ 047-464-0011
交通 新京成線習志野駅 徒歩5分

共 学

制 服　あり

[カリキュラム] ◇三学期制◇

令和4年度入学生から新教育課程となった。

★普通科
・1年生は芸術科目を除いて全員が共通の科目を履修する。
・2年生から**文コース、理コース**に分かれる。
・3年生ではさらに**文理コース**も設置され、進路決定に必要な学習をすることができる。

★園芸科
・普通科目と専門科目をバランスよく配置。
・2年生の**専門選択A・B**では、野菜と草花、果樹と造園計画からそれぞれ選び、2年間継続して学習する。
・3年生では専門選択に**C**（食品製造、フラワーデザイン、植物バイオテクノロジーから選択）が加わり、そのほか、数学選択および6単位分の選択科目が用意されている。

[部活動]

・最近の主な実績は以下のとおり。
＜令和5年度＞
弓道部がインターハイで全国8位（女子個人）となった。
＜令和4年度＞
弓道部が女子団体で県新人大会に優勝し、全国選抜大会に出場した。

★設置部
バレーボール、陸上競技、ソフトテニス、バスケットボール、サッカー、卓球、剣道、柔道、水泳、テニス、野球、弓道、山岳、バドミントン、音楽、写真、地学、化学、演劇、美術、茶道、吹奏楽、書道、生物、華道、アニメ研究、園芸、将棋、文芸

[行　事]

・新入生歓迎会、全校遠足、りんどう祭（文化の部、スポーツの部）、芸術鑑賞会、修学旅行（2年）、農業体験（園芸科1年）収穫祭（園芸科）などを実施。
・新入生歓迎会やりんどう祭は生徒の組織する実行委員会を中心に企画・運営される学校行事であり、校訓である「**自主自律**」の実践の場でもある。
・**りんどう祭**（文化の部）は2日間で約5,000名以上が来校し、園芸科は農業クラブとして展示や草花の販売を行う。

[進　路] (令和5年3月)

・総合的な探究の時間を利用して進路学習を行っている。「進路の手引きを読む」「大学受験・専門学校・就職のしくみを知る」「卒業後の進路を考える」などのテーマがある。
・夏休み中には**夏季実力養成講座**を実施。また、大学説明会や医師・看護師体験も参加できる。
・3年次には**センター試験説明会**や企業見学などを実施。

★卒業生の進路状況
＜卒業生311名＞
大学237名、短大2名、専門学校19名、就職7名、その他46名

★卒業生の主な進学先
北海道大、東北大、埼玉大、千葉大、筑波大、電気通信大、東京外国語大、東京学芸大、東京工業大、一橋大、横浜国立大、東京都立大、横浜市立大、静岡県立農林環境専門職大、防衛大学校、早稲田大、慶應義塾大、上智大、東京理科大

♣指定校推薦枠のある大学・短大など♣

青山学院大、学習院大、慶應義塾大、中央大、東京女子大、東京理科大、日本大、法政大、明治大、立教大、早稲田大　他

[トピックス]

・生徒の自主性を重んじる「**自由闊達**」な校風を特長としている。
・魅力ある高等学校づくりチャレンジ支援事業として、「**農産物販売を通じての地域に開かれた学校づくり**」に取り組んでいる。農場に農産物直売所を設置し、週に3回、野菜や花壇苗などを販売する。
・令和元年度、本校園芸科の生徒が**農業クラブ全国大会**の農業鑑定競技会で優秀賞を受賞した。また、**全国高校生押し花コンテスト**で審査員特別賞を受賞した。
・令和5年度から7年度にかけて、校舎などの**大規模改修工事**を実施する予定。

[学校見学] (令和5年度実施内容)

★学校説明会　動画配信
★一日体験入学（園芸科）　8月2回、10・12月各1回
★りんどう祭文化の部　9月　限定公開

入試！インフォメーション

受検状況	年　度	学科名	募集定員	募集人員	志願者数	受検者数	倍　率	入学許可候補者数
	R6	普　通	280	280	423	419	1.50	280
		園　芸	40	40	49	49	1.23	40
	R5	普　通	280	280	409	406	1.45	280
		園　芸	40	40	48	48	1.20	40

県立 船橋東 高等学校
ふなばし ひがし

https://cms1.chiba-c.ed.jp/funabashieast-h/

〒274-0816　船橋市芝山 2-13-1
☎ 047-464-1212
交通　東葉高速鉄道飯山満駅　徒歩 15 分
　　　新京成線高根木戸駅・高根公団駅　徒歩 20 分
　　　ＪＲ総武線船橋駅・東船橋駅　バス

普通科

共学

| 制 服 | あり |

[カリキュラム] ◇三学期制◇
・授業時数は**週32時間**。週 2 日は **7 時限授業**。
・1・2 年次は基礎学力をしっかり身につけるため、芸術以外は全員共通科目を履修する。
・3 年次から大きく**文系**と**理系**に分かれ、各自の必要とする教科、学習したい教科を重点的に選択する。

[部活動]
・9 割以上が参加、一人ひとりが文武両道を実践。
・最近の主な実績は以下のとおり。
<令和 5 年度>
　水泳部が新人戦の男子 50m 自由形で県 2 位、男子 200m 平泳で県 3 位、**空手道部**が関東予選の男子団体形で県 5 位などの成績を収めた。**吹奏楽部**が県吹奏楽コンクール A 部門で金賞を受賞した。
<令和 4 年度>
　水泳部がインターハイに出場した。**空手道部**が全国選抜大会に出場した。**書道部**が高校生国際美術展で佳作、**華道部**が花の甲子園関東地区大会で敢闘賞、**吹奏楽部**が県吹奏楽コンクールで金賞（本戦出場）をそれぞれ受賞した。

★設置部
空手道、剣道、サッカー、ソフトボール、ソフトテニス（男女）、テニス（男女）、バスケットボール（男女）、バレーボール（男女）、野球、陸上競技、ハンドボール（男女）、バドミントン（男女）、卓球、水泳・水球、山岳、理科、美術、書道、合唱、吹奏楽、フォークロック、英語、茶道、華道、コンピュータ、写真、文芸、ボランティア

[行　事]
5 月	校外学習
9 月	飛翔祭（体育の部・文化の部）
11 月	修学旅行（2 年）、芸術鑑賞会
2 月	マラソン大会（1・2 年）

[進　路]（令和 5 年 3 月）
・進路実現のため各種**模擬試験、面接指導、小論文指導**、年数回の**ガイダンス**などを実施し、きめ細かい指導を行っている。
・学習支援ソフト（スタディサプリなど）を導入。すきま時間を有効に活用している。
・進学課外補習を長期休業中などに開講。
・令和 4 年度卒業生の難関大学への**現役進学率は47.8％**。国公立大学に 51 名、早慶上理に 95 名、GMARCH に 318 名が現役で合格した。

★卒業生の進路状況
　<卒業生 318 名>
　大学 284 名、短大 0 名、専門学校 4 名、就職 0 名、その他 30 名

★卒業生の主な合格実績
茨城大、群馬大、埼玉大、千葉大（医）、筑波大、東京外国語大、東京海洋大、東京学芸大、東京工業大、東京農工大、金沢大、信州大、広島大、防衛大学校、千葉県立保健医療大、東京都立大、早稲田大、慶應義塾大、青山学院大、学習院大、上智大、中央大、東京医科大、東京女子医科大、東京慈恵会医科大、東京理科大、法政大、明治大、立教大

♣指定校推薦枠のある大学・短大など♣
早稲田大、青山学院大、学習院大、上智大、中央大、東京理科大、法政大、明治大、立教大　他

[トピックス]
・「学力はもとより、主体的な行動力や創造的な意欲と態度を身につけ、情操豊かな人間性とたくましい体力を培い、総合的な人間力を養うこと」を教育目標としている。勉強も部活動も学校行事にも全力で取り組む生徒が集まっており、充実した高校生活を送ることができる。手厚い**進学指導**の実施により **1 ランク上の進路希望**を実現する。
・全ての普通教室、特別教室には**冷房**が完備。
・**自由な校風**だが**生活指導**も行う。
・入学者選抜は中学校での実績が高く評価される。

[学校見学]（令和 5 年度実施内容）
★学校説明会　7・10 月各 1 回
★放課後進学相談会　11 月 2 回

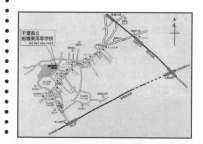

入試！インフォメーション								
受検状況	年　度	学科名	募集定員	募集人員	志願者数	受検者数	倍　率	入学許可候補者数
	R6	普　通	320	320	508	499	1.56	320
	R5	普　通	320	320	500	495	1.55	320
	R4	普　通	320	320	375	373	1.17	320

県立 船橋啓明 高等学校
ふなばしけいめい

https://cms1.chiba-c.ed.jp/f.keimei-h/

〒273-0041　船橋市旭町 333
☎ 047-438-8428
交通　ＪＲ総武線船橋駅　バス
　　　東武線塚田駅　徒歩 15 分
　　　ＪＲ武蔵野線船橋法典駅　徒歩 25 分

普通科

| 単位制 |
| 共　学 |
| 制　服　あり |

[カリキュラム] ◇二学期制◇

・進学重視型単位制。
・二学期制と週32時間のカリキュラムによって、年間の授業時間を確保している。
・1、2年次には基礎・基本を学習。それらを踏まえて、3年次には幅広い科目選択によって生徒の進路希望に対応するカリキュラムとなっている。
・3年次の授業は週16〜18時間分が選択制となり、設置される選択科目は「数学研究 α・β・γ」「古文研究」「漢文研究」「英語研究基礎・発展」「時事英語講読」「政治経済研究」「日本近現代史」「物理研究」「生物研究」「工芸表現」「音楽表現」など。その中から希望の進路先に応じた科目を選び学習する。
・各種検定試験を校内で行う。

[部活動]

・約7割が参加。
・ほとんどの体育系部活が県大会出場。
・主な実績は以下のとおり。
＜令和5年度＞
吹奏楽部が東関東吹奏楽コンクールB部門金賞、**ワンダーフォーゲル部**が関東登山大会出場、**テニス部**男子が関東公立大会出場（県団体3位）などの成績を収めた。
＜令和4年度＞
卓球部が関東県予選ベスト16、**ハンドボール部**男子が県総体ベスト16、**テニス部**女子が県総体団体ベスト16などの成績を収めた。
★**設置部**（※は同好会）
野球、ソフトボール、バドミントン、陸上競技、弓道、サッカー、バスケットボール、剣道、柔道、バレーボール、硬式テニス、卓球、ハンドボール、ワンダーフォーゲル、茶道、調理、英会話、地学、書道、生物、美術、演劇、吹奏楽、漫画研究、パソコン研究、合唱、※福祉研究、※ダンス、※カルタ

[行　事]

4月	新入生歓迎会
5月	球技大会
6月	校外学習
7月	オーストラリア短期派遣（希望者）
9月	明星祭（文化の部、体育の部）
11月	修学旅行、国際交流（1年）、芸術鑑賞会（3年）

[進　路]（令和5年3月）

・進路先を具体的に考える機会として、大学や博物館と連携した**出張講義**（1・2年）、**学校見学会**（2年）、**インターンシップ**（1〜3年）を実施。**保護者対象進路講演会**も行っている。
・放課後や長期休業中には年間を通じて「**啓明セミナー**」を実施。1〜3年生を対象に大学受験対策から授業の復習まで様々な内容の補習が行われている。
・「**スタディサポート**」のシステムを利用し生活習慣や学習法を改善し志望校合格をめざす。
★**卒業生の進路状況**
＜卒業生311名＞
大学234名、短大8名、専門学校46名、就職2名、その他21名
★**卒業生の主な合格実績**
学習院大、学習院大、國學院大、駒澤大、成蹊大、成城大、専修大、中央大、東京理科大、東洋大、獨協大、日本大、法政大、武蔵大、明治学院大
♣**指定校推薦枠のある大学・短大など**♣
専修大、東京電機大、東京都市大、東京農業大、東京理科大、獨協大、日本大、法政大、武蔵大、立正大他

[トピックス]

・県立船橋西高校と県立船橋旭高校とが統合され、平成23年4月に開校した。校舎は旧船橋西高校のものを使用。
・**グローバル感覚**を備えた人材養成を目的とし、7月にオーストラリアへの**短期語学研修**を実施している（希望者対象）。姉妹校提携を結んだ学校へ通学し、ホームステイを体験する。
・平成29年度より**3年生の1月**の定期テストを無くした。
・令和3年度より、女子の制服に希望制でネクタイ・リボンを導入。

[学校見学]（令和5年度実施内容）

★学校説明会　8・10月各1回
★文化祭　9月　見学可
★学校見学は随時可（要連絡）

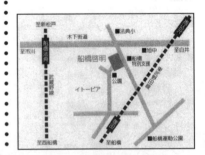

入試！インフォメーション

受検状況	年　度	学科名	募集定員	募集人員	志願者数	受検者数	倍　率	入学許可候補者数
	R6	普　通	320	320	391	386	1.21	320
	R5	普　通	320	320	329	327	1.02	320
	R4	普　通	320	320	341	336	1.05	320

県立 船橋芝山 高等学校 （ふなばししばやま）

普通科

共学

制服　あり

https://cms1.chiba-c.ed.jp/funabashishibayama-h/

☎ 274-0816　船橋市芝山 7-39-1
☎ 047-463-5331
交通　東葉高速鉄道飯山満駅　徒歩 11 分
　　　新京成線高根木戸駅　徒歩 18 分　　新京成線薬園台駅　徒歩 18 分
　　　ＪＲ総武線船橋駅・東船橋駅　バス（飯山満駅下車）

[カリキュラム] ◇三学期制◇

・令和4年度から新教育課程となった。
・1年生は芸術以外は全員が共通の科目を履修する。
・2年生には選択科目として理科選択と数学・芸術選択が設けられる。
・3年生では文系と理系に分かれて学習する。文系では地歴選択、国語・理科選択、文系選択、理系では数学選択、理科選択、理系選択のそれぞれ10単位分が選択科目となり、個々の興味・関心や希望進路にあわせた多種多様な学習をすることができる。
・本校の貴重な学習の場となっている里山生態園「芝山湿地」を利用した「湿地に学ぶ」というユニークな授業が3年の自由選択に設置されている。
・定期的に行われる英単語テストや漢字テストがあり、平日の放課後や夏休み中には受験向けの実力養成講座が開講される。

[部活動]

・約8割が参加。
・弓道部は全国大会の常連。
・最近の主な実績は以下のとおり。
<令和5年度>
弓道部男子が関東個人選抜大会に出場した。サッカー部男子は県2部リーグに所属し、県総体では県ベスト8となった。吹奏楽部が県吹奏楽コンクールでB部門金賞・本選出場、演劇部が県演劇研究中央発表会出場を果たした。
<令和4年度>
弓道部が県総体で男子団体県4位・女子団体県8位・女子個人県3位となった。書道部が全国高校総合文化祭に出場した。

★設置部（※は同好会）
弓道、剣道、テニス、ソフトボール、サッカー（男女）、野球、バスケットボール、バレーボール、陸上競技、卓球、吹奏楽、演劇、茶道、写真、書道、漫画研究、美術、アースサイエンス、文芸、科学研究、※音楽、※家庭科、※将棋

[行　事]

4月　校外学習
6月　スポーツ大会
9月　翔鷹祭（文化の部、体育の部）
11月　修学旅行（2年）、芸術鑑賞会

[進　路]（令和5年3月）

実力養成講座、進路講演会、進路説明会、志望校別校外模試、基礎力判定テストなどを実施している。

★卒業生の進路状況
<卒業生314名>
大学236名、短大9名、専門学校41名、就職4名、その他24名

★卒業生の主な進学先
東京藝術大、会津大、秋田県立大、国際教養大、静岡文化芸術大、青山学院大、学習院大、國學院大、上智大、成蹊大、成城大、中央大、獨協大、法政大、明治大、立教大

♣指定校推薦枠のある大学・短大など♣
亜細亜大、大妻女子大、神田外語大、駒澤大、昭和女子大、専修大、千葉工業大、千葉商科大、東京経済大、東京情報大、東洋大、獨協大、二松學舎大、日本大、文教大、法政大、武蔵野大、麗澤大、和洋女子大　他

[トピックス]

・「学業・部活動・行事に全力」を実践し、学業・部活動・学校行事等にバランスよく打ち込む。
・本校には都市部では貴重な里山生態園（ビオトープ）があり、授業で利用する他、地域の人たちを対象にした観察会も実施している。また、科学研究部生物班は、地域・大学と連携してホタルが生育できる環境の回復活動に参加している。
・この他、最寄り駅での作品展や地域の福祉まつり出演、ボランティア活動など、地域と密着した活動を行っている。
・普通教室および特別教室に冷房が設置された。
・令和2年度に日本地理学会高校生ポスターセッション会長賞やSDGsアワード2020優秀賞などを受賞した。
・令和6年度入学生より新制服。男女ともにブレザーに変更された。

[学校見学]（令和5年度実施内容）

★学校見学会　8・11月各2回
★学校説明会　10月1回
★翔鷹祭文化の部　9月　見学可

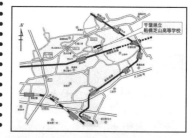

千葉県立
船橋芝山高等学校

入試！インフォメーション

受検状況	年　度	学科名	募集定員	募集人員	志願者数	受検者数	倍　率	入学許可候補者数
	R6	普　通	320	320	501	495	1.55	320
	R5	普　通	320	320	380	379	1.18	320
	R4	普　通	320	320	394	392	1.23	320

県立船橋二和高等学校

ふなばしふたわ

https://www.chiba-c.ed.jp/futawa/

〒274-0806　船橋市二和西1-3-1
☎ 047-447-4377
交通　新京成線二和向台駅　徒歩20分
　　　ＪＲ船橋駅　バス

普通科

共学

| 制　服 | あり |

[カリキュラム]　◇三学期制◇

・1年次は、芸術科目（4科目より選択）以外は全員同じ科目を履修し、基礎学力の定着を図る。
・2年次では、進路の方向づけを行い、3年次における**コース制**へスムーズに移行できるよう、古典または数学を選択する。
・3年次では、一人ひとりの適性や進路希望に応じて、**文類型・理類型**の2つのコースに分かれる。
・大学進学・専門学校進学・公務員就職・民間企業就職など、ニーズに応じて個別に行う**勉強会**を実施している。
・授業についての基礎の補習や夏季講習も実施している。

[部活動]

・約6割が参加。
・最近の主な実績は以下のとおり。
＜令和5年度＞
男子バレーボール部が関東大会出場、県総体3位、**体操部**が関東県予選と県総体の男子団体・女子団体でそれぞれ県ベスト8、**吹奏楽部**が県吹奏楽コンクール金賞などの成績を収めた。
＜令和4年度＞
男子バレーボール部と**体操部**（男子個人）が関東大会に出場した。**吹奏楽部**が全国高校総合文化祭に出場した。
★設置部（※は同好会）
　陸上競技、サッカー、バレーボール（男女）、バスケットボール（男女）、硬式テニス（男女）、卓球（男女）、野球、体操（男女）、水泳、山岳、演劇、書道、吹奏楽、写真、生物、物理、美術、創作劇画、華道、茶道、軽音楽、合唱、工芸、JRC、※弦楽、※文学

[行　事]

5月　校外学習
9月　二和祭（文化祭）
10月　体育祭
11月　修学旅行（2年）

[進　路]

・1年次より**進路ガイダンス**を年に数回実施し、また進学希望者への補習や面接練習等も行っている。
・1年次から**作文ガイダンス**を実施。3年次では作文・小論文模擬試験を行い、小論文や志望理由書の書き方を学ぶ。また、年に5回**就職希望者**を対象に講座を実施している。
★卒業生の主な進学先
　亜細亜大、江戸川大、敬愛大、淑徳大、城西国際大、拓殖大、千葉経済大、千葉工業大、千葉商科大、中央学院大、東京情報大、東京電機大、日本大、明海大、流通経済大、了徳寺大、麗澤大、和洋女子大
♣指定校推薦枠のある大学・短大など♣
　跡見学園女子大、江戸川大、敬愛大、淑徳大、拓殖大、千葉工業大、千葉商科大、東京電機大、二松學舍大、日本大、明海大、ものつくり大、麗澤大、和洋女子大　他

[トピックス]

・キャリア教育優良校として「**文部科学大臣表彰**」を受賞（平成27年度）。
・市内の福祉施設での介護体験や自治会のお祭りなどでボランティアの取り組みを行っており、生徒には継続的な**ボランティア活動**を奨めている。

・**教育相談室**が設置されており、専門的な視点からのアドバイスを受けることができる。
・普通教室への**クーラー**の設置が完了し、整った環境で落ち着いて学習に取り組むことができる。

[学校見学]（令和5年度実施内容）

★学校説明会　11・12月各1回
★二和祭　9月　チケット制

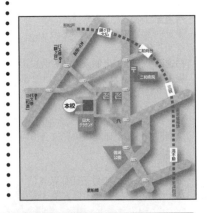

入試！インフォメーション

受検状況	年　度	学科名	募集定員	募集人員	志願者数	受検者数	倍　率	入学許可候補者数
	R6	普　通	280	280	286	284	1.01	280
	R5	普　通	320	320	304	303	0.95	303
	R4	普　通	320	320	291	288	0.90	291

県立 船橋古和釜 高等学校
ふなばしこわがま

https://cms1.chiba-c.ed.jp/funabashikowagama-h/

〒274-0061　船橋市古和釜町586
☎ 047-466-1141
交通　新京成線・東葉高速鉄道北習志野駅　バス
　　　ＪＲ総武線船橋駅　バス

普通科

共学

制服　あり

[カリキュラム]　◇三学期制◇
・基礎力の定着と道徳教育・キャリア教育を重視した教育課程となっている。
・1年次は30人の**生活班**により8クラスのホームルームを展開する。また、全員が共通の科目を学習する。2年次は約35人の生活班により7クラスのホームルームを展開し、理科選択と3単位分の選択科目が設置される。3年次からは**文系**と**理系**に分かれて学習し、文系で9単位分、理系で理科選択・地歴選択および2単位分と選択科目が増える。
・「キャリアベーシック」として国語・数学・英語の学び直しを行う科目を設置。1年次は必修、2年次以降は選択制。
・70を超える事業所の協力のもと、**インターンシップ**を実施。2年次に「キャリアプランニング」として単位認定される。
・期末考査前には**スタディサポート**として成績不振者に対する個別指導が行われる。

[部活動]
・最近の主な実績は以下のとおり。
<令和4年度>
陸上競技部が男子やり投でインターハイに出場した。
<令和3年度>
陸上競技部が男子やり投で関東新人大会に出場した。**男子バスケットボール部**がウインターカップ予選県大会でベスト16となった。
<令和元年度>
陸上競技部が男子800mで全国高校選抜大会や関東選手権大会の出場権を得た。**男子バスケットボール部**がウインターカップ予選県大会でベスト16となった。

★**設置部**（※は同好会）
野球、陸上競技、サッカー、柔道、弓道、テニス、バスケットボール、卓球、バドミントン、バレーボール（女）、※ソフトボール、書道、演劇、美術、軽音楽、漫画研究、吹奏楽、声楽研究、生物、写真、※クッキング、※日本拳法

[行　事]
5月　校外学習
9月　泉湧祭（文化の部）
10月　泉湧祭（体育の部）
11月　修学旅行（2年）

[進　路]（令和5年3月）
・公務員説明会（1年）、社会人と話してみよう（1年）、上級学校模擬授業（2年）、分野別進路説明会（3年）など、**外部講師による特別講座**を行う。
・3年次の夏休みには履歴書作成や面接対策のための就職指導が行われる。

★**卒業生の進路状況**
＜卒業生223名＞
大学43名、短大7名、専門学校97名、就職56名、その他20名

★**卒業生の主な進学先**
江戸川大、神田外語大、敬愛大、千葉経済大、千葉工業大、千葉商科大、帝京平成大、東洋大、和洋女子大

♣**指定校推薦枠のある大学・短大など**♣
江戸川大、敬愛大、千葉工業大、千葉商科大、中央学院大、日本大、明海大、流通経済大、和洋女子大　他

[トピックス]
・平成27年度より**地域連携アクティブスクール**に。学び直し、キャリア教育、地域連携で自立した社会人を育成する。
・校訓は「**自立・協力**」。「こんにちは、挨拶が全ての基礎・基本！　わからない事は、何度でもトライ！　がまんする事を覚えて、世の中を見よう！　まわりと協力して、一つずつ根気良く！」をモットーに、自立した社会人になることを目指す。
・ソーシャルスキルトレーニングや道徳教育を充実することで、**よりよい人間関係づくり**について学習する。
・小中学校などとの部活動交流や地域清掃などのボランティア活動を実施。**地域との連携**を進める。
・令和元年度、県教育委員会より「**特色ある道徳教育推進校**」に指定された。

[学校見学]（令和5年度実施内容）
★**一日体験入学**　7・11月各1回
★**泉湧祭文化の部**　9月　限定公開
（中学生とその保護者のみ）
★**学校見学は随時可**（要連絡）

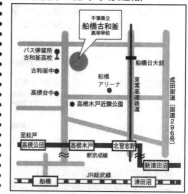

入試！インフォメーション

受検状況	年度	学科名	募集定員	募集人員	志願者数	受検者数	倍率	入学許可候補者数
	R6	普通	240	240	234	232	0.97	231
	R5	普通	240	240	214	214	0.89	214
	R4	普通	240	240	232	230	0.96	231

県立 船橋法典 <ruby>船橋法典<rt>ふなばしほうでん</rt></ruby> 高等学校

https://www.chiba-c.ed.jp/f-houden-h/

〒273-0047　船橋市藤原 4-1-1
☎ 047-438-0721
交通　ＪＲ武蔵野線船橋法典駅、東武アーバンパークライン馬込沢駅　徒歩 25 分
　　　ＪＲ総武線西船橋駅、ＪＲ武蔵野線船橋法典駅　バス

| 共　学 |
| 制　服　あり |

[カリキュラム]　◇三学期制◇

- 授業規律を徹底し、「学び直し（中学校の学習内容の復習）」を取り入れたわかりやすい授業により、確かな学力の修得をめざす。
- **少人数授業（31〜35名）**を実施し、きめ細かな指導のもと「学び直しができる授業」「わかる授業」を行っている。（令和 4 年度実績）
- 2 年次は、数学で 1 クラス 2 展開の、少人数授業を行う。また、社会福祉施設での交流活動や幼児とのふれあい体験学習を実施する。
- 3 年次は、一人ひとりの個性を尊重し、大幅な**選択制**を導入している。
- 基礎学力を充実させることを基本に、それぞれの生徒が希望する進路に対応できるようなカリキュラムとなっている。
- **朝自習**の時間を 10 分間設定し、基礎学力の定着や**数学検定・英語検定・漢字検定**への取り組みなどに力を入れている。

[部活動]

- 約 6 割が参加。
- 毎年、多くの部活動が県大会への進出を果たしている。**書道部**は全国高校総合文化祭の、**陸上競技部**は関東大会の常連。
- 最近の主な実績は以下のとおり。
  ＜令和 5 年度＞
  書道部が全国高校総合文化祭に出場した（6 年連続）。**陸上競技部**が関東大会（2 種目）・関東選手権（2 種目）・関東新人大会（4 種目）に出場した。
  ＜令和 4 年度＞
  書道部が全国高校総合文化祭に出場した。**陸上競技部**が関東大会に出場

した。

★**設置部**（※は同好会）
陸上競技、野球、硬式テニス、サッカー（男女）、卓球、バスケットボール（男女）、バレーボール（女）、バドミントン、剣道、ソフトボール、吹奏楽、書道、写真、茶道、アニメ、演劇、美術、合唱、クッキング、※英語

[行　事]

5 月	球技大会、校外学習
9 月	緑城祭（〜10 月、文化祭）
10 月	体育祭、修学旅行（2 年）、校外学習（1・3 年）
1 月	カルタ大会

[進　路]（令和 5 年 3 月）

- きめ細やかな進路指導により、**卒業生全員の進路希望実現**をめざす。
- 1、2 年次は、**進路ガイダンス**（1、2 年）や**上級学校**などの情報収集（1 年）、**模擬授業**（2 年）などを行う。
- 3 年次は、**分野別進路ガイダンス**、敬語指導、面接指導講座、小論文模試、就職・公務員説明会、就職試験直前説明会、専門学校推薦入試説明会、大学・短大推薦入試説明会を開催する。
- 全学年で進学希望者を対象に**夏期補習**を行っている。

★**卒業生の進路状況**
　＜卒業生 228 名＞
　大学 73 名、短大 10 名、専門学校 92 名、就職 33 名、その他 20 名

★**卒業生の主な進学先**
植草学園大、江戸川大、川村学園女子大、敬愛大、国際武道大、国士館大、産業能率大、淑徳大、城西国際大、聖徳大、大正大、拓殖大、千葉

経済大、千葉工業大、千葉商科大、中央学院大、帝京大、東洋大、日本大、明海大、流通経済大、麗澤大
♣**指定校推薦枠のある大学・短大など**♣
江戸川大、敬愛大、国士館大、淑徳大、大東文化大、拓殖大、千葉工業大、千葉商科大、中央学院大、東京成徳大、二松學舍大、日本大、麗澤大　他

[トピックス]

- 昭和 56 年開校。
- 教育方針は**「学修」「創造」「躍伸」**。
- 多くの校内行事や部活動により、**充実した学校生活**を送ることができる。
- **体験活動**を重視しており、1 年次は自然体験や収穫祭を、2 年次は修学旅行を通した地域探究を、3 年次はおもてなし講座を体験している。
- **自己啓発指導重点校**は解除されたが、継続してきめ細かい学習・生活指導を行っている。

[学校見学]（令和 5 年度実施内容）

★**学校説明会**　8・11 月各 1 回
★**緑城祭**　9 月　限定公開（小学生・中学生のみ）
★**学校見学**は原則として毎週金曜日放課後（要連絡）

入試！インフォメーション

受検状況	年　度	学科名	募集定員	募集人員	志願者数	受検者数	倍　率	入学許可候補者数
	R6	普　通	240	240	204	200	0.83	201
	R5	普　通	240	240	202	201	0.84	201
	R4	普　通	240	240	238	236	0.98	237

県立 船橋豊富（ふなばしとよとみ）高等学校

https://cms1.chiba-c.ed.jp/toyokou/

〒274-0053　船橋市豊富町 656-8
☎ 047-457-5200
交通　新京成線三咲駅・北習志野駅　バス

普通科

| 共　学 |

| 制　服 | あり |

[カリキュラム] ◇三学期制◇

・1年次は共通履修（芸術は選択）で丁寧な指導により基礎学力を高める。
・2年次より、**福祉、情報、文理**の3コースに分かれる。
・**福祉コース**では、福祉に関する制度の理解、介護などの技術及び福祉の理念を学ぶ。卒業時には**介護職員初任者研修**の資格の取得が可能。介護ベッドや車椅子が備えられた**実習室**がある。
・**情報コース**では、1年次の「情報Ⅰ」の授業を引き継ぎ、更に内容を深め、演習の授業などを通してコンピュータを使いこなせるようにする。**ワープロ・表計算検定**などの資格取得を目指す。
・**文理コース**では、多彩な選択科目が用意されており、一人ひとりの進路実現に向けて、選択して学習できる。
・**漢字検定**や**英語検定**などの資格取得を奨励し、単位として認定している。

[部活動]

★設置部
野球、サッカー、テニス、陸上競技、バレーボール、バスケットボール、バドミントン、卓球、柔道、剣道、弓道、茶道、華道、美術、演劇、家庭、吹奏楽、写真、JRC・UNESCO、工芸、創作、書道

[行　事]
5月　校外学習、球技大会
9月　豊緑祭（文化祭）
10月　体育祭
11月　修学旅行（2年）

[進　路]（令和5年3月）

・進路指導は進路未決定者ゼロを目指している。
・夢の実現には早い時期からの目標設定が必要であることを踏まえ、週1回の「総合的な探究の時間」にキャリア学習を実施している。
・将来の目標を考えるために、1年次の夏休みには**大学や専門学校の見学**を行う。また、2年次には**インターンシップ**（職業体験）を行っている。
・進学希望者に対しては**進学補習**を、就職希望者に対しては**礼法指導**などを実施し、きめ細かな進路指導を行っている。

★卒業生の進路状況
＜卒業生130名＞
大学14名、短大1名、専門学校39名、就職65名、その他11名

★卒業生の主な進学先
江戸川大、敬愛大、埼玉学園大、秀明大、淑徳大、千葉工業大、千葉商科大、中央学院大、東京国際大、東洋学園大、明海大

♣指定校推薦枠のある大学・短大など♣
江戸川大、敬愛大、埼玉学園大、秀明大、淑徳大、千葉工業大、中央学院大、東洋学園大、明海大　他

[トピックス]

・地域を対象にパソコン講座、**介護入門講座、認知症サポーター養成講座**を行い、本校の生徒が運営に参加している。
・東京情報大学との間に**高大連携協定**を結んでおり、「ゲームプログラミング入門」などの大学教員による出張講義を受けることができる。
・放課後や夏休みに希望制の**進学補習**が行われる。

・地球規模の問題をテーマとして**ユネスコスクール**に参加している。
・形状記憶加工で家庭洗濯可能な**制服**は、とても好評。
・長年取り組んできたボランティア活動が認められ、平成30年1月にライトブルー少年賞を受賞した。
・令和4年度、**コミュニティ・スクール**を導入した。
・令和5年度、学校独自で設置していた本校福祉コースが、県立高校改革推進プランに基づく第1次実施プログラムにより、千葉県教育委員会による設置となり、県教育委員会の支援を得てさらに充実した指導が可能になった。

[学校見学]（令和5年度実施内容）
★一日体験入学　7月1回
★学校説明会　11月1回
★豊緑祭　9月　限定公開
★学校見学は随時可（要連絡）

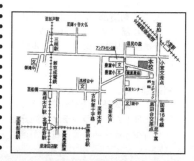

入試！インフォメーション

受検状況	年　度	学科名	募集定員	募集人員	志願者数	受検者数	倍　率	入学許可候補者数
	R6	普　通	160	160	63	62	0.39	63
	R5	普　通	160	160	58	58	0.36	55
	R4	普　通	160	160	83	83	0.52	82

県立 船橋北 高等学校
（ふなばしきた）

https://cms1.chiba-c.ed.jp/funabashikita-h/

〒274-0056　船橋市神保町133-1
☎ 047-457-3115
交通　新京成線三咲駅　徒歩25分またはバス10分、徒歩6分
　　　ＪＲ総武線船橋駅　バス

共　学

制　服　あり

[カリキュラム] ◇三学期制◇

・1学年は、芸術科目以外全員同じ科目を履修し基礎学力を充実させる。
・2学年は、理科など一部の授業が選択制となり、各自の興味や進路希望に応じた学習ができる。
・3学年には、文系と理系に分かれ、多様な選択科目を設置することにより、各生徒の進路希望の実現に対応。
・「わかりやすい授業」を目標に、各教科ごとに少人数制授業、習熟度別授業、ティームティーチング授業等を展開。
・毎朝10分間の朝学習の時間や、スタディサプリを利用した「学び直し」により基礎学力の向上をめざす。
・資格の取得を早い学年から奨励。漢字検定（全員受検）、英語検定を校内で実施している。
・インターンシップ（就業体験）、ボランティア活動、高大連携授業等を「学校外の学修」として単位認定。

[部活動]

・約6割が参加。
・サッカー部は過去に2年連続関東大会出場の経験がある（平成23・24年度）。
・最近の主な実績は以下のとおり。
＜令和5年度＞
新人戦で剣道部（男子団体）とソフトボール部が県ベスト16となった。吹奏楽部が県吹奏楽コンクールC部門銀賞を受賞した。
＜令和4年度＞
剣道部（女子団体）が関東大会に出場した。美術部が全国高校総合文化祭に出展した。ボランティア同好会から青少年赤十字千葉県役員が選ばれた。

★設置部（※は同好会）

野球（男）、バスケットボール、弓道、剣道、バレーボール（女）、サッカー（男）、硬式テニス（男）、ソフトテニス（女）、陸上競技、卓球、ソフトボール（女）、美術、書道、茶道、家庭科、吹奏楽、囲碁・将棋、※ボランティア、※チア

[行　事]

北辰祭（文化の部）では、生徒の模擬店や保護者会によるバザーでにぎわう。
5月　校外学習
9月　北辰祭（文化の部）
10月　修学旅行（2年）、北辰祭（体育の部）

[進　路] （令和5年3月）

・1学年次からガイダンスなどを利用し、自分の個性や適性を考えて「幸せな人生」のためのライフプランを立てる。
・2学年ではインターンシップ（職業体験）を行う。
・3学年では選択科目「ビジネス実務」が開講される。
・全学年対象の公務員試験対策講座も行われる。

★卒業生の進路状況

＜卒業生226名＞
大学77名、短大11名、専門学校92名、就職39名、その他7名

★卒業生の主な進学先

江戸川大、開智国際大、敬愛大、秀明大、淑徳大、聖徳大、清和大、千葉科学大、千葉経済大、千葉工業大、千葉商科大、中央学院大、帝京平成大、東京情報大、東洋大、日本大、明海大、流通経済大、麗澤大、和洋女子大

♣指定校推薦枠のある大学・短大など♣

国士舘大、淑徳大、千葉工業大、千葉商科大、東京電機大、二松學舍大、日本大、流通経済大、和洋女子大 他

[トピックス]

・昭和60年に創立。以来「誠実・勤勉・進取」の校訓のもと、社会に有為な若者の育成を目指して進路選択力を高めるためのキャリア教育に取り組んでいる。卒業生は各方面で活躍しており、地域の信頼に応えている。
・本校は船橋市の郊外に位置し、近くには県民の森がある。四季を通じて美しい自然に恵まれた環境である。
・令和2年度より、全ての教室に冷房設備設置。

[学校見学] （令和5年度実施内容）

★学校説明会　8・11月各1回
★北辰祭　9月　見学可

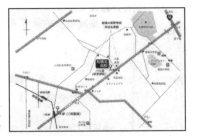

入試！インフォメーション

受検状況	年度	学科名	募集定員	募集人員	志願者数	受検者数	倍率	入学許可候補者数
	R6	普通	200	200	182	182	0.91	181
	R5	普通	200	200	140	140	0.70	140
	R4	普通	240	240	142	142	0.59	142

県立 市川工業 高等学校
いちかわこうぎょう

https://cms1.chiba-c.ed.jp/ichiko/

〒272-0031　市川市平田 3-10-10
☎ 047-378-4186
交通　ＪＲ総武線本八幡駅　徒歩7分

機械科
電気科
建築科
インテリア科

共　学

制　服　あり

[カリキュラム]◇三学期制◇
・建築科とインテリア科を設置する公立高校は県内では本校のみである。
・1年の芸術は音楽と美術の、3年の数学は数学基礎と専門科目、または数学発展の選択。
・基礎学力向上をめざし、数学や工業科の実習は**習熟度別**や**少人数学習**で行う。
・キャリア教育が充実しており、**インターンシップ**も行う。
・「**学校外の学修**」として様々な活動を単位認定している。
・その他に、消防設備乙種、危険物取扱者乙種4級、建築施工管理技術者、技能検定3級（建築大工、旋盤）、ITパスポート、色彩検定などの資格取得に力を入れている。

★機械科
・「ものづくり」ができる高度な技術者をめざす人のための学科。
・最新の工作機械やコンピュータを使用した**実習**を行い、設計・工作・CAD（製図）など**ものづくりの基本**を身につけると同時に、3級技能士（旋盤）・CAD検定など、**各種資格の取得に挑戦する**。

★電気科
・電気技術のスペシャリストをめざす人のための学科。
・1人1台のタブレット端末等を活用して、クラウドシステムやデジタルデザインツールを駆使して**Web3.0時代**に対応できる技術者を育成する。
・在学中に**電気工事士**の国家資格に挑戦する。

★建築科
・建築のエキスパートである**建築士**をめざす人のための学科。
・建築の基本を主に学びつつ、高度化・多様化するテクノロジーにも対応できるような応用力を養う教育課程となっている。

・所定の単位を取得すれば、卒業後、3年以上の実務経験を経て**2級建築士**の受検資格を得ることができる。

★インテリア科
・**木材工芸**と**インテリアデザイン**という2大要素を中心にインテリアについて学習する。
・3年次からは進路希望や得意分野によって、**ファニチャー、デザイン、情報**の3つのコースに分かれて学習する。

[部活動]
・文化系部活動は各学科に合わせた部（**機械研究、ロボット技術研究、建築、インテリアデザイン**）があり、ＷＲＯ全国大会優勝、全国ファッション甲子園入選などの成績を収めている。
・令和3年度には、**陸上競技部**が男子走幅跳で南関東大会に出場した。

★設置部（※は同好会）
野球、バレーボール、柔道、バスケットボール、剣道、陸上競技、サッカー、テニス、バドミントン、卓球、写真、模型、吹奏楽、機械研究、ロボット技術研究、漫画研究、軽音楽、インテリアデザイン、建築、※茶道、※応援団

[行　事]
・生徒海外研修（希望生徒）をフィリピン・セブで実施。
・校外学習、芸術鑑賞会、体育祭、市工祭、予餞会などを実施。

[進　路]（令和5年3月）
学校独自の「進路のてびき」を作成し、1年次から活用している。また、3年次の7月と9月には**面接指導**を実施。
★卒業生の進路状況

＜卒業生213名＞
大学・短大28名、専門学校49名、就職127名、その他9名

★卒業生の主な進学先
千葉経済大、千葉工業大、千葉商科大、東京情報大、東京電機大、日本大、日本工業大、明治学院大

♣指定校推薦枠のある大学・短大など♣
国士舘大、拓殖大、千葉工業大、千葉商科大、東京情報大、東京電機大、日本大、日本工業大、ものつくり大　他

[トピックス]
・昭和18年4月、市川市立工業学校として開校。平成18年4月、県立葛南工業高校と統合し、**定時制を併設した**新しい高校として生まれ変わった。**インテリア科・建築科**は県内唯一の学科である。
・実験・実習を重視。施設、設備、コンピュータなども充実している。
・「**安心・安全なまちづくり活動**」（建築科防災研究班）として、平成15年度より「**木造住宅耐震診断ボランティア活動**」を継続している。
・工業の技を生かした地域活動に取り組んでおり、産業教育フェアへの参加、ものづくり教室の開催、ものづくりを通した平田保育園や市川八中との交流などを行っている。

[学校見学]（令和5年度実施内容）
★学校説明会　6月1回
★一日体験入学　8・10月各1回
★学科説明会　12月1回
★市工祭　9月

入試！インフォメーション

受検状況	年　度	学科名	募集定員	募集人員	志願者数	受検者数	倍　率	入学許可候補者数
	R6	機　械	80	80	50	50	0.63	50
		電　気	80	80	69	69	0.86	69
		建　築	40	40	26	26	0.65	26
		インテリア	40	40	38	38	0.95	38

県立 国府台 <ruby>こうのだい<rt></rt></ruby>高等学校

https://cms1.chiba-c.ed.jp/kohnodai-h/

〒272-0827　市川市国府台2-4-1
☎ 047-373-2141
交通　ＪＲ常磐線松戸駅・総武線市川駅　バス
　　　京成線国府台駅　徒歩12分
　　　北総線矢切駅　徒歩20分

普通科

共学

制服　あり

[カリキュラム] ◇三学期制◇
・1年次は、全員ほぼ同じ科目を履修、2年次より一部選択制となる。1・2年次は大学受験に備えて基礎学力をつける授業を展開。
・3年次では国公立大や私立大等への進路希望に合わせて文系と理系の類型に分かれ、進路実現に必要な実力をしっかり身に付けることができる。
・3年次の選択科目は少人数制で展開。

[部活動]
・約8割が参加。フェンシング部は過去にインターハイ優勝の実績をもち、ボート部や書道部とともに全国大会の常連である。
・最近の主な実績は以下のとおり。
＜令和5年度＞
インターハイにボート部・フェンシング部・水泳部が出場し、関東大会に弓道部が出場した。ボート部は国体にも出場した（全国6位）。書道部は全国高校総合文化祭で特別賞を、全日本高校・大学書道展で大賞（全国1位）と団体賞（全国7位）を受賞した。吹奏楽部も全国大会に、演劇部は関東大会に出場した。
＜令和4年度＞
インターハイにボート部とフェンシング部が、関東大会に水泳部と陸上競技部が出場した。ボート部は国体と全国選抜大会にも出場した。書道部が全国高校総合文化祭に出場した。
★設置部（※は同好会）
陸上競技、野球、柔道、弓道、剣道、サッカー、バレーボール、バスケットボール、硬式テニス、ソフトテニス、水泳、ボート、ダンス、バドミントン、ハンドボール、卓球、フェンシング、吹奏楽、生物、演劇、美術、書道、茶道、※料理、※文化研究、※アウトドア、※写真

[行事]
・球技祭をゴールデンウイーク前後にクラス対抗で行っている。
・2年次に行う修学旅行では、聞き取り調査活動を行っている。
・鴻陵祭（文化祭）は毎年4,000人以上の一般客が訪れる一大イベント。3年生全クラスが行う演劇は30年近く続く伝統があり、テレビ局による取材を受けたこともある。

[進路]（令和5年3月）
・面談週間や各種進路ガイダンスを実施し、進路指導の充実に全校をあげて取り組んでいる。
・課業時や長期休業中も進学補講を行っている。
★卒業生の進路状況
＜卒業生287名＞
大学284名、短大0名、専門学校3名、就職0名、その他0名
★卒業生の主な合格実績
東北大、宇都宮大、千葉大、東京農工大、千葉県立保健医療大、東京都立大、弘前大、新潟大、高知工科大、早稲田大、慶應義塾大、青山学院大、学習院大、上智大、中央大、東京理科大、法政大、明治大、立教大
♣指定校推薦枠のある大学・短大など♣
学習院大、國學院大、芝浦工業大、上智大、成蹊大、成城大、中央大、東京理科大、日本大、法政大、明治大、明治学院大、立教大　他

[トピックス]
・合言葉は「国府台マインド」（豊かな人間形成に必要な心や能力の育成）。
・高大連携協定に基づき、在学中に千葉大、法政大、國學院大、千葉商科大などで講義を受けることで「学校外の学修」の単位修得ができる。
・特に理科分野で、大学の協力により、科学技術の受講など、常に高みを目指した指導に力を入れている。
・キャリア教育の一環として、地域の小学校・中学校と連携をとって小学生算数・書道教室、中学校英語・数学教室等を実施している。
・地域連携の一環として、市川市立第一中学校と周辺清掃活動や植栽活動、部活動連携などを進めている。
・令和6年度入学生より教員基礎コースを2・3年次に設置する予定。

[学校見学]（令和5年度実施内容）
★オープンスクール　8月2回
★秋季学校見学会　9月1回
★学校説明会　11月1回
★鴻陵祭　9月　見学可

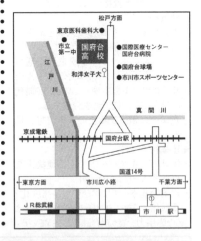

入試！インフォメーション

受検状況	年度	学科名	募集定員	募集人員	志願者数	受検者数	倍率	入学許可候補者数
	R6	普通	320	320	390	384	1.20	320
	R5	普通	320	320	395	389	1.22	320
	R4	普通	320	320	422	414	1.29	320

県立 国分 (こくぶん) 高等学校

https://cms1.chiba-c.ed.jp/kokubun-h/

〒272-0831　市川市稲越2-2-1
☎ 047-371-6100
交通　ＪＲ総武線市川駅・常磐線松戸駅、京成線市川真間駅　バス
　　　北総線秋山駅　徒歩25分

普通科

共　学

制　服　あり

[カリキュラム] ◇三学期制◇

・1年次は、芸術科目（音楽、美術、書道より1科目）以外は全員同じ科目を履修する。
・2年次は芸術科目に加え、理科が選択制（物理基礎、生物基礎、地学基礎より2科目）となる。また、教科をまたがる選択科目として、国語（言語文化研究）と数学（数学B）の選択（どちらか1科目）がある。
・3年次には一人ひとりの進路希望に沿って、**文系、理Ⅰ系、理Ⅱ系**の3コースに分かれて学習する。文系・理Ⅰ系では**複数の選択科目**を設置し、それぞれの進路実現に向けた学習を行うことができる。

[部活動]

・約8割が参加。運動系・文化系ともに活発に活動している。
・最近の主な実績は以下のとおり。
＜令和5年度＞
陸上競技部が新人戦の女子3000mで県2位となった。
＜令和4年度＞
陸上競技部がインターハイの男子110mハードルで全国6位となった。
＜令和3年度＞
陸上競技部が男子110mハードルでインターハイ、U18陸上競技大会に出場した。**吹奏楽部**が東関東コンクールに出場した。
★設置部（※は同好会）
陸上競技、剣道、テニス、サッカー、ソフトボール、卓球、バスケットボール、バドミントン、バレーボール、野球、バトントワリング、山岳、※ソフトテニス（女）、天文、化学、生物、物理、英語、文芸、書道、華道、茶道、吹奏楽、美術、演劇、家庭科、写真、漫画研究、現代音楽

[行　事]

5月	球技大会
6月	合唱祭、校内英語スピーチコンテスト
9月	梨香祭（文化の部・体育の部）
10月	修学旅行（2年）
1月	百人一首大会（1年）
2月	マラソン大会

[進　路] (令和5年3月)

・早朝や放課後に3年生対象の**進学補習授業**を行っており、夏季休業中の**課外授業**もある。また、小論文や面接の指導などきめの細かい進路指導をしている。
・**進路指導室**には、模試の分析から適性などが調べられるシステムが導入されている。
・1年次には「進路のしおり」解説、夏休みの過ごし方、大学見学会などの進路ガイダンスを実施。
・2年次には**スタディーサポート結果分析、大学模擬授業、大学・専門学校説明会**などが進路ガイダンスとして行われる。
・3年次には**就職・公務員説明会**や**大学・短大入試説明会、専門学校進学説明会**など、進路別の説明会が実施される。
★卒業生の進路状況
＜卒業生315名＞
大学271名、短大6名、専門学校22名、就職2名、その他14名
★卒業生の主な進学先
千葉大、横浜国立大、千葉県立保健医療大、早稲田大、青山学院大、学習院大、國學院大、成蹊大、成城大、中央大、東京理科大、獨協大、法政大、武蔵大、明治大、明治学院大、立教大
♣**指定校推薦枠のある大学・短大など**♣
青山学院大、立教大、法政大、明治大、東邦大、成蹊大、武蔵大　他

[トピックス]

・**海外修学旅行**（アジア）や「**ユネスコ・スクール**」加盟などを通じ、異文化理解・国際理解教育を行っている。ユネスコの理念の下、SDGsの具体化に努めている。
・施設・設備が充実しており、**多目的セミナーハウス**は各種研修会や合宿にも利用できる。またコンピュータ室のコンピュータは一人一台ずつ使用できる。小体育館には**マルチトレーニングマシン**が揃っている。

[学校見学] (令和5年度実施内容)

★学校説明会　7・10月各1回
★学校見学は火・木曜日16時以降に可（要連絡）

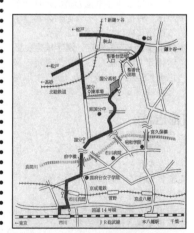

入試！インフォメーション

受検状況	年　度	学科名	募集定員	募集人員	志願者数	受検者数	倍　率	入学許可候補者数
	R6	普　通	320	320	399	397	1.24	320
	R5	普　通	320	320	491	485	1.52	320
	R4	普　通	320	320	454	452	1.41	320

県立行徳高等学校

ぎょうとく

https://cms1.chiba-c.ed.jp/gyotoku-h/

〒272-0127　市川市塩浜 4-1-1
☎ 047-395-1040
交通　地下鉄東西線南行徳駅　徒歩15分またはバス
　　　ＪＲ京葉線市川塩浜駅　徒歩20分
　　　ＪＲ京葉線新浦安駅　バス

普通科

共　学

制　服　あり

[カリキュラム]◇三学期制◇

・１・２年次は全員がほぼ共通の科目を履修し、基礎学力の充実を行う。
・英語・数学・国語については、特に生徒の一人一人に対応した、きめ細やかな学習指導を行い、その他の科目においても、できるだけ少人数制授業やチームティーチングを展開し、生徒の学力の向上に努めている。
・学び直し、就職試験対策、一般教養試験対策として学校設定科目を設置しており、１年次から２年次にわたる基礎国語Ａ・Ｂ、基礎数学Ａ・Ｂ、基礎英語Ａ・ＢはＳＰＩなどへの対応を含め、職業生活に必要な基礎的知識の定着を目指している。
・３年次には、進学や就職に応じた「普通クラス」「進学(文/理)クラス」の２つの類型を設置している。文系・理系クラスでは、主にそれぞれ文系大学・理系大学への進学を目指す。普通クラスは、主として専門学校への進学や就職を希望する生徒向けのコース。選択理科に加え、すべてのコースに２〜４単位の選択科目群が設けられており、それぞれの希望する進路に向けての学習を行う。
・技能審査(英語検定、漢字検定、数学検定)を実施しており、規定の級以上に合格した場合は、学校で取得した単位として認定される。

[部活動]

・自然探査同好会では、アクアリウム作成や田植えボランティアへの参加などを行っている。
・最近の主な実績は以下のとおり。
＜令和５年度＞
柔道部が関東選抜予選の男子100kg超級で県５位となった。

★設置部(※は同好会)

バレーボール、バスケットボール、サッカー、ソフトテニス、バドミントン、陸上競技、野球、柔道、剣道、音楽、美術、書道、写真、華道、茶道、文芸、パソコン、※アニメーション、※JRC、※自然探査

[行　事]

5月　校外学習
9月　白鷺祭(文化祭)
10月　体育祭
11月　修学旅行(2年)

[進　路]

・キャリアガイダンスを積極的に推進。
・就職希望者については、7月に就職説明会を実施。
・各学年の進路ガイダンスなど、進路指導は外部教育力も活用している。
・公務員講座、就職講座、面接対策講座などを定期的に実施するほか、長期休業中には進学補習を行っている(希望者対象)。

★卒業生の主な進学先

江戸川大、敬愛大、国際武道大、国士舘大、淑徳大、城西国際大、聖徳大、千葉経済大、千葉工業大、東京情報大、東洋学園大、獨協大、日本大、明海大、流通経済大

♣指定校推薦枠のある大学・短大など♣

植草学園大、江戸川大、川村学園女子大、敬愛大、秀明大、淑徳大、城西国際大、聖徳大、清和大、千葉科学大、千葉経済大、千葉工業大、東京情報大、日本大、明海大、流通経済大、和洋女子大　他

[トピックス]

・コンピュータ室には、最新のコンピュータが設置されている。
・ボランティア活動を積極的に支援するとともに、その活動を通じて地域との交流を盛んに行っている。
・令和６年度から地域連携アクティブスクールとなった。学び直し、キャリア教育、地域連携を三本の柱とする。

[学校見学](令和５年度実施内容)

★１日体験入学　7月1回
★学校説明会　11月1回
★入試相談会　1月2回
★白鷺祭　9月　チケット制

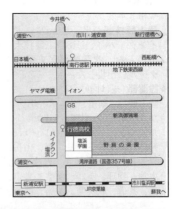

県立行徳高等学校

受検状況	年　度	学科名	募集定員	募集人員	志願者数	受検者数	倍　率	入学許可候補者数
	R6	普　通	160	160	87	85	0.53	83
	R5	普　通	160	160	118	118	0.74	114
	R4	普　通	160	160	122	121	0.76	120

入試!インフォメーション

県立 **市川東** 高等学校 (いちかわひがし)

普通科

https://cms1.chiba-c.ed.jp/ichikawahigashi-h/

☎ 272-0811　市川市北方町4-2191
☎ 047-338-6810
交通　ＪＲ武蔵野線船橋法典駅　徒歩18分
　　　ＪＲ総武線西船橋駅・下総中山駅・本八幡駅　バス

共　学

制　服　あり

[カリキュラム]　◇三学期制◇

・週31時間授業を導入。学力向上や進路希望実現を図る。
・2年次は文系と理系に、3年次には**文系、理系、英語コース**に分かれる。
・英語コースは独自のカリキュラムが組まれている。また、「実践英語」や外国人講師による指導により、内容の豊富な高度な授業が展開されている。
・英語コースでは、在学中に**実用英語技能検定の2級**を取得することを目標にしている。
・学習を習慣化するべく、通年で「**朝自習**」（8:00～8:30）の時間を設置している。

[部活動]

・約7割が参加。
・**なぎなた部**は過去に10年連続インターハイに出場の実績（平成23年度まで）。**水泳部**もインターハイ出場の経験がある。その他、数多くの部活動が活躍している。
・最近の主な実績は以下のとおり。
＜令和5年度＞
なぎなた部がインターハイに、**水泳部**が関東大会にそれぞれ出場した。**吹奏楽部**は東関東大会に出場した。
＜令和4年度＞
文芸部が全国高校総合文化祭に参加し、**吹奏楽部**が県吹奏楽コンクールB部門で金賞を受賞した。**なぎなた部**は関東大会出場、県新人大会団体2位などの成績を収めた。

★**設置部**
野球、サッカー（男女）、陸上競技、ソフトボール、バレーボール、バスケットボール、バドミントン、硬式テニス、卓球、水泳、柔道、剣道、なぎなた、ワンダーフォーゲル、演劇、吹奏楽、自然科学、軽音楽、合唱、美術、書道、華道、茶道、文芸、漫画研究、工芸、ＥＳＳ、写真、料理

[行　事]

5月　球技大会、芸術鑑賞会（1年）、校外学習（2年）
7月　語学研修旅行
9月　松朋祭（文化の部・体育の部）、英語スピーチコンテスト
11月　修学旅行（2年）

[進　路]（令和5年3月）

・総合的学習の時間には、「職業教育」（1年）、「学部・学科研究」（2年）、「進路実現に向けた進路学習・新聞学習」（3年）をテーマに学習する。
・1年次より放課後や夏休みなどの長期休業中に**進学課外授業**が実施されている。
・神田外語大学、千葉工業大学、麗澤大学と**高大連携**に取り組んでいる。大学の講義を平日の放課後や土曜日、長期休業中などに受けることができる。
・スタディサプリには全員が加入。

★**卒業生の進路状況**
＜卒業生317名＞
大学252名、短大8名、専門学校36名、就職4名、その他17名

★**卒業生の主な合格実績**
千葉大、学習院大、國學院大、駒澤大、成蹊大、成城大、専修大、中央大、東京電機大、東京理科大、東洋大、獨協大、日本大、法政大、武蔵大、明治大、明治学院大

♣指定校推薦枠のある大学・短大など♣

亜細亜大、大妻女子大、神田外語大、共立女子大、国士舘大、駒澤大、成蹊大、玉川大、千葉工業大、帝京科学大、東京経済大、東京電機大、東邦大、東洋大、獨協大、二松學舍大、日本大、法政大、武蔵大、目白大、立正大、和洋女子大　他

[トピックス]

国際理解教育の推進を目標に掲げ、夏季休業中にオーストラリアへ**語学研修旅行**を実施している（希望者）。

[学校見学]（令和5年度実施内容）

★学校説明会　8月2回、11月1回
★松朋祭　9月　見学可
★学校見学は6～1月の水・金曜16時以降（要予約）

入試！インフォメーション

受検状況	年　度	学科名	募集定員	募集人員	志願者数	受検者数	倍　率	入学許可候補者数
	R6	普　通	320	320	390	385	1.20	320
	R5	普　通	320	320	438	433	1.35	320
	R4	普　通	320	320	385	381	1.19	320

県立 市川昴 高等学校
いちかわ すばる

https://cms1.chiba-c.ed.jp/i.subaru-h/

☎ 272-0833　市川市東国分 1-1-1
☎ 047-371-2841
交通　ＪＲ本八幡駅　徒歩25分、京成電鉄京成八幡駅　徒歩20分
　　　ＪＲ総武線市川駅、京成電鉄市川真間駅　バス

| 単位制 |
| 共 学 |
| 制 服　あり |

[カリキュラム] ◇三学期制◇

・1年次は芸術を除き全員が同じ科目を履修。数学や英語で**少人数授業**を行うなど、**基礎・基本の充実**をめざす。

・3年次には**理系**と**文系**に分かれて学ぶ。共通の選択科目として、数学探究、英語探究、日本史応用、世界史応用、スポーツ総合、中国語、韓国語などがある。

・**実用英語検定**（2～3級）やワープロ検定の合格に力を入れている。

[部活動]

・最近の主な実績は以下のとおり。
＜令和5年度＞
ウエイトリフティング部が関東大会（7名中5名優勝）、全国女子大会（3名）、インターハイ（4名）、国体（1名）、関東選抜大会（6名）に出場した。
＜令和4年度＞
ウエイトリフティング部が県総体で団体優勝を果たした。個人戦でインターハイ（3名）、全国女子大会（3名）に進出した。**女子テニス部**が関東予選の団体戦で県ベスト16となった。

★**設置部**（※は同好会）
硬式野球、サッカー、バスケットボール、バレーボール、テニス、陸上競技、バドミントン、柔道、ウエイトリフティング、卓球、ソフトボール、ダンス、吹奏楽、合唱、演劇、美術、書道、茶道、華道、写真、囲碁将棋、理科、コンピュータ、イラスト、映画研究、クッキング、※ボランティア

[行 事]

4月　校外学習
9月　星華祭、体育祭
10月　修学旅行（2年）

[進 路] （令和5年3月）

・**進路分野別ガイダンス**や**進路説明会・講演会**を行う。

・長期休業中には進学用の**補習**や成績不振者のための補習を実施する。

・東京情報大や千葉商科大などと**高大連携**を実施。科目履修や各種イベント参加、グローバル人材育成講義などを行っている。

★**卒業生の進路状況**
　＜卒業生310名＞
大学152名、短大11名、専門学校129名、就職4名、その他14名

★**卒業生の主な合格実績**
江戸川大、神田外語大、敬愛大、駒澤大、芝浦工業大、淑徳大、順天堂大、城西国際大、成蹊大、千葉経済大、千葉工業大、千葉商科大、中央学院大、東京情報大、東邦大、東洋大、二松學舎大、日本大、法政大、明海大、明治大、麗澤大、和洋女子大

♣**指定校推薦枠のある大学・短大など**♣
亜細亜大、植草学園大、大妻女子大、杏林大、工学院大、国士舘大、駒澤大、淑徳大、女子栄養大、聖徳大、拓殖大、千葉工業大、千葉商科大、東京医療保健大、東京家政学院大、東京工科大、東京電機大、東邦音楽大、東洋大、二松學舎大、日本大、武蔵野大、武蔵野音楽大、立正大、和洋女子大　他

[トピックス]

・平成23年4月、県立市川西高校と県立市川北高校とを統合し、新たに開校した。

・**挨拶励行**や**服装・頭髪検査**の定期的実施などにより、基本的な生活習慣と健全な規範意識を育成する。

・野球とサッカーそれぞれの専用グラウンド、人工芝のテニスコート（3面）のほか、大型プロジェクターを設置した視聴覚室（収容人員80名）、41台のパソコンが備えられたコンピューター室などの施設がある。

・県内公立高校初の**ユネスコ・スクール**として、異文化理解学習や環境学習、人権学習、ボランティア活動などをユネスコと連携して実施し、ESD（持続可能な開発のための教育）に積極的に取り組んでいる。

[学校見学] （令和5年度実施内容）

★1日体験入学　7・8月各1回
★学校説明会　11月1回
★星華祭　9月　チケット制

受検状況	年 度	学科名	募集定員	募集人員	志願者数	受検者数	倍 率	入学許可候補者数
	R6	普 通	320	320	382	376	1.18	320
	R5	普 通	320	320	422	421	1.32	320
	R4	普 通	320	320	329	328	1.03	320

入試！インフォメーション

県立 **市川南** 高等学校
（いちかわみなみ）

普通科

https://cms1.chiba-c.ed.jp/ichikawaminami-h/

☏ 272-0013　市川市高谷 1509
☎ 047-328-6001
交通　地下鉄東西線原木中山駅　徒歩 15 分

| 共　学 |
| 制　服　あり |

[カリキュラム]　◇三学期制◇

・2年次に**文系・理系・保育基礎**の各コースに分かれる。
・3年次には、**文系・理系・文理系・保育基礎**の各コースに分かれ、進路希望に応じた学習ができる。
・各生徒の能力や個性を見極め、それを伸ばすことを目指し、「**わかる授業**」を展開している。1・2年の英語と2年の数学の授業は**習熟度別・少人数**で実施。
・令和元年度、県立学校で初となる**保育基礎コース**を設置。「保育研究Ⅰ」「保育研究Ⅱ」「保育実践」「国語研究」などを学び、保育技術検定3・4級の取得をめざす。近隣の保育園や幼稚園で実習も行う。

[部活動]

・約6割が参加。
・**吹奏楽部**には東関東吹奏楽コンクールB部門で5年連続金賞受賞（平成24〜28年度）の経験がある。
・最近の主な実績は以下のとおり。
＜令和4年度＞
陸上競技部がインターハイに男子400mで出場した。
★設置部（※は同好会）
野球、陸上競技、サッカー、柔道、剣道、バレーボール、バスケットボール、卓球、ソフトボール、テニス、バドミントン、合唱、吹奏楽、美術・工芸、書道、茶道、写真、アニメ漫画研究、※家庭クラブ

[行　事]

・校外学習の行き先は横浜などさまざま。3年生は近年、主にミュージカルを鑑賞している。
・**鵬祭**では3年生全クラスが劇やミュージカルを上演している。
5月　校外学習、球技大会
9月　鵬祭（文化祭）、体育祭
11月　修学旅行

[進　路]

・**キャリア教育**に力を入れ、1年次から3年計画で生徒一人ひとりの進路実現に向けて指導している。
・1・2年次に進路ガイダンスを実施。3年次の進路指導は、大学、就職などのコース別にきめ細かく行う。
・聖徳大、千葉商科大、麗澤大などの近隣大学と**高大連携**しており、大学の講義を受講することができる。
・**体験学習**として、1日看護・医療者体験や市川市体験保育ボランティアなどを行っている。
・**英語検定、漢字検定、日本語検定**などの取得に力を入れている。特に漢字検定は1、2年次に全員が受検。
★卒業生の主な進学先
亜細亜大、跡見学園女子大、江戸川大、桜美林大、大妻女子大、神田外語大、敬愛大、国士舘大、國學院大、駒澤大、埼玉工業大、淑徳大、順天堂大、城西国際大、聖徳大、専修大、大正大、大東文化大、高千穂大、拓殖大、千葉経済大、千葉工業大、千葉商科大、中央学院大、帝京科学大、帝京平成大、東京有明医療大、東京家政学院大、東京工科大、東京情報大、東京富士大、東都大、東洋大、東洋学園大、二松學舍大、日本大、日本女子大、文京学院大、武蔵野大、明海大、目白大、立正大、流通経済大、麗澤大、和洋女子大
♣指定校推薦枠のある大学・短大など♣
跡見学園女子大、大妻女子大、敬愛

大、国士舘大、淑徳大、聖徳大、拓殖大、千葉経済大、千葉工業大、千葉商科大、帝京平成大、東京情報大、東洋大、二松學舍大、日本大、武蔵大、流通経済大、麗澤大、和洋女子大　他

[トピックス]

・調和のとれた豊かな人間づくりを目標とし、その目標に向かって前進し、他人を思いやれる心身共に健全な青年を育てることを教育の基本理念とする。
・とてもよく挨拶のできる学校。
・市川市立高谷中学校との**中高連携校**である。

[学校見学]（令和5年度実施内容）

★学校説明会　8・11月各2回
★冬の学校説明会（少人数）　12月5回、1月4回
★鵬祭　9月　限定公開

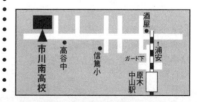

入試！インフォメーション

受検状況	年　度	学科名	募集定員	募集人員	志願者数	受検者数	倍　率	入学許可候補者数
	R6	普　通	280	280	264	259	0.93	261
	R5	普　通	320	320	347	343	1.07	320
	R4	普　通	320	320	305	303	0.95	302

県立 浦安 高等学校
うらやす

https://cms1.chiba-c.ed.jp/urayasu-h/

〒279-0003 浦安市海楽2-36-2
☎ 047-351-2135
交通 地下鉄東西線浦安駅、ＪＲ京葉線新浦安駅 徒歩20分またはバス

普通科

| 共　学 |

| 制　服 | あり |

[カリキュラム] ◇三学期制◇

・毎朝10分間、**学校独自科目**「ブラッシュ・アップ」を習熟度別に実施。
・１年次は全員が共通の科目を学び、芸術科目のみ選択制となる。
・２年次からは芸術科目以外に選択枠が２つ加わる（数学または科学と人間生活、物理基礎または地学基礎）。
・３年次には14単位分の選択枠が設置され、進路に応じた柔軟な学習を行うことができる。
・数学や英語の授業では**少人数学習**や**習熟度別学習**を行う。
・大学や専門機関と連携した、学ぶ楽しさを再発見する**探究ゼミ**を１年次に実施（総合的な探究の時間）。１月に各ゼミの代表者によるプレゼンテーションを行う。

[部活動]

・最近の主な実績は以下のとおり。
<令和５年度>
弓道部が関東県予選の男子個人で県４位となった。
<令和４年度>
バドミントン部が新人戦の男子団体・個人で県ベスト16となった。
★設置部（※は同好会）
剣道、弓道、陸上競技、野球、卓球、バドミントン、バスケットボール、バレーボール、サッカー、テニス、ソフトテニス、ダンス、吹奏楽、書道、美術、演劇、漫画研究、科学、華道、茶道、※パソコン

[行事]

演者も観客も感動する「よさこいソーラン発表会」が最も盛り上がる学校行事。
４月 体育祭

6月 校外学習
9月 銀杏祭（文化の部）
10月 よさこいソーラン発表会
11月 修学旅行（２年）
１月 予餞会

[進路]（令和５年３月）

・進路説明会を各学年で実施。２・３年次には**進路面接指導**も行われる。
・**インターンシップ**など、さまざまなキャリアサポートプログラムにより、自立的な社会人の養成をめざす。
★卒業生の進路状況
<卒業生220名>
大学80名、短大10名、専門学校106名、就職19名、その他5名
★卒業生の主な進学先
亜細亜大、植草学園大、江戸川大、開智国際大、敬愛大、淑徳大、城西国際大、聖徳大、千葉工業大、千葉商科大、中央学院大、東京情報大、東洋大、日本大、日本体育大、明海大、流通経済大
♣指定校推薦枠のある大学・短大など♣
亜細亜大、江戸川大、敬愛大、国士舘大、淑徳大、大東文化大、千葉経済大、千葉工業大、千葉商科大、東京情報大、日本大、明海大 他

[トピックス]

・昭和48年創立。県内屈指の広い校地と充実した施設に恵まれた環境で、生徒それぞれの個性を存分に発揮できる学校づくりを行っている。
・平成16年度に県教育委員会から「**自己啓発指導重点校**」の指定を受け、以来、生徒が自立した社会人になるようきめ細かい指導を行いつづけている。
・スクールカウンセラーを配置し、生徒の多様な問題解決に向けて協力体制を整えている。
・平成25年度、**コミュニティ・スクール**に指定された。コミュニティ・スクールとは、教育委員会より任命された保護者や地域住民が学校づくりに参画する制度をもつ学校のこと。
・地域清掃や夏祭りなど、**地域とのボランティア活動**を通じた交流が密で地域の**評価も高い**。
・令和３年度、本校の活動が「**子供の読書活動優秀実践校文部科学大臣表彰**」を受賞した。

[学校見学]（令和５年度実施内容）

★学校説明会 ８・10月各１回
★銀杏祭 ９月 見学可

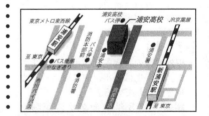

入試！インフォメーション

受検状況	年度	学科名	募集定員	募集人員	志願者数	受検者数	倍率	入学許可候補者数
	R6	普通	200	200	183	179	0.90	182
	R5	普通	200	200	166	166	0.83	166
	R4	普通	200	200	208	208	1.04	200

県立 **浦安南** 高等学校
うらやす　みなみ

https://cms1.chiba-c.ed.jp/urayasuminami-h/

〒279-0023　浦安市高洲 9-4-1
☎ 047-352-7621
交通　ＪＲ京葉線新浦安駅　バス

普通科

共　学

制服　あり

[カリキュラム] ◇三学期制◇

・１年次は１クラス20人でHRを構成し、**少人数**での授業を行っている。少人数なのでわからないことがいつでも聞ける。
・基礎・基本の徹底のため、「基礎国語Ⅰ」「基礎数学Ⅰ」「基礎英語Ⅰ」を各１単位学習する。
・２年次は理科の基礎科目と芸術科目が選択制となる。
・３年次は地理歴史、理科が選択制となり、その他に３科目７単位分の選択科目が設置され、進路に応じた学習を行うことができる。

[部活動]

★設置部（※は同好会）
　野球、サッカー、バスケットボール、バレーボール、硬式テニス、剣道、柔道、卓球、陸上競技、ソフトボール、空手、バドミントン、※水泳、吹奏楽、書道、美術、茶道、写真、ボランティア、漫画研究、軽音楽、科学・情報、※鉄道、※囲碁、※演劇、※ダンス

[行　事]

　浦安南高校のメインは秋で、**体育祭**ではクラス対抗リレーなどの競技に汗を流し、続く**若潮祭**では展示発表など工夫を凝らした企画で大いに盛り上がる。２年11月の**修学旅行**はここ数年、沖縄を訪れている。
4月　新入生歓迎会、校外学習
9月　体育祭
10月　若潮祭（文化祭）
11月　修学旅行

[進　路]

・望ましい職業観・勤労観を養うべく、**インターンシップ**などキャリア教育の推進を行っている。
・外部講師による進路講座を実施。

★卒業生の進路状況（令和５年３月）
　＜卒業生134名＞
　大学20名、短大０名、専門学校58名、就職35名、その他21名

★卒業生の主な進学先
　江戸川大、敬愛大、埼玉学園大、淑徳大、聖徳大、大東文化大、千葉経済大、千葉商科大、東京情報大、東洋学園大、日本大、日本経済大、日本薬科大、明海大、麗澤大

♣指定校推薦枠のある大学・短大など♣
　愛国学園大、浦和大、江戸川大、敬愛大、埼玉学園大、埼玉工業大、秀明大、淑徳大、松蔭大、城西大、城西国際大、清和大、千葉科学大、中央学院大、東京家政学院大、東京情報大、東洋学園大、日本大、日本経済大、日本文化大、明海大、流通経済大、麗澤大　他

[トピックス]

・教育活動の重点目標として、①基礎・基本を重視した学力の定着・向上に努めるとともに、②他を思いやる心を、マナー指導・ボランティア活動等を通じて育み、基本的な生活習慣の確立に努めている。
・１年次では８クラス展開による**１クラス20人**という**少人数**のため、一人ひとりの生徒に目が届きやすく、生活、授業を通じて、きめの細かい指導を実現している。**学び直しに最適**といえる。
・定期的な校外清掃作業や保育園・老人ホームなどでの絵本の読み聞かせ

活動など、**ボランティア活動**に力を入れ、思いやりの心を育んでいる。
・新浦安駅周辺の清掃活動や、浦安市内の大学・高校による学生防犯委員会（Ｖ５）の活動（自転車盗難防止計画や安全運転の呼びかけ）を生徒会役員を中心に行っている。
・浦安市消防本部の協力のもと、１年生全員が**心肺蘇生法実習**を実施する。

[学校見学]（令和５年度実施内容）
★一日体験入学　８月１回
★学校説明会　12月１回
★若潮祭文化の部　10月　見学可
★学校見学は随時可（要連絡）

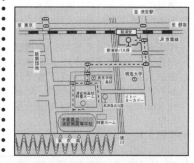

入試！インフォメーション

受検状況	年　度	学科名	募集定員	募集人員	志願者数	受検者数	倍　率	入学許可候補者数
	R6	普　通	160	160	78	76	0.48	76
	R5	普　通	160	160	55	53	0.33	51
	R4	普　通	160	160	80	78	0.49	79

県立 松戸 （まつど） 高等学校

普通科
芸術科

https://cms1.chiba-c.ed.jp/matsudo-h/

〒270-0025　松戸市中和倉 590-1
☎ 047-341-1288
交通　ＪＲ常磐線北松戸駅　バス
　　　ＪＲ常磐線馬橋駅、新京成線松戸新田駅　徒歩18分

共　学

| 制　服 | あり |

[カリキュラム] ◇三学期制◇

★普通科

・1年次は、**芸術科目（音楽、美術、工芸、書道から選択）**以外は全員同じ科目を履修し、基礎・基本を定着させる。

・2年次より**文系、理系**に分かれて学習する。文系選択では演劇系・美術系の専門科目（演技基礎、素描）の履修が可能である。

・3年次は、選択A（2単位）、選択B（文系・4単位）において多様な選択科目を設置し、各自の進路希望に合わせて選択する。

★芸術科

・平成16年度より、千葉県で初めて設置。普通科目に加えて、**芸術に関する専門科目を履修する（3年間で29単位）。**

・3年次より、**主専攻**を絵画、彫刻、クラフトデザイン、デザイン、映像表現から選択し、さらに専門的な学習をする。

[部活動]

・フェンシング部、なぎなた部、演劇部には全国大会出場の実績がある。

・最近の主な実績は以下のとおり。

＜令和5年度＞
演劇部が春季全国高校演劇研究大会や高校演劇サマーフェスティバルに出場した。また、**フェンシング部**がインターハイ（女子個人）、**弓道部**が関東大会（男子団体）・関東個人選抜大会（女子）に出場し、女子バレーボール部が関東大会出場・県総体5位・春高県予選5位の成績を収めた。

＜令和4年度＞
フェンシング部が関東大会に出場し、**弓道部**が関東選抜大会に出場した。**演劇部**が県演劇研究中央発表会で最優秀賞を受賞した。

★設置部（※は同好会など）

バドミントン、バスケットボール、バトン、バレーボール、フェンシング、陸上競技、テニス、弓道、野球、ダンス、なぎなた、サッカー、※剣道、※ソフトボール、※ワンダーフォーゲル、合唱、演劇、美術、漫画創作、写真、吹奏楽、クッキング、コンピュータ、華道、箏曲、茶道、地学、生物、※英語

[行　事]

4月　校外学習
6月　球技祭
9月　松高祭（文化祭）
10月　体育祭
11月　修学旅行（2年、沖縄方面など）
1月　百人一首大会、芸術科卒業制作展

[進　路]（令和5年3月）

各学年で**進路説明会**や**体験実習**を実施。進学補習は1年次より行っている。

★卒業生の主な進学先

東京藝術大、富山大、愛知県立芸術大、金沢美術工芸大、医療創生大、神田外語大、淑徳大、城西国際大、聖徳大、千葉経済大、千葉工業大、千葉商科大、東京情報大、東洋大、日本大、法政大、明治大、流通経済大、麗澤大、和洋女子大

♣指定校推薦枠のある大学・短大など♣

開智国際大、敬愛大、淑徳大、城西国際大、聖徳大、千葉経済大、千葉工業大、千葉商科大、東京情報大、東洋大、日本大、法政大、流通経済大、麗澤大、和洋女子大　他

[トピックス]

・**古美術研修旅行、松戸特別支援学校との交流**など、体験を通して生きる力を学ぶ活動に力を入れている。

・様々な種類の**美術室、演劇実習室、天体ドーム**や宿泊もできる**セミナーハウス**など、施設も充実。

[学校見学]（令和5年度実施内容）

★学校説明会　8・10・11月各1回
★芸術科・中学生対象デッサン講習会　10・11月各1回
★松高祭文化の部　9月　見学可

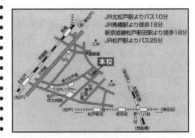

JR北松戸駅よりバス10分
JR馬橋駅より徒歩18分
新京成線松戸新田駅より徒歩18分
JR松戸駅よりバス25分

本校

入試！インフォメーション

受検状況	年　度	学科名	募集定員	募集人員	志願者数	受検者数	倍　率	入学許可候補者数
	R6	普　通	200	200	228	227	1.14	200
		芸　術	40	40	45	45	1.13	40
	R5	普　通	200	200	270	267	1.34	200
		芸　術	40	40	49	49	1.23	40

県立 小金（こがね）高等学校

https://cms1.chiba-c.ed.jp/kogane-h/

☎ 270-0032　松戸市新松戸北 2-14-1
☎ 047-341-4155
交通　ＪＲ武蔵野線南流山駅　徒歩 12 分
　　　ＪＲ常磐線・武蔵野線新松戸駅　徒歩 17 分

単位制	
共 学	
制 服	あり

[カリキュラム] ◇二学期制◇

・普通科の学びに加えて理数科や国際科などの専門的な学びを取り入れた、**進学を重視した総合学科**。

・将来の職業選択に応じた「**ミスマッチのない大学選択**」が行われるよう、１年次より**キャリア教育**が計画的に実施される。

・２・３年次は**系列**（人文社会、文理学際、数理科学、医薬医療）ごとに総合選択科目・自由選択科目を履修する。多様なニーズに応えるべく、共通科目（英語、数学など）以外に幅広い分野の**専門科目や学校設定科目**が設置される。また、進学に備えた実力を養成するための講座や課外補習なども実施される。

[部活動]

・いずれの部も活発に活動している。**陸上競技部、吹奏楽部、放送局（部）、写真部**が全国大会等で活躍。

・最近の主な実績は以下のとおり。

＜令和５年度＞
吹奏楽部が東関東吹奏楽コンクール銀賞、日本管楽合奏コンテスト優秀賞、全日本高校吹奏楽大会in横浜連盟理事会長賞、日本学校合奏コンクール全国大会金賞などを受賞した。**放送局**がＮＨＫ杯全国高校放送コンテスト全国大会に出場した。**陸上競技部**が関東選手権の女子3000m障害で３位となった。

＜令和４年度＞
吹奏楽部が全国日本学校合奏コンクール全国大会グランドコンテスト金賞受賞、**放送局**がＮＨＫ杯全国高校放送コンテスト出場、**写真部**が全国高校総合文化祭出場を果たした。

★**設置部**（※は同好会）

ハンドボール、剣道、ワンダーフォーゲル、サッカー、バスケットボール、野球、バレーボール、ソフトテニス、ソフトボール、水泳、バドミントン、卓球、陸上競技、ラグビー、硬式テニス、吹奏楽、生物、地学、美術、写真、軽音楽、イラスト、文芸、茶道、弦楽、服飾、アコースティックミュージック、合唱、演劇、書道、科学クリエイティブ、放送局、※クイズ、※ダンス、※調理

[行　事]

・**球技祭、合唱祭、鎬（しのぎ）祭**（文化の部、体育の部）を委員会が自主的に企画・運営している。その他、新入生歓迎会、球技祭、校内ビブリオバトル、修学旅行を実施。

・**文化祭**では、各クラス、部活動が食品、演劇等の各部門にアイディアをこらし、多くの来校者でにぎわう。

・**合唱祭**は「森のホール21」を会場に、クラスと有志の二部に分かれて実施。表彰する項目の検討も毎年行われ変化する。

[進　路]（令和５年３月）

・学部学科研究、進路講演会、小論文対策、大学教授による**大学学部説明会**、大学入試対策会、大学キャンパス見学、大学生の話を聞く会などを行う。

・長期休業中は全学年で**進学補習**を実施する。

・１、２年次に４回、３年次には３回の**学力到達度テスト**を行っている。

・**進路指導室**の横には進路学習ができる**オープンスペース**がある。

★**卒業生の主な進学先**
東北大、茨城大、お茶の水女子大、埼玉大、千葉大、筑波大、東京医科歯科大、東京外国語大、東京農工大、横浜国立大、埼玉県立大、千葉県立保健医療大、東京都立大、防衛大学校、早稲田大、慶應義塾大、上智大、東京理科大

♣**指定校推薦枠のある大学・短大など♣**
慶應義塾大、青山学院大、聖路加国際大、中央大、東京理科大、法政大、明治大、立教大　他

[トピックス]

・冷房設備が完備されている。

・コンピュータ室の設備が充実している。

・平成29年度に少人数教育に対応した**総合学科棟**が完成。

・令和４年度入学生より**一人一台のタブレット**を前提とした授業を開始。

・令和４～７年度の**ちばSDGsパートナー**として、探究学習にSDGsを取り入れている。

[学校見学]（令和５年度実施内容）

★学校説明会　８月２回、10月１回
★鎬祭文化の部　９月　見学可

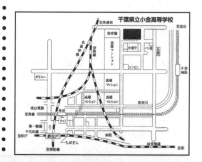

千葉県立小金高等学校

入試！インフォメーション

受検状況	年　度	学科名	募集定員	募集人員	志願者数	受検者数	倍　率	入学許可候補者数
	R6	総合学科	320	320	523	517	1.62	320
	R5	総合学科	320	320	488	484	1.51	320
	R4	総合学科	320	320	582	579	1.81	320

県立 松戸国際 高等学校
まつどこくさい

普通科
国際教養科

単位制
共学
制服 あり

https://cms1.chiba-c.ed.jp/matsudokokusai-h/

〒270-2218 松戸市五香西5-6-1
☎ 047-386-0563
交通 ＪＲ武蔵野線新八柱駅、新京成線八柱駅 徒歩25分またはバス
北総線松飛台駅 徒歩15分 新京成線五香駅 徒歩25分

[カリキュラム] ◇二学期制◇
・1年次は普通科・国際教養科ともに必修科目をクラス単位で学習する。
・2年次からは、各自の進路や関心に応じて選択した科目の講座の授業が多くなり、**普通科は2年次6単位・3年次20単位、国際教養科は2年次4単位・3年次12単位**が選択の授業となる。
・英語の必修科目は1クラス2分割で授業を行い、他の教科でも選択科目によっては少人数講座がある。
・夏季休業中、始業前、放課後などに多くの教科が**課外補習講座**を開講している。
・法政大・獨協大・東洋大・麗澤大と提携した「高大連携授業」を実施。一定条件を満たした生徒には、「学校外の学修」単位が認定される。
・英語検定や漢字検定などに合格し一定の条件を満たした生徒には、対応科目の増加単位が認定される。
・2・3年次に**フランス語・中国語・韓国語**を普通科は自由選択、国際教養科は必修選択の科目として、学習することができる。
・週2日**7時間授業**を行っている。
・英検2級以上の合格を目指し、1・2年次は全員、3年次生は希望者が英検を受検する。

[部活動]
・約8割が参加。
・ウエイトリフティング部は五輪選手を輩出し、全国大会の常連。**陸上部**やバドミントン部も関東大会常連。
・クッキング、ディベート、女子サッカーなども活動。
・最近の主な実績は以下のとおり。

＜令和5年度＞
ウエイトリフティング部国体男子個人6位、高校総体女子個人5位。
＜令和4年度＞
ウエイトリフティング部関東大会女子個人優勝、男女全国大会出場。**陸上部**とバドミントン部も関東大会出場。
★**設置部**（※は同好会）
剣道、陸上、野球、サッカー、テニス、ソフトボール、バレーボール、バスケットボール、バドミントン、卓球、ウエイトリフティング、バトン、吹奏楽、演劇、美術、茶道、華道、書道、写真、科学、クッキング、軽音楽、ＥＳＳ、ディベート、漫画研究、ボランティア、ダンス、※工芸

[行事]
校内英語スピーチコンテスト・松耀祭（文化祭）・スポーツ大会・修学旅行（海外、最近は国内）など。

[進路] (令和5年3月)
★**卒業生の進路状況**
＜卒業生343名＞
大学277名、短大3名、専門学校24名、就職1名、その他38名
★**卒業生の主な進学先**
秋田大、埼玉大、茨城大、東京海洋大、早稲田大、慶應義塾大、上智大、東京理科大、学習院大、明治大、青山学院大、立教大、中央大、法政大、東洋大、明治学院大、國學院大、成蹊大、東京農業大、獨協大
♣**指定校推薦枠のある大学・短大など♣**
青山学院大、学習院大、上智大、成蹊大、津田塾大、獨協大、法政大、武蔵大、明治学院大、立教大 他

[トピックス]
・**進学重視型単位制高校**。日本文化、第2外国語などユニークな学校設定教科・科目を含めて、各自が選択した科目の教室に移動して受ける授業も多い。
・常駐する4名のＡＬＴが参加する英語、外国人講師による仏・中・韓国語など**語学教育環境**が整っている。
・アメリカのデル・オロ・ハイスクール、オーストラリアのカソリック・レッジ・ウドンガ及びセント・ブリジット・カレッジ、台湾の台北市立中崙高級中学校と姉妹校提携。
・アメリカとオーストラリアに約1ヶ月の**短期留学**派遣、**台湾修学旅行**、1年間の留学生受け入れ、短期の来日訪問団受け入れ、海外校とのオンライン交流など、国際高校らしい多彩な活動に参加できる。（コロナ対応などで中止、変更もある。）
・国際教養科は1年次に国内**英語合宿**をブリティッシュ・ヒルズ（福島県）で実施。2泊3日の英語漬け生活を体験する。
・文部科学省の学習指導実践研究協力校、千葉県の英語教育拠点校及びグローバル・スクール、ユネスコスクールの指定を受け、英語教育、国際理解、ＳＤＧ'sを意識した活動などに取り組んでいる。
・海外帰国及び外国人特別選抜実施。

[学校見学] (令和5年度実施内容)
★学校説明会 8・11月各1回
★帰国・外国人特別選抜は応相談
★松耀祭 9月 見学可

入試！インフォメーション

受検状況	年度	学科名	募集定員	募集人員	志願者数	受検者数	倍率	入学許可候補者数
	R6	普通	200	200	279	278	1.39	200
		国際教養	120	120	176	174	1.45	120
	R5	普通	200	200	306	306	1.53	200
		国際教養	120	120	155	155	1.29	120

県立 松戸六実 高等学校
まつど むつみ

https://cms1.chiba-c.ed.jp/mutsumi-h/

☎ 270-2203　松戸市六高台 5-150-1
☎ 047-385-5791・5793
交通　東武線高柳駅　徒歩 12 分
　　　東武線六実駅　徒歩 15 分

共　学

制　服　あり

[カリキュラム] ◇三学期制◇

・英語コミュニケーション I で、1 年生は**習熟度別クラス編成**を行っており、よりよい学習環境を提供することができる。
・2 年次では、数学・芸術の選択によって**文系**、**理系**に分かれ、3 年次には選択科目の中から各自選択履修する。
・選択科目には国語研究、日本史教養、数学教養、美術表現、音楽表現、書道表現などの**本校独自の科目（学校設定科目）**を多数設置。
・学力の向上を図り、**進学講座**を実施。
・**漢字検定、硬筆・毛筆書写検定、英語検定**の取得に力を入れいる。

[部活動]

・約 8 割が参加。たいへん盛んに行われており、特に**ダンス部**、**弓道部**、**陸上競技部**は全国大会や関東大会の常連。
・最近の主な実績は以下のとおり。
＜令和 5 年度＞
陸上競技部が国体に出場した。**弓道部**が団体・個人で、**バドミントン部**が男子団体でそれぞれ関東大会に出場した。**吹奏楽部**が吹奏楽コンクールとマーチングコンテストで東関東大会に出場した。**書道部**が高野山競書大会で弘法大師賞を受賞した。
＜令和 4 年度＞
吹奏楽部が東関東マーチングコンテストで金賞を、**書道部**が書の甲子園で優秀賞を、**美術部**が高校生国際美術展で奨励賞をそれぞれ受賞した。
★設置部
野球、陸上競技、柔道、剣道、弓道、卓球、硬式テニス、ソフトテニス、バレーボール、サッカー、バスケットボール、バドミントン、ハンドボール、ソフトボール、演劇、茶道、書道、美術、合唱、吹奏楽、軽音楽、写真、理科、パソコン、漫画研究、JRC、ダンス、家庭科

[行事]

・行事は生徒の運営で盛ん。特に**体育祭（松毬祭体育の部）**は熱く盛り上がる。
・新入生歓迎会、校外学習（1 年）、芸術鑑賞会、球技祭、松毬祭（体育の部・文化の部）、修学旅行（2 年）、予餞会などを実施。

[進路] （令和 5 年 3 月）

・実力テスト、夏季進学補習、進路説明会、保護者会進路講演会、大学・短大・専門学校模擬授業、インターンシップ（小学校、保育関係）など、個々に応じた進路指導を手厚く行っている。
・スタディサプリには全員が加入。
★卒業生の進路状況
＜卒業生317名＞
大学164名、短大16名、専門学校114名、就職20名、その他3名
★卒業生の主な進学先
早稲田大、学習院大、國學院大、駒澤大、専修大、中央大、東京理科大、東洋大、獨協大、日本大、法政大、明治大、明治学院大、立教大
♣指定校推薦枠のある大学・短大など♣
亜細亜大、大妻女子大、国士舘大、駒澤大、実践女子大、女子栄養大、千葉工業大、千葉商科大、帝京大、東京家政大、東京電機大、東京農業大、東邦大、東洋大、獨協大、二松學舎大、日本大、文教大　他

[トピックス]

・年に 2 回、全校で通学路清掃を行っている。
・**地域との交流**を大事にしており、JRC部がふれあい昼食会、吹奏楽部が老人ホームにおける合奏などを行う他、多くの文化系部活動が桜まつりや六実っ子まつりなどの地域行事に参加している。
・松戸市社会福祉協議会の支援を受け、**福祉教育**を推進。特別支援学校との交流会をはじめ、老人ホームへのインターンシップなどを行っている。
・**冷暖房完備**。
・令和 6 年度より**新制服**となった。

[学校見学] （令和 5 年度実施内容）

★学校説明会　8月2回、11月1回
★松毬祭文化の部　9月　見学可
★学校見学は随時可（要連絡）

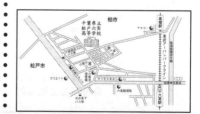

入試！インフォメーション

受検状況	年　度	学科名	募集定員	募集人員	志願者数	受検者数	倍　率	入学許可候補者数
	R6	普　通	320	320	407	405	1.27	320
	R5	普　通	320	320	365	363	1.13	320
	R4	普　通	320	320	297	294	0.92	294

県立 松戸向陽 高等学校
まつど こうよう

普通科
福祉教養科

https://cms1.chiba-c.ed.jp/m.koyo-h/

共 学

制服 あり

〒270-2223　松戸市秋山682
☎ 047-391-4361
交通　北総線秋山駅　徒歩7分
　　　JR常磐線松戸駅・総武線市川駅　バス「松戸向陽高校」下車　徒歩4分

[カリキュラム] ◇三学期制◇
・「個を大切にした、わかりやすい授業」を実施して、基礎・基本的な学力の充実を図る。
・漢字検定（全員受検）、英語検定、ワープロ検定（全員受検）などについては受検を促進していく。

★普通科
・1年生全員が社会福祉基礎を学ぶ。
・1年次の地理総合、数学Ⅰ、英語コミュニケーションⅠ、2年次の数学Aでは学び直しの授業も実施。
・3年次に希望する進路に応じて普通コース（文系・理系）・福祉コースに分かれ、各自必要な科目を選択する。
・情報や家庭などではティーム・ティーチングによる授業も行う。
・英語や数学では少人数授業で展開。

★福祉教養科
・高校3年間で学習する内容のうち51単位を福祉の専門科目の学習にあて、福祉のスペシャリストを育成する。設置される専門科目は「社会福祉基礎」「介護福祉基礎」「介護過程」「福祉情報活用」「生活支援技術」「介護総合演習」「こころとからだの理解」など。
・1年次から実習を重視。福祉施設見学実習、訪問介護同行訪問実習、介護老人保健施設見学実習、特別養護老人ホーム実習、訪問看護同行訪問実習などを行う。
・特殊浴槽のある入浴実習室や介護ベッドなどを備えた介護実習室がある。
・定められた課程を修了することで、介護職員初任者研修課程修了資格（2年修了時）、介護福祉士国家試験受検資格（卒業時）が取得可能。

[部活動]
・ボランティア部は地域の行事にボランティアとして参加している。また、絵本研究部は絵本の読み聞かせボランティアを行っている。

★設置部
陸上、野球、卓球、柔道、テニス、バレーボール、バスケットボール、バドミントン、ソフトボール、サッカー、剣道、書道、茶道、華道、演劇、美術、写真、吹奏楽、イラスト・漫画、絵本研究、JRC、ボランティア

[行事]
　4月に校外学習、5月に球技祭、6月に高校生と赤ちゃんのふれあい体験、9月に文化祭や体育祭、10月に修学旅行、11月に芸術鑑賞会を実施。

[進路]（令和5年3月）
・進路対策は1年次から実施。大学や専門学校の教員による模擬授業やガイダンスなどを行う。
・令和3年度の介護福祉士国家試験合格率は100％で、全国平均の72.3％を大きく上回る。

★卒業生の進路状況
＜卒業生254名＞
大学36名、短大9名、専門学校98名、就職85名、その他26名

★卒業生の主な進学先
植草学園大、共栄大、川村学園女子大、敬愛大、駒澤大、秀明大、淑徳大、聖徳大、千葉商科大、中央学院大、東京情報大、東京福祉大、東洋学園大、日本経済大、文京学院大、流通経済大、麗澤大、和洋女子大

[トピックス]
・平成23年4月、県立松戸秋山高校と県立松戸矢切高校とが統合され、新たに開校。校訓は「向学・自立・共生」。
・平成25年度、福祉教育拠点校に指定された。普通科でも福祉の科目を全員が履修。また、普通科3年次に福祉コースを設置。介護職員初任者研修修了者の資格も取得可能。また、県内の福祉コース・福祉系列設置高校とのネットワークを構築し、福祉に関する知識や技術の習得など福祉教育のレベルアップを図る。
・令和3・4年度、千葉県教育委員会の「魅力ある県立学校づくり大賞」優秀賞を受賞した。
・令和4年度、本校が千葉県教育功労者表彰（学校教育の部・団体の部）を受けた。
・服装・頭髪指導、遅刻指導などを積極的に行い、基本的生活習慣を確立。

[学校見学]（令和5年度実施内容）
★1日体験入学　8月1回
★学校説明会　11月2回
★向陽祭　9月　見学可

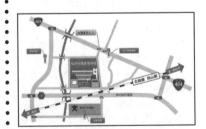

入試！インフォメーション

受検状況	年度	学科名	募集定員	募集人員	志願者数	受検者数	倍率	入学許可候補者数
	R6	普通	200	200	211	208	1.04	200
		福祉教養	40	40	35	34	0.85	35
	R5	普通	200	200	192	190	0.95	191
		福祉教養	40	40	36	36	0.90	36

県立 **松戸馬橋** 高等学校（まつど まばし）

https://cms1.chiba-c.ed.jp/matsudomabashi-h/

☏ 271-0043　松戸市旭町 1-7-1
☎ 047-345-3002
交通　ＪＲ常磐線馬橋駅　徒歩 17 分またはバス
　　　ＪＲ常磐線松戸駅・新松戸駅　バス

普通科

| 共　学 |

| 制　服 | あり |

[カリキュラム]　◇三学期制◇

・1 年次は、芸術科目（音楽、美術、書道から 1 科目選択）以外は全員同じ科目を履修し、基礎学力を充実させる。情報の授業もある。
・2 年次は、芸術科目に加えて、数学 B と政治・経済が選択制になり、理科は物理基礎または生物基礎のどちらかを選択する。
・3 年次には、一人ひとりの進路希望の実現を目指し、文系と理系に分かれる。文系には 4 単位の選択科目を設置。

[部活動]

・約 6 割が参加。
・**演劇部**は過去に関東大会最優秀賞、全国大会文化庁長官賞（準優勝）を受賞したことがある。
・最近の主な実績は以下のとおり。
＜令和 5 年度＞
陸上競技部が男子三段跳びでインターハイに、女子三段跳びで関東新人大会に出場した。
＜令和 4 年度＞
陸上競技部が男子三段跳びでインターハイに出場した。
★**設置部**（※は同好会）
柔道、野球、バドミントン、サッカー、陸上競技、山岳、水泳、硬式テニス、バレーボール、バスケットボール、卓球、演劇、美術工芸、華道、茶道、写真、放送、科学、ＥＳＳ、料理研究、書道、吹奏楽、合唱、将棋、※ダンス

[行　事]

4 月　新入生歓迎会
5 月　学年デー（校外行事、筑波山・東京ディズニーランドなど）
7 月　オーストラリア短期留学（隔年）
9 月　天馬祭（文化の部）、オーストラリア・タウンズビル校生受入（隔年）
10 月　天馬祭（体育の部）
11 月　修学旅行（2 年）

[進　路]（令和 5 年 3 月）

・外部講師による**進路説明会**や**進路別模擬授業**など、生徒個々に応じたきめ細かい指導を行っている。また、NPO 法人キャリアサポートネットワークの協力のもと、キャリアカウンセラーによる進路相談や職員研修、職業理解のための勉強会、外部講師による進路講話などの**キャリア教育**の推進に取り組んでいる。
・進学希望者には、平日の放課後や夏休みなどを利用して、受験に向けた補習を実施している。
★**卒業生の主な進学先**
神田外語大、中央大、獨協大、日本大、法政大
♣**指定校推薦枠のある大学・短大など**♣
大妻女子大、産業能率大、拓殖大、千葉工業大、千葉商科大、中央学院大、東京農業大、二松學舍大、日本大、明海大、流通経済大、麗澤大他

[トピックス]

・昭和 55 年創立。校訓は「まこと（真理・真事・真言）をつくせ　自己の限界に挑戦せよ　良き国際人となれ」。
・**国際交流**に力を入れており、オーストラリアのタウンズビル高校と姉妹校の関係にあり、本校生の派遣とタウンズビル校生の受け入れを交互に行っている。

・全校で**ボランティア活動**に取り組んでいる。通学路のボランティア清掃や旭町小学校と協働して花苗の植栽活動などを実施している。
・平成 27 年度に**冷房設備**を導入。
・近隣の小学生や中学生に勉強を教える学習ボランティアを実施。

[学校見学]（令和 5 年度実施内容）

★1 日体験入学　8 月 1 回
★学校説明会　10・11 月各 1 回
★天馬祭文化の部　9 月　見学可
★学校見学は随時可（要連絡）

入試！インフォメーション

受検状況	年　度	学科名	募集定員	募集人員	志願者数	受検者数	倍　率	入学許可候補者数
	R6	普　通	320	320	369	365	1.14	320
	R5	普　通	320	320	374	373	1.17	320
	R4	普　通	320	320	299	296	0.93	297

千葉県
公　立
高校

学校ガイド

＜全日制　第３学区＞

・第３学区のエリアに含まれる、専門学科や総合学科を
　設置する高校も、紹介しています。
・学校を紹介したページの探し方については、２ページ
　「この本の使い方＜知りたい学校の探し方＞」を参照し
　てください。

県立 鎌ケ谷 <ruby>鎌ケ谷<rt>かまがや</rt></ruby> 高等学校

https://cms1.chiba-c.ed.jp/kamagaya-h/

〒273-0115　鎌ケ谷市東道野辺1-4-1
☎ 047-444-2171
交通　東武線鎌ケ谷駅　徒歩10分
　　　新京成線鎌ケ谷大仏駅・初富駅　徒歩22分

普通科

共　学

制　服　あり

[カリキュラム]　◇三学期制◇

・1・2年生は週31時間、3年生は週30時間の授業を行う。
・2年生でゆるやかな文理分けが行われる。
・3年生で**文系**と**理系**に分かれ、理系はさらに「数学研究A・B」を履修するコースと「数学Ⅲ・C」を履修するコースに分かれる。また、いずれのコースでも3科目6単位分の選択科目が用意されている。

[部活動]

・約9割が参加。
・多くの運動部が県大会に出場している。文化部では、**百人一首かるた部**が全国レベルの成果を上げている。
・最近の主な実績は以下のとおり。
<令和5年度>
　放送部がNHK杯全国高校放送コンテスト全国大会に出場した。**百人一首かるた部**が春季県大会の団体戦県ベスト4、全国高校総合文化祭の個人戦出場などの成績を収めた。**陸上競技部**が関東新人大会に女子三段跳で出場し、**ハンドボール部**女子が県総体で県ベスト8となった。
<令和4年度>
　放送部がNHK杯全国高校放送コンテストで準決勝に進出した。**百人一首かるた部**が全国高校文化祭に県代表メンバーとして出場した。**陸上競技部**が県総体の男子円盤投で県3位となった。
<令和3年度>
　テニス部が女子シングルスでインターハイに出場し、**百人一首かるた部**が全国高校総合文化祭に出場した。
★設置部（※は同好会など）

野球、サッカー、バレーボール（男女）、バドミントン（男女）、バスケットボール（男女）、剣道、ソフトテニス（男女）、陸上競技（男女）、ラグビー、ハンドボール（男女）、卓球（男女）、ソフトボール、硬式テニス（男女）、水泳、合唱、ダンス、軽音楽、美術、電子工学、吹奏楽、地学、理学、料理研究、写真、放送、書道、百人一首かるた、※茶道、※華道、※邦楽、※ボランティア、※漫画研究

[行　事]

文化祭が本校最大のイベント。3年全クラスが教室を劇場にして演劇を上演する。非常にクオリティーの高い文化祭である。

4月	芸術鑑賞会（3年）、校外オリエンテーション（1年、イバライドなど）
5月	球技祭
9月	鎌高祭（体育の部、文化の部）
10月	修学旅行（2年、沖縄など）
3月	球技祭

[進　路]　（令和5年3月）

校外模試や**校内模試、大学模擬授業**などを実施。全学年を対象とした進学のための通年や夏季の**実力養成講座**も行っている。

★卒業生の進路状況
　<卒業生321名>
　大学291名、短大4名、専門学校11名、就職3名、その他12名

★卒業生の主な合格実績
　北海道大、茨城大、埼玉大、千葉大、東京海洋大、千葉県立保健医療大、名古屋市立大、早稲田大、青山学院大、学習院大、上智大、中央大、東京理科大、法政大、明治大、立教大

♣指定校推薦枠のある大学・短大など♣
　青山学院大、学習院大、成城大、中央大、東京理科大、獨協大、法政大、武蔵大、明治大、明治学院大、立教大　他

[トピックス]

・学校は緑に囲まれ、学習や運動にふさわしい環境に恵まれている。生徒は学習や行事、部活動などに積極的に取組み、たくさんの友人とともに明るくのびのびと学校生活を送っている。
・大災害発生時、学校に3日間滞在できるようにするための**備蓄倉庫**を設置している。
・普通教室全室ならびに特別教室にも個別調整可能な**冷房**を完備している。
・体育館・格技場・プールなどの体育施設が充実している。

[学校見学]　（令和5年度実施内容）

★学校説明会　8月2回
★鎌高祭文化の部　9月　見学可
★学校見学は随時可（要連絡）

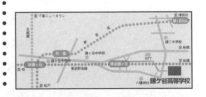

入試！インフォメーション

受検状況	年　度	学科名	募集定員	募集人員	志願者数	受検者数	倍　率	入学許可候補者数
	R6	普　通	320	320	459	457	1.43	320
	R5	普　通	320	320	423	419	1.31	320
	R4	普　通	320	320	436	434	1.36	320

県立 **鎌ケ谷西** 高等学校
（かまがやにし）

https://cms1.chiba-c.ed.jp/kamagaya-west/

☎ 273-0121　鎌ケ谷市初富284-7
☎ 047-446-0051
交通　新京成線・東武線・北総線新鎌ケ谷駅　徒歩18分
　　　東武線六実駅、新京成線元山駅　徒歩15分
　　　新京成線くぬぎ山駅　徒歩20分

普通科

共学

制服　あり

[カリキュラム]◇三学期制◇

・1年は芸術選択、2年はさらに国語・数学・保育選択と理科選択がある。
・3年は文系・理系・保育選択、理科選択に加えて7単位（3科目）の**選択科目**があり、多様な進路希望に対応している。
・1年の英語、家庭の他、選択科目を中心に**少人数制**を実施、きめ細やかな学習指導を行っている。
・1・2年で学ぶ学校独自科目「**ベーシックⅠ・Ⅱ**」でしっかりと基礎を固めながら、卒業後の進路をじっくりと考えさせる。3年では多様な選択科目で進路希望の実現をめざす。

<保育基礎コース>

・2、3年生に設置。
・「保育基礎」「保育実践」「保育課題研究」「保育表現活動」という9単位分（4科目）の**専門科目**を学ぶ。
・市内の保育園で**1日保育園実習**を実施する（3年生）。また、地域の子どもと触れ合うボランティアに参加する。
・高大連携協定（聖徳大・聖徳短大・敬愛短大）の下、**大学教員による講義**を受けることができる。
・**全国高校家庭科保育技術検定**の取得が可能。

[部活動]

・人数の少ない部もあるが、熱心に活動している。
・文化系では、**美術部、合唱部、書道部、科学部、料理部**などが、地域と連携した活動を実施している。
・最近の主な実績は以下のとおり。

<令和3年度>

男子バレーボール部が県総体で県5位に入賞し、**陸上競技部**が新人戦の女子7種競技で県6位に入賞した。

★設置部

硬式野球、陸上競技、硬式テニス、弓道、バレーボール、バドミントン、バスケットボール、剣道、サッカー、ソフトテニス、卓球、美術、アニメーション研究、演劇、英語、吹奏楽、科学、書道、茶道、軽音楽、料理、合唱

[行事]

5月　校外学習
9月　蜂窩（ほうか）祭（文化の部）
10月　蜂窩祭（体育の部）、芸術鑑賞会
11月　修学旅行（2年）

[進路]（令和5年3月）

・1年次には、大学や専門学校による**校内模擬授業**、2年次には**インターンシップ**や大学、専門学校、企業の**見学会**を実施。
・長期休業を中心として**進学補講**を実施、学力向上と進路実現をめざす。

★卒業生の進路状況（令和4年3月）

<卒業生187名>
大学36名、短大1名、専門学校63名、就職78名、その他9名

★卒業生の主な進学先

大妻女子大、神田外語大、国士舘大、淑徳大、拓殖大、千葉工業大、千葉商科大、東京医療保健大、東京情報大、東京理科大、東都医療大、二松學舎大、日本大、日本工業大、法政大、流通経済大、麗澤大

♣指定校推薦枠のある大学・短大など♣

拓殖大、千葉工業大、東京電機大、日本大、大妻女子大、聖徳大、二松學舎大、立正大　他

[トピックス]

・第2学年家庭科の授業で乳幼児とふれあう**育児体験**を実施。
・地域と共に歩んでいく学校づくりをめざし、通学路清掃を中心とした「**クリーンロード大作戦**」を展開。
・難民に子供服を送る「**届けよう、服のチカラ**」プロジェクトを、近隣の小中学校と協力して実施。
・「**ユネスコスクール**」に加盟し、SDGsフォーラムで本校生徒の実践を報告。
・令和5年度に**新制服**となった。
・令和6年度入学生から**保育基礎コース**が設置された。

[学校見学]（令和5年度実施内容）

★学校説明会　7・10月各1回
★蜂窩祭文化の部　9月　限定公開
★学校見学は随時可（要連絡）

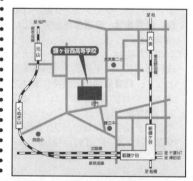

入試！インフォメーション

受検状況	年度	学科名	募集定員	募集人員	志願者数	受検者数	倍率	入学許可候補者数
	R6	普通	200	200	142	141	0.71	142
	R5	普通	200	200	135	135	0.68	134
	R4	普通	240	240	124	122	0.51	121

県立 **東葛飾** 高等学校
ひがし かつしか

普通科

共 学

制 服 なし

https://cms1.chiba-c.ed.jp/tohkatsu/

〒277-8570 柏市旭町3-2-1
☎ 04-7143-4271
交通 ＪＲ常磐線・東武線柏駅 徒歩8分

[カリキュラム] ◇二学期制◇

・1学年の5月に一般と医歯薬コースに分かれる。選抜条件は特に設定されていない。
・2学年からは**文コース、理コース、医歯薬コース**に分かれて学習する。
・3学年には3コースとも10単位分の**自由選択**が設けられるので、自分の進路に応じた学習をすることができる。
・総合的な探究の時間では1年間を通した自由研究を行い、研究論文を書く。
・「医歯薬コース」では将来の地域医療を担うための人材を育てている。医療従事者の適性を確認するための「医歯薬実践A」（1年）、実習中心の「医歯薬実践B」（2年）の他、「医歯薬研究」（1〜3年）では医療現場についての学習やテーマ研究、医療系大学進学のための進路講座などが開かれる。

[部活動]

・約8割が参加。
・最近の主な実績は以下のとおり。
＜令和5年度＞
　理科部が科学の甲子園で全国6位となったほか、**フェンシング部、将棋部、軽音楽部、書道部**が全国大会に出場した。
＜令和4年度＞
　理科部が科学の甲子園で全国準優勝となり、**軽音楽部**が全国軽音楽コンテストで奨励賞（4位相当）を受賞し、**地学部**が国際地学オリンピックで銀メダルを獲得した。**フェンシング部**がインターハイに出場した。

★設置部

硬式野球、陸上競技、バスケットボール、卓球、バレーボール、ソフトテニス、剣道、山岳、フェンシング、水球、弓道、サッカー、ハンドボール、バドミントン、硬式テニス、ダンス、アメリカンフットボール、理科、生物、美術、音楽、吹奏楽、軽音楽、書道、文学、将棋、英語、地学、演劇、茶道、写真、新聞、放送、ＪＲＣ、ファンタジィ、鉄道研究、弦楽、家庭科、かるた、クイズ

[行 事]

・学校の名物といわれる**合唱祭・スポーツ祭・文化祭**の三大祭は、全て生徒が自主的に運営し盛り上げる。
・この他、校外学習、修学旅行（2年）、芸術鑑賞会、自由研究発表会などを実施。

[進 路]（令和5年3月）

・ほぼ全員が進学を希望し、各生徒が希望する進路の実現のために、真剣に学習に取り組んでいる。
・夏休みの「進路の日」に大学生を招いて大学生活を語ってもらうなど、進路実現に向けて様々な取り組みがなされている。
・約50席の**自習室**（冷暖房完備）やＡラーニングスペースがある。
・東葛リベラルアーツ講座として、「指定国府」「栢市北部歴史散歩」など、大学などと連携した教養講座を放課後や週末に60講座以上開いている。

★卒業生の進路状況

＜卒業生316名＞
大学273名、短大0名、専門学校1名、就職0名、その他42名

★卒業生の主な進学先

東京大、京都大、北海道大（医）、東北大、名古屋大（医）、大阪大、九州大、お茶の水女子大、埼玉大、千葉大、筑波大（医）、東京外国語大、東京工業大、一橋大、横浜国立大、宮崎大（医）、防衛医科大学校、早稲田大、慶應義塾大、上智大、東京理科大

♣指定校推薦枠のある大学・短大など♣

早稲田大、慶應義塾大、学習院大、北里大、津田塾大、明治大 他

[トピックス]

・大正13年に旧制葛飾中学校として創立された伝統校。「**自主自律**」を「**校是**」とする。
・平成19年度より、**進学指導重点校**の指定を、27年度より**中高一貫教育重点校**の指定を受けている。
・平成26年度より「**医歯薬コース**」を設置。28年度には、6年間一貫教育を行う「**県立東葛飾中学校**」を併設し、併設型中高一貫教育校となった。

[学校見学]（令和5年度実施内容）

★学校説明会 8月1回
★ミニ学校説明会 8月2回

入試！インフォメーション

受検状況	年度	学科名	募集定員	募集人員	志願者数	受検者数	倍率	入学許可候補者数
	R6	普通	320	240	466	447	1.86	241
	R5	普通	320	240	480	470	1.96	240
	R4	普通	320	240	447	434	1.81	240

※東葛飾高校の募集人員は、募集定員から併設型中学校からの進学者および入学確約書提出者数を減じた人数。

県立 柏 高等学校
（かしわ）

https://cms1.chiba-c.ed.jp/kashiwa-h/

☎ 277-0825　柏市布施254
☎ 04-7131-0013
交通　ＪＲ常磐線北柏駅　自転車10分または徒歩25分またはバス

普通科
理数科

共学

制服　あり

[カリキュラム]◇三学期制◇

★普通科
・1～2年次は、全員ほぼ同じ科目を履修し、国・数・英を柱とした各教科の基礎・基本を充実させる。3年次には理系・文系に分かれ、生徒一人ひとりの興味や適性、進路希望に応じるため、多様な選択科目を設置。
・総合的な探究の時間では意見伝達力を育てるため班別発表やプレゼンテーションを行っている。

★理数科
・東葛飾地区で唯一の理数科として、自然科学への興味、関心を育て、レベルの高い専門科目を学ぶ。
・自然の見方や自然とのかかわり方などについて基礎・基本から学習し、実験や観察など様々な体験的学習をとおして自然科学を探究する。
・1年次は天津小湊で、また、修学旅行の一部の旅程で、理科の実験を中心とした野外宿泊実習を行う。
・学校設定科目「理数探究基礎」「理数探究」では科学の課題研究に取り組み、校内や他校との合同発表会や論文展への応募などを行う。
・自然科学分野に対する総合力を養うため、物理・化学・生物・地学の理科4科目全てを履修する。

[部活動]
・最近の主な実績は以下のとおり。
＜令和5年度＞
書道部が全国高校総合文化祭に、陸上競技部と水泳部が関東大会に出場した。吹奏楽部が県吹奏楽コンクールB部門金賞・本選出場、バドミントン部が県総体女子団体5位などの成績を収めた。

★設置部（※は同好会）
弓道、剣道、硬式テニス、サッカー、水泳、卓球、ソフトテニス、ソフトボール、バドミントン、バレーボール、ハンドボール、バスケットボール、野球、ラグビー、陸上競技、演劇、化学、合唱、クイズ、軽音楽、茶道、写真、将棋、書道、吹奏楽、ダンス、電子工学、天文、美術、文芸、漫画、※数学研究、※生物、※動画制作、※ハンドメイド

[行　事]
・行事は生徒主体で盛大に行われる。
合唱コンクールは保護者も数百名見学に来るほどの一大行事。
・その他にも日本科学未来館研修（1年）、運動祭、小学校算数教室指導体験、黎明祭、体育祭、修学旅行、ロードレース大会などを実施。

[進　路]（令和5年3月）
・年間100講座以上の進学対策講座やスタディサプリの導入により、生徒の学習意欲を高める。
・進路指導に資するべく、公開模試を各学年の年間予定に組み入れている。
・将来をより具体的に考える機会として、弁護士やメジャーリーグの審判など、各分野で活躍する卒業生による「柏葉探究セミナー」を実施。
・高大連携事業として、千葉大、東京理科大、麗澤大で講義の受講が可能。
・高い現役合格率を誇る。
★卒業生の進路状況
＜卒業生312名＞
大学275名、短大0名、専門学校6名、就職0名、その他31名
★卒業生の主な進学先

東京大、東北大、名古屋大、大阪大、お茶の水女子大、埼玉大、千葉大、筑波大、電気通信大、東京医科歯科大、東京海洋大、東京学芸大、東京工業大、東京農工大、海上保安大学校、防衛大学校、早稲田大、慶應義塾大、上智大、東京理科大
♣指定校推薦枠のある大学・短大など♣
早稲田大、青山学院大、学習院大、上智大、中央大、東京理科大、法政大、明治大、立教大　他

[トピックス]
・「勉学」「部活動」「学校行事」すべてに全力で取り組むことを目標としている。
・全館にエアコンを設置。
・食堂・冷暖房・入浴所などを備えたセミナーハウス「どんぐり館」があり、合宿などに使われている。
・千葉県教育委員会の進学指導重点校に指定されている。
・平成16年度の第1期指定に始まり、3期15年間にわたり文部科学省のスーパーサイエンスハイスクール（ＳＳＨ）に指定されていた。

[学校見学]（令和5年度実施内容）
★中学生理科実験教室　8月1回
★学校見学会　8・10月各1回
★黎明祭　9月　見学可
★学校見学は随時可（要電話予約）

入試！インフォメーション

受検状況	年度	学科名	募集定員	募集人員	志願者数	受検者数	倍率	入学許可候補者数
	R6	普通	280	280	360	354	1.26	280
		理数	40	40	65	63	1.58	40
	R5	普通	280	280	370	367	1.31	280
		理数	40	40	46	44	1.10	40

県立 柏南 高等学校
かしわ みなみ

https://cms1.chiba-c.ed.jp/kashiwaminami/

☎ 277-0033　柏市増尾 1705
☎ 04-7173-2101
交通　東武線新柏駅　徒歩 15 分
　　　東武線増尾駅　徒歩 13 分

普通科

共 学

制 服　あり

[カリキュラム]　◇二学期制◇
・1 年次は芸術科目以外は全員共通の科目を履修。基礎学力の充実を図る。
・2 年次からは**文系**と**理系**に分かれ、3 年次には選択科目が大幅に増える。

[部活動]
・約 8 割が参加。各部共、文武両道を目指して活発に活動している。
・**陸上競技部**と**水泳部**は関東大会や全国大会に出場の実績がある。文化系では**吹奏楽部**、**写真部**、**書道部**などが関東大会や全国大会に出場するなど活躍している。
・最近の主な実績は以下のとおり。
＜令和 5 年度＞
陸上競技部が関東大会に女子 5000m 競歩と女子走幅跳で出場し、関東選手権に女子 10000m（関東 3 位）と女子 400m ハードルで出場した。**水泳部**は関東大会に 100m 平泳ぎと 200m 個人メドレーで出場した。**コンピューター部**放送班は N H K 杯全国高校放送コンテストに 3 部門で出場し、ラジオドキュメント部門で創作奨励賞を受賞した。
＜令和 4 年度＞
陸上競技部が関東大会に男子 110m ハードルと男子 400m ハードルで出場した。**水泳部**が関東大会に男子 200m 平泳ぎと女子 400m 個人メドレーで出場した。**コンピューター部**放送班は N H K 杯全国高校放送コンテストに朗読部門とアナウンス部門で出場した。
★設置部
野球、卓球、サッカー、陸上、バレーボール（男女）、水泳、バドミントン（男女）、柔道、硬式テニス（男女）、剣道、ソフトテニス、バスケットボール（男女）、山岳、茶道、演劇、写真、理科、合唱、吹奏楽、書道、美術、家庭科、Y・V・S（ボランティア）、軽音楽、イラスト文芸、将棋、コンピュータ、クイズ研究

[行　事]
球技祭、**スポーツ祭**、**文化祭**などの行事が充実している。
4 月	校外学習
6 月	球技祭、芸術鑑賞会
9 月	かたくり祭（文化の部、スポーツの部）
11 月	修学旅行（2 年、沖縄など）
1 月	百人一首大会（1・2 年）
3 月	球技祭（1・2 年）

[進　路]（令和 5 年 3 月）
・生徒の 99％が進学希望のため、**課外授業、学力テスト、校外模試、大学の模擬授業**などを実施。学習指導や進路指導に力を入れている。
・就職希望者には**適性検査、模擬面接、就職公務員模試**などを実施。
★卒業生の進路状況
＜卒業生 358 名＞
大学 334 名、短大 3 名、専門学校 5 名、就職 2 名、その他 14 名
★卒業生の主な進学先
九州大、茨城大、埼玉大、千葉大、筑波大、電気通信大、東京学芸大、東京工業大、千葉県立保健医療大、横浜市立大、早稲田大、慶應義塾大、青山学院大、学習院大、上智大、中央大、東京理科大、法政大、明治大、立教大
♣指定校推薦枠のある大学・短大など♣
学習院大、中央大、東京理科大、法政大、明治大、大妻女子大、学習院女子大、神田外語大、杏林大、工学院大、國學院大、駒澤大、芝浦工業大、成蹊大、成城大、専修大、東京経済大、東京電機大、東邦大、東洋大、獨協大、日本大、武蔵大　他

[トピックス]
・平成 28 年度から**オーストラリア短期留学**（希望者）を開始した。
・令和 3 年度にはコロナ禍によるオーストリア短期留学の中止を受けて**エンパワーメントプログラム**を実施。東京大学や東京医科歯科大学などの留学生と英語でディスカッションなどを行った。令和 4 年度は**イングリッシュ・キャンプ**（通学型）を行った。令和 5 年度は**「まちなか留学」**（日本在住の外国人宅へのホームステイ）に希望者が参加した。

[学校見学]（令和 5 年度実施内容）
★学校見学会　8 月 4 回
★学校見学は随時可（要連絡）

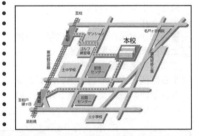

入試！インフォメーション

受検状況	年 度	学科名	募集定員	募集人員	志願者数	受検者数	倍 率	入学許可候補者数
	R6	普　通	360	360	551	543	1.51	360
	R5	普　通	360	360	516	515	1.43	360
	R4	普　通	360	360	530	527	1.46	360

県立 柏陵（はくりょう）高等学校

https://cms2.chiba-c.ed.jp/hakuryo/htdocs/

☎ 277-0042　柏市逆井 444-1
☎ 04-7174-8551
交通　東武線逆井駅　徒歩20分
　　　新京成線五香駅、ＪＲ常磐線南柏駅　バス

普通科

共　学	
制　服	あり

[カリキュラム] ◇三学期制◇

・1・2年次は、芸術科目および2年次の古典総合と数学Bの選択を除いて、全員が同じ科目を学習する。
・3年次は、**文系・理系**に分かれて学習する。文系は5単位、理系は最大4単位の**選択科目**が設置され、希望する進路に応じた学習を行うことができる。
・英語と数学では**習熟度別**や**小人数**の授業を実施する。

[部活動]

・約7割が参加。
・フェンシング部は全国大会や関東大会の常連で、インターハイで全国優勝した実績を誇る。年代別世界選手権代表を輩出したこともある。
・最近の主な実績は以下のとおり。
<令和5年度>
フェンシング部がインターハイに女子団体と個人3種目で出場し男子個人対抗エペ全国6位、ダンス部が全国高校ダンスドリル選手権大会HIPHOP男女混成部門準優勝、日本高校ダンス部選手権全国大会出場、**書道部**が高校生国際美術展書の部佳作、**写真部**が県展で千葉県写真連盟優秀賞・千葉市教育長賞などの成績を収めた。
<令和4年度>

フェンシング部がインターハイに個人・団体（男女とも）で出場した。
ダンス部が日本高校ダンス部選手権全国大会に出場した。

★設置部（※は同好会）

剣道、硬式テニス、硬式野球、サッカー、柔道、ソフトボール（女）、ハンドボール、バスケットボール、バドミントン、バレーボール（女）、フェンシング、陸上競技、ダンス、軽音楽、吹奏楽、演劇、写真、書道、美術、茶道、華道、※合唱、※イラスト・漫画、※将棋

[行　事]

5月　校外学習、球技祭
9月　柏陵祭（文化祭、体育祭）
11月　修学旅行、芸術鑑賞会

[進　路]（令和5年3月）

・進路指導では、**分野別ガイダンス、模擬授業、上級学校見学、社会人・卒業生講話**、3年生の**面接指導**などを実施し、主体的に自らの進路を考え、将来を切り拓いていく力を養う。
・進学を念頭に入れた英語指導に力を注いでおり、全生徒の**英検準2級以上**の取得をめざす。
・**公務員講座**や**看護体験**を通年で、また**進学補習**を夏季に実施している。

★卒業生の進路状況

<卒業生344名>
大学171名、短大12名、専門学校135名、就職14名、その他12名

★卒業生の主な進学先

江戸川大、神田外語大、国士舘大、秀明大、淑徳大、城西国際大、聖徳大、拓殖大、千葉経済大、千葉工業大、千葉商科大、中央学院大、帝京大、帝京平成大、東京情報大、東京電機大、東洋大、獨協大、日本大、法政大、明海大、目白大、麗澤大、和洋女子大

♣指定校推薦枠のある大学・短大など♣

大妻女子大、国士舘大、駒澤大、千葉工業大、東京電機大、東京農業大、東邦大、東洋大、獨協大、二松學舍大、日本大、法政大、武蔵野大、立正大　他

[トピックス]

・全教室に**冷房**を設置。
・進学補習、各種検定試験や模擬試験などを充実させ、それぞれの個に応じた進路指導とその実現に向けた学習指導を推進している。
・部・同好会、学校行事の取り組みがとても盛んで活気に満ちている。進路指導では放課後や長期休業中の進学補習をはじめ、**看護体験**、保育園での**インターンシップ**も実施している。

[学校見学]（令和5年度実施内容）

★学校説明会　8月2回、10月1回
★文化祭　9月　見学可
★学校見学は随時可（要連絡）

入試！インフォメーション

受検状況	年　度	学科名	募集定員	募集人員	志願者数	受検者数	倍　率	入学許可候補者数
	R6	普　通	320	320	409	407	1.27	320
	R5	普　通	320	320	367	366	1.14	320
	R4	普　通	320	320	328	321	1.00	320

県立 柏の葉 高等学校
かしわ は

https://cms1.chiba-c.ed.jp/kashiwanoha/htdocs/

〒277-0882　柏市柏の葉6-1
☎ 04-7132-7521
交通　つくばエクスプレス柏の葉キャンパス駅　徒歩12分
　　　ＪＲ常磐線・東武アーバンパークライン柏駅　バス

普通科
情報理数科

| 共 学 |

| 制 服 | あり |

[カリキュラム] ◇三学期制◇

・普通科は興味・関心・進路に応じた幅広い学力の育成を、情報理数科は21世紀の社会をリードできる人材の育成をめざす。
・英語検定に力を入れている。

★普通科

・1年次では芸術を除き全員が共通の科目を学習する。
・2年次では理科や数学・国語の一部が選択制となる。2年次までに基礎的な内容はもちろん発展的な内容まで学習するカリキュラムとなっている。
・3年次からは**文系・理系**に分かれて学習する。選択科目も設けられ、興味・関心・進路に応じた学習をすることが可能になる。

★情報理数科

・高校3年間だけでなく、大学での4年間を見据えた学力や情報活用力などを養成するためのカリキュラムを展開。
・情報の専門科目では課題解決型の授業やゼミ形式の授業を実施。問題分析力・解析力を養う。
・**専門科目**として、生徒自ら課題を設定して研究を行う「課題研究」などがあり、効果的に学習を進めていく。他に「情報産業と社会」「情報実習」「情報の表現と管理」などの特色ある情報科目が用意されている。
・ロボットの設計・製作を行うロボット講座など、**大学との連携授業**を受講することができる。
・独自の校外学習、夏期セミナーなどを通して徹底した学力向上支援が行われる。

・秋に**研究発表会**を行い、日頃の取組みの成果を発表している。
・県内の高校で唯一**基本情報技術者試験**（国家試験）の**A試験免除制度**がある。

[部活動]

・約8割が参加。

★設置部（※は同好会）

野球、サッカー（男女）、硬式テニス（男女）、バスケットボール（男女）、バレーボール（男女）、バドミントン、陸上競技、卓球、剣道、ダンス、体操、華道、文芸、理科、英語研究、家庭科研究、美術、書道、吹奏楽、軽音楽、JRC、写真、漫画研究、演劇、将棋、ボードゲーム、※コンピュータ、※社会科研究

[行 事]

5月　校外学習
9月　双葉祭（文化祭・体育祭）
11月　修学旅行（2年）、情報理数科研究発表会
2月　持久走大会

[進 路] (令和5年3月)

・補習や補講はきめ細かく実施。
・全学年で**キャリアガイダンス**を行う。
・1・2年生では**分野別説明会**を実施。
・夏休みにキャリア教育の一環として、保育士・幼稚園教諭志望の生徒を対象とした**インターンシップ**を行ったり、地元小学校で本校生徒が**算数アシスタントティーチャー**を務めたりしている。

★卒業生の進路状況

＜卒業生276名＞
大学211名、短大4名、専門学校44名、就職4名、その他13名

★卒業生の主な進学先

茨城大、静岡大、名桜大、千葉県立保健医療大、早稲田大、青山学院大、学習院大、國學院大、駒澤大、成蹊大、成城大、専修大、中央大、東京理科大、東洋大、獨協大、日本大、法政大、武蔵大、明治大、明治学院大、立教大

[トピックス]

情報理数科があるため**情報専門の教員**が多く、普通科の生徒もレベルの高い情報の授業が受けられる。また、**コンピュータ室**も普通科用と情報理数科用の2部屋が設けられている。

[学校見学] (令和5年度実施内容)

★夏季学校説明会　7月2回
★部活動見学会　10月1回
★個別の学校見学は原則受け付けていない。部活動の見学は随時可（要連絡）

入試！インフォメーション

受検状況	年 度	学科名	募集定員	募集人員	志願者数	受検者数	倍 率	入学許可候補者数
	R6	普 通	240	240	355	352	1.47	240
		情報理数	40	40	65	57	1.43	40
	R5	普 通	280	280	486	480	1.71	280
		情報理数	40	40	59	54	1.35	40

県立 柏中央 高等学校
かしわ ちゅう おう

https://cms1.kashiwachuo.ed.jp

普通科

共　学
制　服　あり

☏ 277-0835　柏市松ヶ崎884-1
☎ 04-7133-3141
交通　ＪＲ常磐線柏駅・東部アーバンパークライン柏駅　徒歩25分またはバス

[カリキュラム]　◇三学期制◇
・1・2年次は、全員ほぼ同じ科目を履修し、基礎学力を定着させる。
・3年次からは、**文系・理系**の2コースに分かれて学習する。**文系**では国語・地理歴史などを、**理系**では数学・理科を多く学ぶ。また、**選択科目**が充実しており、それぞれの興味・関心や進路希望にあう科目を学習することが可能。

[部活動]
・約8割が参加。
・**放送部・科学部・陸上競技部**が全国大会レベルで活躍している。
・最近の主な実績は以下のとおり。
<令和5年度>
　放送部がNHK杯全国高校放送コンテストと全国高校総合文化祭に出場し、**吹奏楽部**が東関東大会に出場した。**男子ソフトテニス部**が団体戦で関東予選県5位、県総体県ベスト8となり、**陸上競技部**が新人戦の女子混成競技で県4位となった。
<令和4年度>
　放送部がNHK杯全国高校放送コンテスト全国大会と全国高校総合文化祭に出場した。**陸上競技部**は2種目で関東大会に出場した。
<令和3年度>
　インターハイに**弓道部**（個人戦）、関東大会には**陸上競技部**（2種目）が出場した。全国高校総合文化祭に**科学部**と**放送部**が出場した。
★設置部
　剣道、サッカー、柔道、ソフトテニス、ソフトボール、卓球、バスケットボール、バドミントン、バレーボール、野球、ラグビー、陸上競技、弓道、演劇、科学、茶道、写真、書道、吹奏楽、美術工芸、文芸、華道、クッキング、コンピュータ、ダンス、放送

[行　事]
5月	スポーツ大会、校外学習
7月	インターンシップ（1年）
9月	柏王祭（文化の部、体育の部）
11月	修学旅行（2年）
3月	予餞会

[進　路]（令和5年3月）
・1年次から**インターンシップ**や校外**模試**を実施するなど、早い段階から進路指導を行っている。
・放課後や長期休業中の**補習**（柏王ゼミ）や駿台予備学校の**DVD講座**を朝に実施している。
・進路決定率は**約90%**で安定している。
★卒業生の進路状況
　<卒業生351名>
　大学262名、短大2名、専門学校27名、就職1名、その他59名
★卒業生の主な合格実績
　埼玉大、千葉大、北見工業大、金沢大、琉球大、都留文科大、防衛大学校、早稲田大、青山学院大、学習院大、國學院大、駒澤大、成城大、専修大、中央大、東京理科大、東洋大、獨協大、日本大、法政大、武蔵大、明治大、明治学院大、立教大
♣指定校推薦枠のある大学・短大など♣
　早稲田大、東京理科大、学習院大、法政大、中央大、成城大、明治学院大、武蔵大、日本大、東洋大、駒澤大、芝浦工業大、獨協大、神田外語大、女子栄養大、東京家政大　他

[トピックス]
・グローバル社会や少子化等の社会の変化に強く生き抜くことのできる**知徳体のバランスのとれた全人教育**を推進し、個性を生かした自己実現が図れる学校をめざしている。
・**インターンシップ**により、保育、介護、小学校、県立図書館、病院等の就業体験を実施。
・学校で**実用英語技能検定・合格講座**を受けることができる。
・令和3年度に**制服**をリニューアル。

[学校見学]（令和5年度実施内容）
★一日体験入学　8月2回
★学校説明会　10月1回
★柏王祭文化の部　9月　見学可
★学校見学は随時可（要連絡）

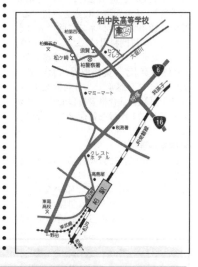

入試！インフォメーション

受検状況	年度	学科名	募集定員	募集人員	志願者数	受検者数	倍率	入学許可候補者数
	R6	普通	320	320	425	418	1.31	320
	R5	普通	320	320	370	367	1.15	320
	R4	普通	320	320	436	432	1.35	320

93

県立 **流山** 高等学校
（ながれやま）

園芸科
商業科
情報処理科

https://cms1.chiba-c.ed.jp/nagareyama/

〒270-0114　流山市東初石2-98
☎ 04-7153-3161
交通　東武線初石駅　徒歩10分

共学

制服　あり

[カリキュラム] ◇三学期制◇

★園芸科

1年次は共通のカリキュラムと畑の栽培管理から、作物栽培の基礎的知識・技術の習得をめざす。2年次よりコース別に学習する。

＜園芸コース＞

「野菜」「草花」「果樹」「造園」の専攻別に、作物の栽培管理・生産から販売までを実習で学ぶ。また、先端技術のバイオテクノロジーやコンピュータの活用について学ぶ。

＜生活科学コース＞

「食品加工」「フラワーデザイン」「生物活用」を専攻別に学び、豊かで文化的な生活を作り出す知識や技術の習得をめざす。そして6次産業への実践学習を課題に取り組む。また、家庭科科目の「ファッション造形基礎」「フードデザイン」等の学習もできる。

★商業科

ビジネス基礎、マーケティング、会計、情報処理、経済などについて幅広く学習し、その知識や技術を習得する。社会に通用するビジネスに強い人材を育成する。**専門科目**は「ビジネス基礎」「マーケティング」「簿記」「財務会計」「原価計算」等。**資格取得**において千葉県トップレベルで、日商簿記1級、税理士試験科目合格者をはじめ、クラスの半数以上が日商簿記2級に合格している。

★情報処理科

ICT・情報化社会に対応する技術者を育成するため、情報処理に関する基礎・基本から応用まで「確かな学力」を養成する。プログラム言語のJAVAやデータベースのSQL言語を学習し、Webデザインやシステム開発についても学習する。**専門科目**は「ビジネス法規」「プログラミング」「財務会計」「ネットワーク管理」等。**資格取得**ではITパスポート、基本情報処理試験などの国家資格に数多くの合格者を出している。

[部活動]

・最近の主な実績は以下のとおり。

＜令和4年度＞

簿記部が全国大会に出場し（7年連続）、**陸上競技部**が男子やり投で関東新人大会4位となった。**ボクシング部**が全日本女子ジュニア選手権大会に出場した。

＜令和3年度＞

簿記部が全国大会に出場、**ボクシング部**が関東大会に出場した。

★設置部

野球、ボクシング、陸上、バスケットボール、バドミントン、剣道、テニス、バレーボール、合気道、卓球、サッカー、ソフトボール、ブラスバンド、演劇、情報処理、書道、華道、茶道、草花園芸、イラスト、珠算簿記、写真、食品加工、勉強資格

[行事]

校外学習、球技祭、体育祭、流高祭（文化祭）、修学旅行（2年・台湾）などの行事を実施する。

[進路] （令和5年3月）

・取得できる資格は多く、1人平均5.6個の資格取得と合格率は高い。園芸科では、**介護職員初任者研修**や**危険物取扱者**の資格も取得可能。

・専門学校講師による**高度資格取得講座**を実施。

・**商業科・情報処理科**では、ITパスポート、日商簿記などに実績がある。高度資格取得を利用して、MARCHクラスの大学進学や専門学校への学費免除制度で進学実績を上げている。

・就職希望者の進路先は多く、安定している。決定率はほぼ100％である。

★卒業生の進路状況

＜卒業生189名＞

大学55名、短大2名、専門学校77名、就職46名、その他9名

★卒業生の主な合格実績

滋賀大、高崎経済大、國學院大、駒澤大、専修大、中央大、獨協大、日本大、法政大、武蔵大

♣指定校推薦枠のある大学・短大など♣

駒澤大、専修大、日本大、武蔵大他

[トピックス]

・商業科では、社会人セミナーを実施。公認会計士の先生や流山市内で起業された方をよび、実践的な教育内容を実施している。

・農場の施設、設備を利用した、地域に密着した**学校開放講座**（ハーバリウム、ボクシング教室等）を実施。

・実習として、地域へ農産物を販売。

[学校見学] （令和5年度実施内容）

★体験入学　7・8・10月各1回
★学校説明会　12・1月各1回

入試！インフォメーション

受検状況	年度	学科名	募集定員	募集人員	志願者数	受検者数	倍率	入学許可候補者数
	R6	園芸	120	120	118	118	0.98	118
		商業・情報処理	80	80	77	77	0.96	77
	R5	園芸	120	120	109	109	0.91	109
		商業・情報処理	80	80	81	80	1.00	80

※商業科・情報処理科はくくり募集。

県立 流山おおたかの森 高等学校
（ながれやま）（もり）

https://cms2.chiba-c.ed.jp/n.otaka-h/

☏ 270-0122　流山市大畔 275-5
☎ 04-7154-3551
交通　東武線初石駅　徒歩 15 分
　　　東武線流山おおたかの森駅　徒歩 25 分またはバス 13 分

普通科
国際コミュニケーション科

| 共 学 |

| 制 服 | あり |

[カリキュラム] ◇三学期制◇
★普通科
・週31時間授業。国語・数学・英語の単位を増加し、確かな学力を習得する。
・3年次に文系・理系に分かれる。様々な進路・興味・関心に対応した、充実の選択科目が設置されている。
★国際コミュニケーション科
・千葉県指定「英語教育拠点校」として、英語のコミュニケーション能力向上をめざす独自のカリキュラムを組んでいる。また、専任のALT（2名常駐）との英会話を通して生きたコミュニケーション能力を養う。
・2年次に第二外国語（中国語Ⅰ・韓国語Ⅰ）を学習する。また全学年でディベートディスカッションの授業が設けられている。
・語学研修合宿やオーストラリア短期留学等、実体験で学習成果を確認。

[部活動]
・約7割が参加。
・アーチェリー部は全国大会や関東大会出場レベルの強豪。平成29・30年度に関東大会優勝の実績もある。
・最近の主な実績は以下のとおり。
＜令和5年度＞
　アーチェリー部が関東大会、インターハイ、特別国体、関東選抜大会に出場した。
＜令和4年度＞
　アーチェリー部が女子個人でインターハイや全国選抜大会、女子団体で関東大会に出場した。
★設置部（※は同好会）
アーチェリー、野球、サッカー、ラグビー、テニス、陸上競技、ハンドボール、バスケットボール、バレーボール、バドミントン、卓球、剣道、チアリーディング、演劇、茶道、書道、化学、自然研究、吹奏楽、アニメーション、合唱、コンピュータ、華道、写真、美術、アナウンス映像部、JRC、ESC、軽音楽、※かるた

[行 事]
4月　校外ホームルーム
5月　球技祭
9月　碧風祭（文化の部、体育の部）
11月　修学旅行、芸術鑑賞会

[進 路]（令和5年3月）
・3年間の「キャリア教育プログラム」で新たな自分を発見し、未知の資質・能力を向上させる。
・平日放課後に通年で進学補習を実施。
・夏期進学補講を実施。
・夏季休業中、希望者を対象にインターンシップを実施（2年）。
★卒業生の進路状況
＜卒業生352名＞
大学213名、短大5名、専門学校81名、就職7名、その他46名
★卒業生の主な進学先
静岡県立大、千葉県立保健医療大、亜細亜大、江戸川大、神田外語大、国士舘大、駒澤大、芝浦工業大、淑徳大、順天堂大、成城大、聖徳大、専修大、千葉経済大、千葉工業大、千葉商科大、中央学院大、帝京大、東海大、東京電機大、東邦大、東洋大、獨協大、日本大、法政大、明海大、明治大、明治学院大、流通経済大、麗澤大、和洋女子大

♣指定校推薦枠のある大学・短大など♣
神奈川大、工学院大、国士舘大、聖徳大、大正大、大東文化大、拓殖大、東京電機大、獨協大、東洋大、日本大、立正大　他

[トピックス]
・国際理解教育と進学指導に力を入れている。国際理解教育では麗澤大学や神田外語大学との交流などの行事を実施している。また、東京理科大学とも数学科の指導における連携協定を結んでいる。
・本校の特色ある英語教育がテレビや広報誌で紹介された。
・平成24年度、国際理解教育の実践により、ユネスコスクール加盟が承認された。

[学校見学]（令和5年度実施内容）
★学校説明会　8・11月各1回
★学校施設・部活動見学会　8月3日間（各日4回）
★碧風祭文化の部　9月　見学可

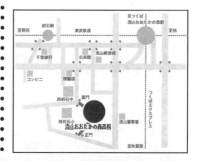

入試！インフォメーション

受検状況	年度	学科名	募集定員	募集人員	志願者数	受検者数	倍率	入学許可候補者数
	R6	普通	320	320	399	398	1.24	320
		国際コミュニケーション	40	40	61	60	1.50	40
	R5	普通	320	320	486	484	1.51	320
		国際コミュニケーション	40	40	58	58	1.45	40

県立 流山南 高等学校

ながれ　やま　みなみ

https://cms2.chiba-c.ed.jp/nagareyamaminami-h/

普通科

共　学

制　服　あり

〒270-0164　流山市流山 9-800-1
☎ 04-7159-1231
交通　流鉄流山線平和台駅　徒歩3分
　　　ＪＲ武蔵野線・つくばエクスプレス線南流山駅　徒歩15分
　　　ＪＲ常磐線松戸駅、東武線江戸川台駅　バス

[カリキュラム] ◇三学期制◇

・1年次から**教養コース**と**スポーツ健康コース**に分かれ、3年間同じコースで学習する。
・数学Ⅰ、英語コミュニケーションⅠ、情報Ⅰ、体育の授業は**少人数編成**できめ細かな指導を行っている。
・年間6回の校内テストを実施するなど、**漢字検定**の受検に力を入れている。卒業までに**3級以上**の取得が目標。全員が受検する。

＜教養コース＞

・普通教科を偏りなく学習する。
・選択科目により個性に応じた学習ができる。
・社会人としての基礎学力を身につける。
・3年次に**文系**と**理系**に分かれる。

＜スポーツ健康コース＞

・普通教科以外に、体育に関する科目を多く学習する。
・スポーツ活動推進のための基礎的な教養を身につける。
・**スキー**の実習を実施している。

[部活動]

・約7割が参加。**陸上競技部**は例年インターハイや関東大会に出場している。
・最近の主な実績は以下のとおり。
＜令和5年度＞
陸上競技部がインターハイに男子走幅跳と女子やり投で出場した。**相撲部**が関東大会で－80kg級3位と－100kg級5位の成績を収めた。
＜令和4年度＞
陸上競技部がインターハイに男子三段跳と女子やり投で出場し、関東高校駅伝に男子が出場した。**相撲部**が関東大会の－95kg級で3位となっ

た。

★設置部

野球、バスケットボール、バレーボール（女）、相撲、剣道、柔道、陸上競技、サッカー、ソフトテニス、弓道、バドミントン、卓球、理科、美術、吹奏楽、合唱、演劇、軽音楽、書道、華道、茶道、家庭科、囲碁将棋、漫画研究、ダンス

[行　事]

4月	校外学習
5月	球技大会
6月	文化部発表会
9月	流南祭（文化祭）
10月	体育祭
11月	修学旅行（2年）
1月	スキー実習（スポーツ健康コース1年）
2月	ロードレース大会、文化部発表会

[進　路] （令和5年3月）

・1・2年次に**進路説明会**や**職業人講話**を実施。
・3年次には、**分野別進路説明会**や**面接指導**を行う。

★卒業生の進路状況

＜卒業生295名＞
大学86名、短大9名、専門学校149名、就職33名、その他18名

★卒業生の主な進学先

亜細亜大、江戸川大、開智国際大、亀田医療大、国士館大、淑徳大、聖和大、大正大、拓殖大、千葉経済大、千葉工業大、千葉商科大、中央学院大、帝京科学大、東京農業大、東洋学園大、日本大、文京学院大、法政大、流通経済大、麗澤大、和洋女子大

♣指定校推薦枠のある大学・短大など♣

江戸川大、川村学園女子大、千葉経済大、千葉工業大、千葉商科大、中央学院大、東京家政学院大、東京工芸大、東京情報大、東京女子体育大、東京農業大、日本大、ものつくり大、流通経済大　他

[トピックス]

・昭和58年創立。部活動や生徒会活動が盛んで、活気に溢れる学校である。
・校訓は「**考然而飛**（こうねんじひ）」。
・社会人としての基礎を身につけるため、基本的な生活習慣や身だしなみなどの指導に力を入れている。
・普通教室に**エアコン**導入。

[学校見学] （令和5年度実施内容）

★学校説明会　8・11月各1回
★個別の学校見学　9・10・11月各1回
★学校見学は随時可（要連絡）

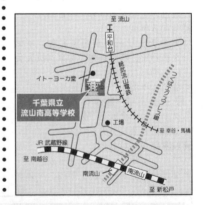

入試！インフォメーション

受検状況	年　度	学科名	募集定員	募集人員	志願者数	受検者数	倍　率	入学許可候補者数
	R6	普　通	280	280	269	268	0.96	268
	R5	普　通	280	280	283	282	1.01	280
	R4	普　通	320	320	240	233	0.73	234

県立 流山北 高等学校

ながれやまきた

普通科

https://cms2.chiba-c.ed.jp/nagareyamakita-h/

☎ 270-0116　流山市中野久木 7-1
☎ 04-7154-2100
交通　東武線江戸川台駅　徒歩 17 分またはバス

共　学
制　服　あり

[カリキュラム] ◇三学期制◇

- 1 年次に学び直しの授業「**基礎学習 I**」を設置する。また全学年毎朝10分間の帯授業「**基礎学習A**」により、基礎学力の定着と勉強に取り組む姿勢を育成する。
- 1 年次においては、特にきめ細かい指導をするために、**習熟度別授業**（数学・英語）、**ティームティーチング**（国語・社会・理科・体育・情報）、**少人数授業**（家庭・芸術）を取り入れている。少人数制授業や習熟度別授業は、2 年次以降も英語・数学を中心に取り入れている。
- 2 年次に「**物理基礎**」または「**生物基礎**」の選択を行い、3 年次に**文系・理系**に分かれる。

[部活動]

- 過去に弓道部とソフトテニス部が関東大会に出場している。バドミントン部・卓球部・陸上競技部が県大会に出場。**書道部**と**写真部**は多数のコンクールで入選しており、**書道部**は第61回記念伊勢神宮奉納書道展において伊勢神宮大宮司賞（全体第 4 位）を受賞した。

★設置部

ソフトテニス、卓球、野球、陸上競技、サッカー、バスケットボール、バドミントン、弓道、水泳、吹奏楽、茶道、美術、書道、軽音楽、写真、コンピュータ、イラスト文芸

[行　事]

　強歩大会は江戸川遊歩道で実施。チャレンジコースは30kmあり、3 年間歩きとおせば金メダルが授与される。ゴールでは保護者の方が豚汁をふるまってくれる。

5 月	校外学習、球技祭
6 月	芸術鑑賞会
9 月	星河祭（文化の部）
10 月	星河祭（体育の部）、強歩大会
1 月	修学旅行（2 年）

[進　路] (令和 5 年 3 月)

- 進路指導部を中心に、1 年次から計画的な**キャリア教育**を推進している。個別相談のほか、求人票の見方のアドバイスや 3 年生の面接指導を行っている。また、3 年生を対象にした「面接時における第一印象の重要性」などの講座も実施。
- 2 年次には近隣の事業所の協力を得て**インターンシップ**を実施（3 日間）。総合的な探究の時間には大学や専門学校の教員による**模擬授業体験**も行われる。
- 3 年次には**外部講師による進路説明会**を実施。

★卒業生の進路状況

＜卒業生198名＞
大学31名、短大 3 名、専門学校79名、就職77名、その他 8 名

★卒業生の主な進学先

亜細亜大、江戸川大、共栄大、埼玉学園大、城西国際大、聖徳大、中央学院大、帝京科学大、東京情報大、東京電機大、東京福祉大、明海大、流通経済大、麗澤大

♣指定校推薦枠のある大学・短大など♣

亜細亜大、江戸川大、国士舘大、大東文化大、千葉工業大、千葉商科大、中央学院大、東京情報大、流通経済大、麗澤大　他

[トピックス]

- 昭和60年創立。基礎学力の定着を目標としており、「学び直し」のできる学校である。
- 校訓は「**格物致知（かくぶつちち）**」。
- 地域住民による**学習ボランティア**や大学生の**学生ボランティア**（東京理科大学・江戸川大学と提携）など、地域の教育力を活用している。生徒会・吹奏楽部・書道部・写真部が**地域のイベント**に参加している。
- 頭髪指導や遅刻指導など、**生活指導**に力を入れている。
- 平成27年度より、**地域連携アクティブスクール**となった。中学校までの学習内容の学び直し（「基礎学習 I・A」）の機会を設けることやスクールソーシャルワーカーを配置することで生徒一人ひとりに対応した教育体制を整えるほか、地域と連携したキャリア教育（インターンシップ、キャリア教育支援コーディネーターの配置）により、コミュニケーション能力を養い、自立した社会人を育成する。

[学校見学] (令和 5 年度実施内容)

★一日体験入学　8 月 1 回
★入試説明会　11月 2 回、12月 1 回
★学校見学は随時可（要連絡）

入試！インフォメーション								
受検状況	年　度	学科名	募集定員	募集人員	志願者数	受検者数	倍　率	入学許可候補者数
	R6	普　通	240	240	176	170	0.71	174
	R5	普　通	240	240	211	209	0.87	209
	R4	普　通	240	240	200	197	0.82	199

県立 **野田中央** 高等学校

（の だ ちゅう おう）

http://ncsaas.cu-mo.jp/nodachuo/htdocs/

☎278-0046　野田市谷津713
☎04-7125-4108
交通　東武線七光台駅　徒歩5分

普通科

共　学

制　服　あり

[カリキュラム] ◇三学期制◇

・生徒一人ひとりの学力に合わせたわかりやすい授業を目指してきめ細かな指導を展開中。
・1年次は英・数で**習熟度別・多展開授業**を行い、実力をじっくり養成。
・2、3年次は進路や適性に配慮して**特進コースと総合コース**に分かれる。
・**特進コースでは週2回の7時間授業**やセミナーハウスでの勉強合宿などを行い、ワンランク上の大学合格を目標とする。
・英語・漢字・数学・PC等の資格取得のための取り組みを、積極的に行っている。

[部活動]

・約7割が参加。**レスリング部**は例年、全国レベルの成績を残している。
・最近の主な実績は以下のとおり。
＜令和5年度＞
　レスリング部が関東県予選の男子団体で3位、男子個人の4階級で4位以上、県総体の男子団体で4位、男子個人の4階級で4位以上という成績を収めた。
＜令和4年度＞
　レスリング部がインターハイ全国ベスト8（女子個人）、陸上競技部が関東選手権出場（女子800m）の成績

を収めた。

★設置部（※は同好会）
レスリング、サッカー、陸上競技、水泳、ソフトボール、バドミントン、女子バレーボール、バスケットボール（男女）、硬式テニス、ソフトテニス（男女）、野球、弓道、水泳、美術、書道、吹奏楽、軽音楽、家庭科、茶道、華道、演劇、サイエンス、漫画研究、ダンス、写真、※ボランティア

[行　事]

・9月の**文化祭**と**体育祭**は生徒主体で運営され、大いに盛り上がる。特に体育祭の応援合戦は見ごたえあり。
・10月の**長距離徒歩**は、学校〜関宿城往復の約40kmを歩き通す名物行事。

4月	球技祭
5月	校外学習
9月	星央祭（文化祭、体育祭）
10月	長距離徒歩
11月	修学旅行（2年）
1月	予餞会

[進　路] (令和5年3月)

・大学進学から就職まで幅広く進路指導をしている。
・進学説明会や就職ガイダンスは1年次より実施され、将来を見据えたキャリア教育が行われている。
・進学補講講座は毎日実施。
★卒業生の進路状況
　＜卒業生304名＞
　大学103名、短大9名、専門学校144名、就職34名、その他14名
★卒業生の主な進学先
　医療創生大、江戸川大、神田外語大、国際武道大、淑徳大、千葉経済大、千葉工業大、千葉商科大、中央学院

大、東京情報大、東京理科大、東洋大、獨協大、日本大、明海大、流通経済大、麗澤大、和洋女子大
♣**指定校推薦枠のある大学・短大など**♣
　国士舘大、聖徳大、千葉工業大、東京理科大、日本大、麗澤大　他

[トピックス]

・平成18年4月、県立野田高校と県立野田北高校が統合。地元を中心に幅広い生徒層が通う学校である。
・駅から歩いて5分という絶好の立地条件に恵まれ、周辺は緑豊かですばらしい環境。
・冷暖房完備の**セミナーハウス**があり、授業や合宿で利用されている。
・「社会人教育」「心の教育」に力を入れており、きめ細かな生活指導や人権教育、三世代交流会などを行っている。

[学校見学] (令和5年度実施内容)

★学校説明会　8・10月各1回
★文化祭　9月　見学可
★個別相談会　12月4日間（要予約）

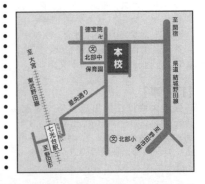

入試！インフォメーション

受検状況	年　度	学科名	募集定員	募集人員	志願者数	受検者数	倍　率	入学許可候補者数
	R6	普　通	320	320	343	343	1.07	320
	R5	普　通	320	320	307	306	0.96	306
	R4	普　通	320	320	356	353	1.10	320

県立 清水 高等学校

しみず

https://cms2.chiba-c.ed.jp/chb-shimizu-bh/

〒278-0043　野田市清水 482
☎ 04-7122-4581
交通　東武線清水公園駅　徒歩4分

食品科学科
機械科
電気科
環境化学科

共 学

制 服　あり

[カリキュラム]◇三学期制◇

・工業系はくくり募集のため、機械科・電気科・環境化学科には2年次から分かれる。
・工業系の1年次は、全員が共通の科目を学ぶ。2年次以降の3つの小学科それぞれに関連する実習や**学科選択ガイダンス**が行われるので、将来の進路や適性を考えて小学科を選ぶことが可能となっている。
・各学年、各クラスごとに**工場見学**を実施。最先端技術企業を訪れ、人間性の向上を図っている。
・**資格取得・検定**に積極的に取り組んでおり、在学中に、危険物取扱者、ボイラー技士、計算技術検定、情報技術検定、小型フォークリフト、小型車両建設機械、サービス接遇検定、日本農業技術検定、英語検定、漢字検定などの資格・検定の取得が可能。

★食品科学科
県内唯一の食品総合学科で、製造から流通までを学習することができる。3年次に**栄養・分析コース**と**生産・流通コース**に分かれる。

★機械科
実習、製図、生産システム技術、機械設計、原動機、計測制御などの学習を通じ、ものづくりについて学ぶ。

★電気科
3年次から**電力コース**と**電子情報コース**に分かれる。第三種電気主任技術者、第二種電気工事士、工事担任者の資格取得に際して、試験の一部免除などの優遇措置が与えられる。

★環境化学科
化学や環境に関する知識・技術を身につける。2年次から**環境工学コース・化学技術コース・環境社会コース**の3つに分かれる。卒業時に毒物劇物取扱責任者の資格を得ることができる。

[部活動]

・令和4年度には、**柔道部**が県総体の男子団体で県ベスト16となった。

★設置部（※は同好会）
野球、陸上競技、サッカー、バスケットボール、バレーボール、テニス、卓球、柔道、剣道、山岳、空手道、ダンス、バドミントン、食品科学研究、化学研究、電気研究、機械研究、コンピュータ、軽音楽、イラスト、模型、茶道、製菓、※資格取得、※ボランティア、※JRC、※手芸

[行　事]
工場見学、球技祭、体育祭、しみず祭（文化祭）、修学旅行などを実施。

[進　路]（令和5年3月）
・企業などから外部講師を招いた**特別授業**を行っている。
・フォークリフト講習をはじめ、**資格取得**に向けた様々な講習や演習を行っている。
・求人総件数2,000件以上、非公開求人も多数など、**就職に強い学校**。有名・堅実な企業に毎年合格している。
・令和4年度卒業生の主な就職先は、JR東日本、JFEプラントエンジ、関電工、キッコーマン、キヤノン、山崎製パン、自衛隊など。

★卒業生の進路状況
＜卒業生148名＞
大学13名、短大1名、専門学校24名、就職104名、その他6名

★卒業生の主な進学先
江戸川大、埼玉学園大、埼玉工業大、千葉経済大、千葉工業大、帝京大、東洋学園大、日本工業大

♣指定校推薦枠のある大学・短大など♣
江戸川大、開智国際大、共栄大、淑徳大、城西国際大、千葉工業大、東京情報大、東京農業大、日本薬科大、平成国際大、流通経済大　他

[トピックス]
・平成30年に**創立100周年**を迎えた。
・農業・工業の課程をもつ専門高校。例年、**就職はほぼ100%決定**。
・専門高校ならではの特徴ある文化部がある。
・化学研究部は近隣の小学生、保護者を対象に科学実験教室を開催。
・地域との交流として、電気科による電子工作教室など、小学生を対象とした体験教室や授業を数多く実施している。
・本校生徒が令和5年度の関東電気工事コンテストで第5位、関東農業情報処理競技会で優秀賞を受賞した。

[学校見学]（令和5年度実施内容）
★学校見学会　7月1回
★一日体験入学　9・10月各1回
★入試説明会　10月1回
★しみず祭　11月　見学可
★学校見学は随時可（要連絡）

入試！インフォメーション

受検状況	年度	学科名	募集定員	募集人員	志願者数	受検者数	倍率	入学許可候補者数
	R6	食品科学	40	40	40	40	1.00	40
		機械・電気・環境化学	120	120	84	84	0.70	84
	R5	食品科学	40	40	40	39	0.98	40
		機械・電気・環境化学	120	120	122	122	1.02	120

※機械科・電気科・環境化学科はくくり募集。

99

県立 関宿 高等学校
せきやど

普通科

https://cms1.chiba-c.ed.jp/sekiyadohigh/

〒270-0222 野田市木間ヶ瀬4376
☎ 04-7198-5006
交通 東武野田線川間駅 バス

共 学

制 服 あり

[カリキュラム] ◇三学期制◇

・1年次は、国語・数学・英語・理科で分割授業を行い、きめ細かな指導をしている。また、「ベーシック」や「地歴基礎」という学校設定科目を設け、国語・数学・英語・地理、歴史の基本をしっかり身につけることに力を入れている。
・1年次は全員が共通科目を履習し、基礎学力を養成する。
・英語・数学・国語・理科・家庭・ベーシックは20人以下の少人数制授業を実施。
・2年次より教養コース、情報ビジネスコースを設置。教養コースは大学進学や就職など多様な進路を目指す。情報ビジネスコースは商業系の科目を多数学び、就職に備える。
・簿記検定、情報処理検定、英検、ビジネス実務検定、サービス接遇検定、ワープロ実務検定、秘書実務検定、硬筆書写検定などの資格取得に力を入れている。
・取得した資格は卒業時の単位として認定。

[部活動]

・レスリング部はかつて全国大会や関東大会の常連であり、インターハイで団体戦全国3位（平成17年度）などの実績を誇る古豪。
・ボランティア同好会が地域の催しに参加している。
・最近の主な実績は以下のとおり。
＜令和5年度＞
　レスリング部が関東予選の女子50kg級で県1位、男子92kg級で県4位、県総体の女子53kg級で県1位、女子50kg級で県2位、男子92kg級で県3位の成績を収めた。

＜令和4年度＞
　レスリング部が県総体の女子50kg級で県1位、男子71kg級と男子80kg級で県3位の成績を収めた。
★設置部（※は同好会）
　野球、サッカー、陸上競技、バスケットボール、バレーボール（女）、バドミントン、レスリング、ソフトテニス、卓球、吹奏楽、家庭、美術、書道、※軽音楽、※茶道、※科学、※現代視覚文化研究、※ボランティア

[行　事]

　文化祭は旧関宿町の町木「いちいの木」から「一位祭」と命名。
5月　球技大会
6月　校外学習
10月　一位祭（文化の部・体育の部）
11月　修学旅行（2年・沖縄）
12月　ロードレース大会

[進　路] （令和5年3月）

・職業体験学習や上級学校体験学習を実施。1年生は全員が参加する。
・面談練習会などを実施している。
★卒業生の進路状況
＜卒業生65名＞
大学6名、短大0名、専門学校17名、就職39名、その他3名
★卒業生の主な進学先
跡見学園女子大、江戸川大、開智国際大、東京電機大

[トピックス]

・平成16年度より野田市立木間ヶ瀬中学、二川中学、関宿中学との千葉県初の地域連携型中高一貫教育校となった。中学と高校の教員が相互に交流授業をチームティーチングで実施している。

・各中学校の生徒が本校の授業に参加する高校授業体験、お互いの吹奏楽部と共に合同演奏会を行うなど、地域に密着した活動を様々に展開。関宿商工会（地域の企業）と交流した学習など、さらなる充実と発展に向けて努力している。また、地域行事には中学生、高校生がともに参加している（「関宿城まつり」における大名行列での演奏や合唱など）。
・人権教育に力を入れ、アットホームな学校づくりを推進している。

[学校見学] （令和5年度実施内容）

★1日体験入学　8月2回
★学校説明会　11月1回
★入試相談会　11月1回
★一位祭文化の部　10月　見学可
★学校見学は随時可（要連絡）

入試！インフォメーション

受検状況	年 度	学科名	募集定員	募集人員	志願者数	受検者数	倍 率	入学許可候補者数
	R6	普　通	120	120	34	33	0.28	34
	R5	普　通	120	120	61	61	0.51	61
	R4	普　通	120	120	54	54	0.45	54

県立 我孫子(あびこ)高等学校

https://cms2.chiba-c.ed.jp/abikohigh/htdocs/

〒270-1147　我孫子市若松 18-4
☎ 04-7182-5181
交通　ＪＲ常磐線我孫子駅　徒歩 20 分またはバス

普通科

共学

制服　あり

[カリキュラム] ◇三学期制◇

・令和４年度入学生より**新教育課程**。
・週の授業時間数は30時間。
・１年次から**特別進学クラス**を１クラス設置。国公立・難関私立大学への進学を目標とする。数学と英語が**少人数制授業**で行われるほか、７時間目の補習や勉強合宿などを行う。
・１、２年次は、英語・歴史総合に関して標準よりも単位を増やすことで基礎学力を養う。
・２年次には文系・理系に分かれる。物理基礎と地学基礎が選択制となる。
・３年次には**文系・文理系・理系**に分かれる。**選択科目**が充実しているので、細かな進路にも対応できる。
・始業前に**朝読書**（テスト前は**朝学習**）を全校で実施している。
・平成30年度、**教員基礎コース**を設置。学校設定科目「**教育体験Ⅰ・Ⅱ**」「**教育基礎**」の学習を通じて、教員となるための基礎や職業意識を養成する。なお、学校設定科目は７時間目や長期休業中などに集中して行われる。また年２回の**集中講座**を実施。

[部活動]

・約９割が参加。
・**陸上競技部**はインターハイや関東大会の常連。
・最近の主な実績は以下のとおり。
＜令和５年度＞
陸上競技部が男子5000m競歩、女子やり投、女子七種競技で関東大会に出場した。**ハンドボール部**女子が関東県予選と県総体で県３位となった。
＜令和４年度＞
陸上競技部がインターハイ全国10位（男子5000m競歩）や関東大会出場（女子７種競技、男女3000m障害）などの成績を収めた。**地学部**がソーラークッカー全国大会に出場した。

★**設置部**（※は同好会）
野球、ソフトテニス、ラグビー、硬式テニス、卓球、剣道、サッカー、バレーボール、バスケットボール、バドミントン、陸上競技、ハンドボール、ソフトボール、※ワンダーフォーゲル、茶道、美術、書道、イラスト、地学、吹奏楽、演劇、家庭科、生物、華道、※軽音楽、※文芸、※JRC、※ESS

[行　事]

校外学習（全学年）、球技大会、我柊祭（文化祭）、体育祭、修学旅行（２年）、ロードレース大会などを実施。

[進　路] （令和５年３月）

・放課後、全学年を対象とした**進学補習**を行っている（希望制）。
・進路関係の行事として、**大学入試共通テスト説明会**（９月）や**進路講演会**（11月）などを行っている。
・**校外模擬テスト**に参加し、学力を測る資料の一つとしている。
・進路相談のできる**進路室**あり。

★**卒業生の進路状況**
＜卒業生314名＞
大学214名、短大８名、専門学校65名、就職８名、その他19名

★**卒業生の主な合格実績**
帯広畜産大、青山学院大、学習院大、國學院大、駒澤大、上智大、成蹊大、専修大、中央大、東京理科大、東洋大、獨協大、日本大、法政大、武蔵大、明治大、明治学院大、立教大

♣指定校推薦枠のある大学・短大など♣

神戸外語大、工学院大、國學院大、駒澤大、芝浦工業大、成蹊大、東京電機大、東京都市大、東京理科大、東洋大、獨協大、日本大、法政大、武蔵大　他

[トピックス]

・昭和45年創立。教室は**冷房完備**。セミナーハウス「柊友館」や専用の野球グラウンドなど、恵まれた施設を誇る。

[学校見学] （令和５年度実施内容）

★一日体験入学　８月２回
★ミニ学校説明会　11月２回
★我柊祭　９月　見学可
★個別見学・相談は平日のみ（要予約）

入試！インフォメーション

受検状況	年　度	学科名	募集定員	募集人員	志願者数	受検者数	倍　率	入学許可候補者数
	R6	普　通	320	320	382	381	1.19	320
	R5	普　通	320	320	317	315	0.98	315
	R4	普　通	320	320	353	351	1.10	320

県立 我孫子東（あびこひがし）高等学校

普通科

https://cms2.chiba-c.ed.jp/abikoeast-h/

☎ 270-1104　我孫子市新々田172
☎ 04-7189-4051
交通　ＪＲ成田線布佐駅　徒歩6分

| 共　学 |
| 制　服　あり |

[カリキュラム] ◇三学期制◇

・1年生で「社会福祉基礎」（2単位）を全員が履修する。
・コース制（ビジネス・福祉・総合）を導入。入学後、1年生の1学期にコース選択を行い、2年生からコース別に分かれる。
・ビジネスコースでは、商業科の科目を学ぶ。就職・進学の両方に対応可能なカリキュラムが組まれている。
・福祉コースでは、主に「介護職員初任者研修」の資格取得をめざす。その他にも外部講師による福祉関係のカリキュラムが充実している。
・総合コースでは、進学や就職、あるいは個人の興味に幅広く応えることのできるカリキュラムを設定している。
・アクティブラーニングに加え、学びの振り返りや朝読書など基礎学力の定着および向上に努めている。

[部活動]

・最近の主な実績は以下のとおり。
＜令和5年度＞
　レスリング部が県総体の女子68kg級で2位・3位、関東選抜大会出場（3名）などの成績を収めた。
＜令和4年度＞
　レスリング部が女子個人でインターハイに出場し、男子個人で関東大会と関東選抜大会に出場した。
★設置部
　硬式野球、サッカー、レスリング、剣道、バスケットボール、バレーボール、卓球、陸上競技、ソフトテニス、バドミントン、吹奏楽、軽音楽、演劇、パソコン、クッキング、書道、茶道、生物、イラスト文芸、美術工芸、ボランティア、華道

[行　事]

5月	スポーツ大会、校外学習
9月	体育祭
10月	青龍祭（文化祭）
11月	インターンシップ（1年）、修学旅行（2年）
1月	総合学習発表会
2月	ロードレース大会

[進　路]

・キャリア支援プラン「我孫子東D-P（ドリームプラン）」という卒業後を見据えた指導により、社会人として必要な知識と能力を育成する。その一環として、「28歳の社会人による講話」、進路説明会、インターンシップ、進路別対策講座などに取り組む。
・進路ガイダンスを3月に実施。希望する学校の説明会と模擬授業が行われる。
・インターンシップは1年次に実施。社会人マナー講座などの事前学習を経て行われる。
・進路対策講座は3年次に大学・短大、専門学校、就職に分かれて行われる。きめ細かな対策が行われており、高い進路決定率を毎年実現している。
★卒業生の進路状況（令和5年3月）
　＜卒業生229名＞
　大学・短大47名、専門学校96名、就職63名、その他23名
★卒業生の主な進学先
　医療創生大、国士舘大、東京情報大、東京電機大、東京福祉大、東洋大、日本大、ものつくり大、立正大、和洋女子大
♣指定校推薦枠のある大学・短大など♣
　植草学園大、江戸川大、敬愛大、秀明大、淑徳大、聖徳大、千葉経済大、東京情報大、日本大、流通経済大、麗澤大、和洋女子大　他

[トピックス]

・キャリア支援プラン「我孫子東D-P」が平成24年度の文部科学大臣賞を受賞した。
・ボランティアのとりくみが平成25年度の「ライトブルー少年賞」を受賞した。
・図書委員会による「つまようじアート」が有名になり、民放番組やNHKでも取り上げられている。
・「新たな学びに関する教員の資質能力向上のためのプロジェクト」の研究が評価され、平成30年度の文部科学大臣賞を受賞した。

[学校見学]（令和5年度実施内容）

★サマースクール　7月2回
★入試相談会　11・12月各1回

入試！インフォメーション

受検状況	年　度	学科名	募集定員	募集人員	志願者数	受検者数	倍　率	入学許可候補者数
	R6	普　通	240	240	136	134	0.56	135
	R5	普　通	240	240	165	162	0.68	162
	R4	普　通	240	240	209	207	0.86	207

県立 沼南 高等学校
しょうなん

https://cms1.chiba-c.ed.jp/shonan-high/

〒270-1445　柏市岩井 678-3
☎ 04-7191-8121
交通　ＪＲ常磐線・東武線柏駅　バス、ＪＲ常磐線我孫子駅　バス

普通科

共学

制服　あり

[カリキュラム] ◇三学期制◇

・基礎学力を着実に身につけるべく、国語・数学・英語で**少人数制授業**を実施。また、家庭・情報・商業の授業では**チームティーチング**を行っている。

・2年次から以下の4つの**コース**に分かれて学習する。

・3年次には全学系共通の選択科目も設置され、学系にない科目の学習がしたい、検定にチャレンジしたい、体を動かしたい、といった要望に対応している。

<健康スポーツコース>
普通科目以外に各種スポーツ、健康、体育理論を学習する。ゴルフ、野外実習なども行う。

<情報ビジネスコース>
普通科目以外に情報、商業科目を多く学習する。**ビジネス文書、簿記、情報処理**などの各種検定資格が取得できる。

<環境サイエンスコース>
環境をテーマとする学習を行い、理系科目・実験・実習に力を入れる。また、研究発表を通じてプレゼンテーション能力を高める。

<文化コミュニケーションコース>
語学や文学を中心とした文系科目に力を入れ、国際理解や社会問題の研究などの学習も行う。

[部活動]

・少人数でも頑張っている部活動が多い。**ボクシング部**は県下でも屈指の強豪。

・最近の主な実績は以下のとおり。

<令和5年度>
ボクシング部が県予選でピン級2位、バンタム級3位、ライトウェルター級2位となり、関東大会に出場した。**バレーボール部**と**バドミントン部**は県大会に出場した。

<令和4年度>
ボクシング部が関東予選のライトフライ級で県2位、他3階級で県3位、県総体ではライトフライ級とフライ級で県3位の成績を収めた。**吹奏楽部**が吹奏楽コンクールC部門で優秀賞を受賞した。

★設置部
野球、サッカー、柔道、剣道、陸上競技、テニス、バスケットボール、バドミントン、卓球、ボクシング、バレーボール、吹奏楽、家庭科、漫画研究、茶道、科学、コンピュータ、書道

[行事]
4月	校外学習
9月	スポーツ大会
10月	将門祭（文化祭）
11月	修学旅行(2年、関西)

[進路] (令和5年3月)

・1年次は、外部講師を招いて**進路講演会**や**仕事・資格パズルワーク**などを行う。

・2年次は、**分野別体験学習、インターンシップ**などを行う。

・3年次は、**進路説明会**や**面接指導**を実施。

★卒業生の進路状況
<卒業生150名>
大学35名、短大4名、専門学校45名、就職48名、その他18名

★卒業生の主な進学先
植草学園大、江戸川大、開智国際大、川村学園女子大、埼玉学園大、聖徳大、中央学院大、千葉商科大、東京情報大、日本大、法政大、麗澤大、流通経済大、和洋女子大

♣指定校推薦枠のある大学・短大など♣
江戸川大、城西国際大、専修大、千葉工業大、千葉商科大、中央学院大、日本大、流通経済大、麗澤大　他

[トピックス]

・昭和54年開校。令和元年、創立40周年記念式典を挙行した。

・セミナーハウス等の設備があり、部活動に力を入れている。

[学校見学] (令和5年度実施内容)

★**学校説明会**　8・9・11・1月各1回

★**将門祭**　10月　見学可

★**学校見学は随時可**（要連絡）

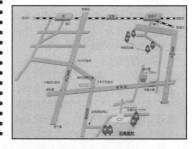

県立 沼南高柳 高等学校
しょうなんたかやなぎ

https://cms1.chiba-c.ed.jp/takayanagi-h/

〒277-0941　柏市高柳 995
☎ 04-7191-5281
交通　東武アーバンパークライン高柳駅　徒歩10分

普通科

| 共　学 |
| 制　服　あり |

[カリキュラム] ◇三学期制◇

・「わかる授業」の展開を目指し、少人数制、習熟度別の授業や補習授業を導入し、学び直しなど、基礎基本を重んじたきめ細かな指導を行う。

・総合的な探究の時間が充実しており、3年間をとおしたキャリア学習が体系化されている。

・1年次は、全員ほぼ同じ教科を履修し、幅広く教養を身につける。英語と国語を少人数授業で、数学を習熟度別授業で行う。

・2年次より、それぞれの生徒の興味、適性、進路希望により、総合・芸術の2つのコースに分かれる。

・総合コースは生徒の進路・興味・適性に即した授業の選択が可能。総合的な教養の修得が目標である。

・芸術コースは県内唯一のコース。芸術技能の修得を目標に、2年次に週4時間、3年次に週6時間、芸術の授業が設定されている。3年次には卒業制作や卒業演奏の時間もある。

・芸術コースには、「音楽」「美術」「工芸」「書道」の4つの科目があり、年間を通して校外活動も充実している。

・10分間の「朝読書」を実施している。

・漢字検定を全員が受検する。

[部活動]

・約6割が参加。部活動の部員たちは文武両道を目指し、学校生活で中心的役割を担って活躍している。

・多くの運動部が県大会に出場し各大会で活躍している。文化部では、書道部や美術部、工芸部が全国大会レベルで活動している。演劇部や吹奏楽部など、活動をとおした地域交流も盛んである。

★設置部（※は同好会）

野球、バスケットボール、バレーボール、サッカー、テニス、陸上、剣道、バドミントン、卓球、書道、美術、工芸、吹奏楽、茶道、演劇、イラスト、※将棋、※理科研究

[行　事]

芸術コースでは、独自に校外学習、卒業演奏会、卒業制作展などを実施している。

5月　球技大会、校外学習
6月　校外学習（芸術コース）
10月　体育祭、翠柳祭（文化祭）
11月　校外学習（芸術コース）、修学旅行（2年）
2月　漢字検定（全員受検）

[進　路]（令和5年3月）

・3年間を通した進路指導を行っており、生徒による「学校・職場見学会」や保護者会による「進路研修会」などもある。

・漢字検定に力を入れており、3学期に全員が受検する。

★卒業生の進路状況
＜卒業生221名＞
大学47名、短大4名、専門学校104名、就職62名、その他4名

★卒業生の主な進学先
浦和大、江戸川大、開智国際大、神田外語大、敬愛大、埼玉学園大、淑徳大、聖徳大、西武文理大、千葉経済大、千葉工業大、千葉商科大、つくば学院大、帝京平成大、東京未来大、東洋学園大、日本経済大、文化学園大、明星大、流通経済大、麗澤大、和洋女子大

♣指定校推薦枠のある大学・短大など♣
植草学園大、江戸川大、敬愛大、淑徳大、城西大、聖徳大、千葉工業大、千葉商科大、中央学院大、東京情報大、日本大、流通経済大、麗澤大、和洋女子大　他

[トピックス]

・令和5年度に創立40周年を迎えた。スクールキャラクター「たかぼう」も誕生から10年が経過した。

・校舎は全室冷暖房完備。冷暖房費の保護者負担はない。

・「沼南高柳高校を応援する会」をはじめとし、地域との交流や連携がとても活発で、生徒は祭やボランティアに積極的に参加している。

・3年次のフードデザインの授業では、「おもてなし食事会」として地域の人々を招いて食事会を開催している。

・最寄りの東武アーバンパークライン高柳駅に急行が停車。

・令和5年度の入学生から制服のネクタイ、リボン、ベスト、セーラーのデザインをマイナーチェンジした。

[学校見学]（令和5年度実施内容）
★学校説明会　7・11月各1回
★学校見学は随時可（要連絡）

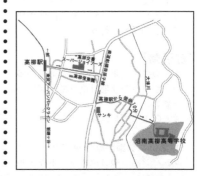

入試！インフォメーション

受検状況	年　度	学科名	募集定員	募集人員	志願者数	受検者数	倍　率	入学許可候補者数
	R6	普　通	240	240	219	216	0.90	217
	R5	普　通	240	240	195	192	0.80	193
	R4	普　通	240	240	198	197	0.82	197

千葉県
公　立
高校

学校ガイド

＜全日制　第４学区＞

・第４学区のエリアに含まれる、専門学科や総合学科を
　設置する高校も、紹介しています。
・学校を紹介したページの探し方については、２ページ
　「この本の使い方＜知りたい学校の探し方＞」を参照し
　てください。

県立 白井 高等学校
しろい

https://cms2.chiba-c.ed.jp/shiroi-h/

〒270-1425 白井市池の上1-8-1
☎ 047-491-1511
交通 北総線白井駅 徒歩12分

普通科

共学

制服 あり

[カリキュラム] ◇三学期制◇
・1年次から特別進学クラスを設置している（希望者から選抜）。
・英語と数学は少人数制授業方式で行っている。
・2年次から文系、理系の2つのコースに分かれる。

<文系コース>
・国語・地歴・英語の文系の科目を中心に、幅広い知識や教養を身に付ける。
・多彩な科目選択があり、興味に応じて選択することが可能。また、必修選択には物理、地学といった理科系の科目が設けられている。大学・専門学校・就職など様々な進路希望に対応する。

<理系コース>
・数学や自然科学、情報の知識技能を高め、論理的な思考力を身に付ける。
・理学、工学、農学、情報処理など、理系への進学を希望している人に適している。

[部活動]
・約6割が参加。各部とも活発で、サッカー部は部員100名以上。多くの運動部が県大会に進出している。
・最近の主な実績は以下のとおり。
<令和5年度>
男子バレーボール部が関東高校体育大会で千葉県予選ベスト8（関東大会）に、サッカー部が関東高校体育大会千葉県予選決勝トーナメントベスト8に進出した。
<令和4年度>
男子バレーボール部が県総体と全日本高校選手権予選で県ベスト8（5位）、サッカー部が全国高校選手権予選で決勝トーナメント3回戦（県

ベスト12）に進出した。

★設置部
野球、陸上競技、硬式テニス、ソフトテニス、サッカー、バスケットボール、バレーボール、卓球、バドミントン、剣道、柔道、弓道、吹奏楽、家庭科、写真、合唱、美術、科学、イラスト、EEC、華道、書道、演劇、JRC

[行 事]
4月 校外学習
5月 球技大会
9月 青藍祭（体育の部・文化の部）
11月 修学旅行、藍染め体験

[進 路] (令和5年3月)
・進学課外授業を放課後に行っている（全学年）。
・推薦入試などに対応するため、個別に小論文の添削指導を実施。
・インターンシップ（2年次）などのキャリア教育に力を入れており、きめ細かな進路指導で夢の実現をバックアップしている。
・外部講師を招いて分野別進路ガイダンスを実施（1・2年）。
・全学年にClassi（学習支援ツール）を導入。

★卒業生の進路状況
<卒業生228名>
大学86名、短大6名、専門学校105名、就職20名、その他11名

★卒業生の主な合格実績
植草学園大、浦和大、江戸川大、桜美林大、川村学園女子大、共栄大、敬愛大、国士舘大、淑徳大、聖徳大、創価大、大東文化大、拓殖大、千葉経済大、千葉工業大、千葉商科大、中央学院大、東京情報大、東京電機

大、東都大、東洋学園大、日本大、日本経済大、文化学園大、文教大、武蔵野大、明海大、流通経済大、麗澤大、和洋女子大

♣指定校推薦枠のある大学・短大など♣
江戸川大、敬愛大、淑徳大、千葉工業大、千葉商科大、東京電機大、日本大、流通経済大、和洋女子大 他

[トピックス]
・令和5年度、コミュニティスクール導入。
・心のバリアフリー教育。
・令和5年～令和6年文部科学省事業「主催者及び消費者の育成に係る指導の充実に関する実践研究」に採択され、「白井市未来プロジェクト」に取り組んでいる。
・希望者を対象に国内留学（TOKYO GLOBAL GATEWAY）を実施している。
・英語検定、漢字検定、時事検定、書写検定を校内で実施。多数の合格者を出している。

[学校見学] (令和5年度実施内容)
★1日体験入学 8月1回
★学校説明会 11・12月各1回
★学校見学は随時可（要連絡）

入試！インフォメーション

受検状況	年度	学科名	募集定員	募集人員	志願者数	受検者数	倍率	入学許可候補者数
	R6	普通	240	240	314	313	1.30	240
	R5	普通	240	240	259	257	1.07	240
	R4	普通	240	240	236	235	0.98	235

県立 印旛明誠 高等学校

いんばめいせい

http://cms2.chiba-c.ed.jp/i-meisei/

☎ 270-1337　印西市草深 1420-9
☎ 0476-47-7001
交通　北総線印西牧の原駅　徒歩 20 分
　　　JR 成田線小林駅　バス

普通科

単位制
共学
制服　あり

[カリキュラム] ◇二学期制◇

・国・数・英は原則、**習熟度別学級編制**による**少人数授業**を実施。
・**単位制**を導入。生徒一人ひとりの適性や進路希望に合わせた科目選択が可能に。
・火曜日に 7 時間授業を導入。
・1 年次では、必履修科目を中心に履修。
・2 年次から**科目選択制**を導入し、3 年次からは**理類型・文類型**に分かれて、進路に応じた科目選択を行う。「応用英語」「数学研究 I A」「世界史研究」「生涯スポーツ」などの選択科目がある。
・科目選択については、1 年次より総合的な探究の時間などの授業を通して将来の進路を考えていく中で、進路・受験等で必要な教科・科目選択の指導が行われる。
・国公立大学文系・理系志望コースや難関私立大学文系・理系志望コースなど、進路別「履修モデル」が提示され、指導が行われる。
・**漢字検定、英語検定**を校内で実施している。

[部活動]

・約 7 割が参加。前身である印旛高校時代、甲子園に 3 度出場し、春の選抜（昭和56年）で準優勝の実績がある**硬式野球部**をはじめ、**陸上競技部**が関東大会や全国大会に連年出場するなど、各部が活発に活動している。
・最近の主な実績は以下のとおり。
＜令和 5 年度＞
陸上競技部が女子棒高跳で関東大会に出場した。
＜令和 4 年度＞
書道部と**美術部**が全国大会に出品した。**ゴルフ部**が女子団体で関東大会に出場した。

★設置部

硬式野球、バスケットボール、バレーボール、テニス、卓球、バドミントン、陸上競技、剣道、ゴルフ、サッカー、アウトドア、科学、美術、書道、音楽、家庭科、ペン画、ボランティア、吹奏楽、写真

[行　事]

5 月　校外学習
9 月　秋桜祭（文化の部・体育の部）、芸術鑑賞会
11 月　修学旅行（2 年・台湾）

[進　路]（令和 5 年 3 月）

・放課後や長期休業中には、希望制の**進学補習**および基礎補習を 1 年次から実施する。
・スタディサプリを用いた**動画講義**を推奨している（全生徒スタディサプリ登録）。
・atama+で**オンライン模試**を受け、弱点克服に努める。
・外部講師による**進学説明会**や多数の大学が来校して行う**ガイダンス**など、進路を意識したイベントを 1 年次より実施している。

★卒業生の進路状況

＜卒業生195名＞
大学134名、短大 4 名、専門学校39名、就職 5 名、その他13名

★卒業生の主な合格実績

秋田大、徳島大、早稲田大、学習院大、駒澤大、芝浦工業大、順天堂大、昭和女子大、成城大、専修大、中央大、東京農業大、東京理科大、東邦大、東洋大、獨協大、日本大、法政大、明治大、明治薬科大

♣指定校推薦枠のある大学・短大など♣

専修大、拓殖大、千葉工業大、東京電機大、二松學舍大、日本大、立正大、麗澤大、和洋女子大　他

[トピックス]

・明治34年に印西農学校として創立された。**伝統校**である。
・平成22年 4 月、印西市木下より千葉ニュータウン地区に移転し、**進学を重視した単位制高校**となった。「国際化への対応」「地域の特性を最大限に活用した人材育成」が基本理念。
・新校舎は開放感のある明るい吹き抜けに、**オープンスペース**や**メディアコーナー**も設置。
・様々な教育活動を実践。平成22年度、千葉県教育委員会「**魅力ある学校づくり大賞**」優秀賞を受賞した。
・令和 5 年度、**美術部**が飲酒運転根絶に協力するポスターを作成して、印西警察署から感謝状を受けた。

[学校見学]（令和 5 年度実施内容）

★学校説明会　8・10・12月各 1 回
★秋桜祭文化の部　8 月　見学可
★学校見学は随時可（要連絡）

受検状況	年　度	学科名	募集定員	募集人員	志願者数	受検者数	倍　率	入学許可候補者数
入試！インフォメーション								
	R6	普　通	200	200	212	211	1.06	200
	R5	普　通	200	200	245	243	1.22	200
	R4	普　通	200	200	195	194	0.97	195

県立 成田西陵 高等学校
なりたせいりょう

園芸科
土木造園科
食品科学科
情報処理科

共学

制服 あり

https://cms2.chiba-c.ed.jp/naritaseiryo-h/

☎ 286-0846　成田市松崎20
☎ 0476-26-8111
交通　ＪＲ成田線下総松崎駅　徒歩15分
　　　成田スカイアクセス成田湯川駅　徒歩15分

[カリキュラム] ◇三学期制◇
各科において様々な資格・検定が取得できる。

★園芸科
園芸に関する基本的技術や知識を学ぶと共に多様な交流事業によりコミュニケーション能力を育てる。

★土木造園科
1年次に土木・造園に関する基礎知識を身につけた後、2年次以降、**土木コース**と**造園コース**に分かれてより専門性を深化する。

★食品科学科
野菜栽培、食品加工・製造、品質管理・成分分析、販売実習など、1・2・3次産業の全てについて学習する。

★情報処理科
ビジネスの基礎を学ぶと共に、簿記やプログラミング、マーケティングなどの分野に関する高度資格の取得をめざす。

[部活動]
・**地域生物研究部**は、校内にある昆虫館を運営。高校生による運営は国内初である。また、農薬を使わずにてんとう虫でアブラムシを駆除することを行い、特許も取得している。その活動は、テレビ、新聞などで何度も取り上げられている。

★設置部（※は同好会）
野球、バスケットボール、サッカー、硬式テニス、バレーボール、卓球、バドミントン、陸上競技、剣道、柔道、弓道、水泳、※ダンス、吹奏楽、茶道、写真、美術、書道、パソコン、軽音楽、地域生物研究、フラワーデザイン、※アニメ、※食品加工、※手芸

[行事]
6月	校外学習（1年）、芸術鑑賞会（2年）
9月	スポーツ大会
10月	修学旅行（2年、沖縄）
11月	西陵祭（文化祭）
1月	マラソン大会（1・2年）

[進路]
・**進路指導室**があり、職員が当番制で常駐し、指導にあたっている。必要に応じ、**講習、面談、分野別ガイダンス**なども細かく実施。
・年間を通して**資格取得**のための検定を行っている。

★卒業生の主な進学先
江戸川大、敬愛大、城西国際大、千葉科学大、千葉経済大、千葉工業大、千葉商科大、中央学院大、東京農業大、日本大、南九州大

♣指定校推薦枠のある大学・短大など♣
植草学園大、江戸川大、埼玉工業大、淑徳大、城西国際大、聖徳大、千葉経済大、千葉工業大、千葉商科大、中央学院大、東京家政学院大、東京情報大、日本大、流通経済大　他

[トピックス]
・明治39年創立。平成28年に**創立110周年**を迎えた。
・近くに風土記の丘、房総のむら、坂田ヶ池のキャンプ場などがあり、自然環境に恵まれている。
・**昆虫館**を4〜9月の第4土曜日（10時〜15時）に一般公開し、地域生物研究部が案内などを行っている。500種類以上の昆虫の標本、20種類以上の生きた昆虫を展示。

[学校見学]（令和5年度実施内容）
★一日体験入学　8月1回
★学校説明会　9・11・12月各1回
★西稜祭　11月　限定公開

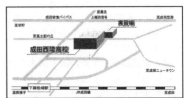

入試！インフォメーション

受検状況	年度	学科名	募集定員	募集人員	志願者数	受検者数	倍率	入学許可候補者数
	R6	園芸	80	80	38	37	0.46	38
		土木造園	40	40	17	17	0.43	17
		食品科学	40	40	38	38	0.95	38
		情報処理	40	40	40	39	0.98	39

県立 成田国際 高等学校
なりたこくさい

普通科
国際科

単位制
共学
制服 あり

https://cms2.chiba-c.ed.jp/naritakokusai-h/

☎ 286-0036　成田市加良部 3-16
☎ 0476-27-2610
交通　JR成田線成田駅　徒歩 10 分
　　　京成線成田駅　徒歩 12 分

[カリキュラム] ◇二学期制◇
・普通科、国際科ともに 2 年次より、**第二外国語**（フランス語・中国語・韓国語）の選択ができる。

★普通科
・2 年次から**文系**と**理系**に分かれて学習する。3 年次は文系に 8 単位分、理系には 13 単位分の選択科目が用意され、オールラウンドな知識を身につけられる。

★国際科
・特色ある選択科目で世界の文化・政治などについて幅広く学習し、豊かな国際感覚と語学力を養成する。
・英語の授業は普通科よりも多く、**総合英語、エッセイライティング、メディアイングリッシュ、ディベート・ディスカッション**といった専門科目が用意されている。
・同時に、**時事英語、日本文化**といった多彩な国際教養科目をそろえ国際化、情報化、生涯学習時代に対応した内容となっている。
・国際科 1 年次の秋季セミナーでは**英語合宿**を実施する。
・**英語検定・中国語検定・フランス語検定**などにも力を入れている。
・その他、成田山での通訳ガイドなどのボランティアを含め、国際交流の機会が多い。

[部活動]
・**少林寺拳法部**は全国大会の常連。
・最近の主な実績は以下のとおり。
<令和 5 年度>
　少林寺拳法部が全国総体の女子個人に出場した。**箏曲部**は全国高校総合文化祭で文化庁長官賞を受賞した。**男子ソフトボール部**の生徒 1 名が千葉県代表として国体に出場した。
<令和 4 年度>
　少林寺拳法部が県総体の女子団体で県 3 位、**陸上競技部**が関東選手権出場、**吹奏楽部**が県吹奏楽コンクール A 部門金賞受賞・本戦出場、**箏曲部**が全国高校総合文化祭日本音楽部門出場などの成績を収めた。

★設置部（※は同好会）
野球、ソフトボール（男女）、陸上、バスケットボール、バレーボール、サッカー（男女）、ソフトテニス、テニス、卓球、バドミントン、剣道、少林寺拳法、吹奏楽、将棋、箏曲、ギター、美術、茶道、書道、科学、写真、コンピュータ、ダンス、漫画研究、中国語、英語ディベート、※スイーツ、※ボランティア、※軽音楽、※競技かるた

[行　事]
・**海外修学旅行**は台湾へ赴く。その他、**海外の姉妹校との交流や英国・豪州・韓国への短期派遣、留学生受け入れ**なども実施。
・この他、雄飛祭（文化の部・体育の部）、国際教育講演会、マラソン大会などを実施。

[進　路]（令和 5 年 3 月）
　進路ガイダンス、進路別説明会、課外授業、各種模擬試験、面接などを行い、進路指導は充実している。

★卒業生の進路状況
<卒業生 317 名>
大学 284 名、短大 2 名、専門学校 10 名、就職 2 名、その他 19 名

★卒業生の主な合格実績
北海道大、茨城大、埼玉大、千葉大、東京医科歯科大、東京外国語大、東京海洋大、金沢大、埼玉県立大、千葉県立保健医療大、東京都立大、早稲田大、慶應義塾大、青山学院大、学習院大、上智大、中央大、東京理科大、法政大、明治大、立教大

♣指定校推薦枠のある大学・短大など♣
青山学院大、学習院大、國學院大、成蹊大、成城大、津田塾大、東京理科大、東邦大、東洋大、獨協大、日本大、文教大、法政大、武蔵大、明治大、明治学院大、立教大　他

[トピックス]
・「**真摯、創造、友愛**」の校訓のもと、自ら学び、思考し、表現する力、思いやりのある豊かな心、健やかな体を持った「**世界に羽ばたける人間**」の育成を目指している。
・県教育委員会指定の**グローバルスクール**として、グローバル人材の育成に努めている。
・「**地域に溶け込み、地域に学び、生徒が発信する学校**」として、「成田太鼓祭」や「成田祇園祭」など、地元の行事・イベントに積極的に参加し、地域との交流を深めている。

[学校見学]（令和 5 年度実施内容）
★学校説明会　8・11 月各 1 回
★学校見学は随時可（要連絡）

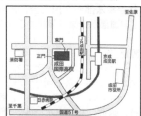

入試！インフォメーション

受検状況	年度	学科名	募集定員	募集人員	志願者数	受検者数	倍率	入学許可候補者数
	R6	普通	200	200	308	305	1.53	200
		国際	120	120	175	174	1.45	120
	R5	普通	200	200	313	311	1.56	200
		国際	120	120	158	158	1.32	120

県立 成田北 高等学校
（なりたきた）

普通科

https://cms2.chiba-c.ed.jp/naritakita-h/

〒286-0011　成田市玉造5-1
☎ 0476-27-3411
交通　ＪＲ成田線成田駅西口より千葉交通バス10分
　　　京成成田スカイアクセス線成田湯川駅　徒歩7分

共　学

制　服　あり

[カリキュラム] ◇三学期制◇

- 週31単位。
- 1・2年次は基礎学力の定着に力を入れる。2年次では古典探究または数学Bを選択する。また、1年次の英語コミュニケーションⅠ、2年次の英語コミュニケーションⅡと数学Ⅱは2クラスを3分割にした習熟度別・少人数授業となる。
- 3年次からは、文系・理系に分かれ、進路希望に応じて科目の選択が可能になる。また、理系の数学の授業では習熟度別・少人数授業を実施。
- 3年次には医療コースも開設。国際医療福祉大学や千葉県歯科医師会などの外部医療機関と連携し、医療従事者となるための学習を行う。想定する職種は幅広く、看護師、理学療法士、薬剤師、歯科衛生・歯科技工士など。

[部活動]

- 約6.5割が参加。
- 最近の主な実績は以下のとおり。
  <令和4年度>
  少林寺拳法部がインターハイで全国16位（女子個人）となった。
  <令和3年度>
  サッカー部が高校選手権で県ベスト16に進出した。
  <令和2年度>
  少林寺拳法部が全国大会に出場した。書道部が千葉日報社賞を受賞した。
- ★設置部（※は同好会など）
  バレーボール、ソフトテニス（女）、バスケットボール、サッカー（男女）、テニス、バドミントン、陸上競技、剣道、ハンドボール、野球、卓球、少林寺拳法、弓道、英会話、科学、写真、吹奏楽、書道、茶道、美術、※調理、※合唱、※軽音楽、※イラストレーション、※ダンス、※パソコン

[行　事]

文化祭や体育祭は生徒会が中心となって大きく盛り上がる。

4月	新入生歓迎会
5月	校外学習、球技大会
8月	ニュージーランド短期語学研修
9月	黎明祭（文化祭・体育祭）
10月	修学旅行（2年）
2月	マラソン大会

[進　路]（令和5年3月）

- 進学希望者には1年次から補講や夏休みの補習などで対応している。
- 1年次に卒業生進路講演会、進路意識向上講演会などを行っている。
- 2年次に文理選択講演会、進路適性検査、進路分野研究講演会、分野別進路講演会などを行っている。
- 3年次に推薦入試説明会、看護医療模試、小論文模試、公務員模試、一般選抜説明会、共通テスト受験者指導などを行っている。
- このほか、本校卒業生による「成北未来講座」やインターンシップを行っている。
- 進路指導室には職員が常駐し、きめ細かな指導を行っている。
- ★卒業生の進路状況
  <卒業生271名>
  大学126名、短大12名、専門学校102名、就職21名、その他10名
- ★卒業生の主な合格実績
  慶應義塾大、江戸川大、学習院大、神田外語大、敬愛大、國學院大、国際医療福祉大、国士舘大、駒澤大、秀明大、淑徳大、順天堂大、城西国際大、聖徳大、専修大、大正大、拓殖大、千葉経済大、千葉工業大、千葉商科大、中央学院大、帝京大、帝京平成大、東京情報大、東京聖栄大、東邦大、東洋大、二松學舍大、日本大

- ♣指定校推薦枠のある大学・短大など♣
  専修大、東邦大、東洋大、日本大、國學院大、国際医療福祉大、国士舘大、東京電機大、千葉工業大、千葉科学大、淑徳大、東京家政学院大、立正大　他

[トピックス]

- 昭和55年創立。令和元年、創立40周年を迎えた。
- 平成26年度より、ニュージーランドとの交流プロジェクトおよび千葉科学大学との教育提携を開始した。
- 平成29年度より千葉敬愛大学や千葉敬愛短期大学との、31年度より国際医療福祉大学との教育提携を開始した。
- 生徒が悩みを自由に相談できる「教育相談室」がある。
- 近隣の小・中学校や地域社会との交流を進めており、夏休み出前授業を小学校で行ったり、通学路清掃を行ったりしている。平成28年度には千葉県警成田署から「自転車盗難対策推進モデル校」に指定された。

[学校見学]（令和5年度実施内容）

★学校説明会　8月2回、11月1回（予約制）
★学校見学は随時可（要連絡）

入試！インフォメーション

受検状況	年　度	学科名	募集定員	募集人員	志願者数	受検者数	倍　率	入学許可候補者数
	R6	普　通	280	280	318	317	1.13	280
	R5	普　通	280	280	338	336	1.20	280
	R4	普　通	280	280	292	287	1.03	280

県立 下総 高等学校
（しもふさ）

園芸科
自動車科
情報処理科

http://www.shimofusa-high-school.com/

〒289-0116　成田市名古屋 247
☎ 0476-96-1161
交通　ＪＲ成田線滑河駅　徒歩 25 分　バス

共 学	
制 服	あり

[カリキュラム] ◇三学期制◇
・農業、商業、工業の学科を持つ学校であるため、様々な**資格**（ガス溶接技能、小型車両系建設機械、高所作業車運転、アーク溶接、フォークリフト取扱、ビジネス文書実務検定等）が学科を問わず取得可能である。

★**園芸科**
　1 年次に農業全般について学んだ後、2・3 年次は**野菜・草花・果樹**の専門分野に分かれて実験・実習を行い、農業経営者・農業関連産業従事者としての資質を育てる。また、寄宿舎「**志耕寮**」に半年間入寮（宿泊は 30 日程度）し、望ましい人間関係について学ぶ。

★**自動車科**
　自動車を教材として、機械、電気、コンピュータ制御などの知識や技能を学ぶ。国土交通省認定の自動車整備士養成施設なので、卒業後は学科試験のみで **3 級自動車整備士資格**が取得可能。

★**情報処理科**
　会計業務や情報処理に関する知識・技術を習得して情報活用能力を育てると同時に、上級資格の取得をめざす。

[部活動]
・約 6 割が参加。
・**自動車部**はエコカーレースの最高峰であるHondaエコマイレッジチャレンジ本田宗一郎杯全国大会で 10 回の優勝を誇る。令和 5 年度も全国大会で優勝し、**7 連覇**を果たした。

★**設置部**（※は同好会）
　野球、ソフトテニス、卓球、柔道、剣道、陸上、バレーボール、バスケットボール、サッカー、バドミントン、演劇、ブラスバンド、茶道、自動車、軽音楽、園芸、食物、※アニメ研究、※写真

[行　事]
5 月　校外学習、修学旅行
9 月　スポーツ大会
11 月　小御門祭（文化祭）

[進　路]（令和 5 年 3 月）
・進路指導室や相談室を設置し、一人ひとりの生徒の相談に応じている。また、各種**面接**や**ガイダンス**も実施。
・進路通信を定期的に配信している。

★**卒業生の進路状況**
　＜卒業生 96 名＞
　大学 10 名、短大 0 名、専門学校 34 名、就職 51 名、その他 1 名

★**卒業生の主な進学先**
　亜細亜大、淑徳大、城西国際大、千葉経済大、東京情報大

♣**指定校推薦枠のある大学・短大など**♣
　敬愛大、淑徳大、城西国際大、専修大、高千穂大、千葉経済大、千葉工業大、千葉商科大、東京情報大、日本工業大、明海大、ものつくり大他

[トピックス]
・明治 33 年、小御門村立小御門農学校として開校した伝統校。教育相談を重視した生徒指導や、あいさつ・身だしなみといった社会人としての基本的ルールの指導など、きめの細かい教育活動をしている。
・授業公開や学校評価、教育ミニ集会など、地域社会へ学校の情報を積極的に発信し、**地域とのつながり**を大切にしている。本校の教員が地域の中学へ出向いて、専門性の高い授業を行う「**出前授業**」は、好評を得ている。
・「**高等学校と連携した食育支援事業**」では、地域の小・中学校と連携した商品開発に取り組んでいる。
・登下校時刻に**市内循環バス**あり。
・平成 30 年度に各学科の再構成を行い、生産技術科を**園芸科**に、航空車両整備科を**自動車科**に、情報ビジネス科を**情報処理科**とした。

[学校見学]（令和 5 年度実施内容）
★**学校説明会**　7・12 月各 1 回
★**体験入学**　10 月 1 回
★**小御門祭**　11 月　見学可
★**学校見学は随時可（要連絡）**

入試！インフォメーション

受検状況	年　度	学科名	募集定員	募集人員	志願者数	受検者数	倍　率	入学許可候補者数
	R6	園　芸	40	40	11	11	0.28	11
		自動車	40	40	19	19	0.48	19
		情報処理	40	40	16	16	0.40	16
	R5	園　芸	40	40	19	19	0.48	21
		自動車	40	40	21	21	0.53	19
		情報処理	40	40	23	23	0.58	23

県立 富里 (とみさと) 高等学校

https://cms2.chiba-c.ed.jp/tomisato-h/

☎ 286-0221　富里市七栄 181-1
☎ 0476-92-1441
交通　ＪＲ成田線・京成線成田駅、ＪＲ総武線八街駅　バス

普通科

| 共　学 | |
| 制　服 | あり |

[カリキュラム] ◇三学期制◇

- 令和 4 年度入学生から**新教育課程**を実施。
- 基礎・基本を定着させ、学力を高める学習をする。そのため、**少人数**や**習熟度別授業**を実施している。
- 1 年生は全員同じ科目を履修し、2 年生と 3 年生は一人一人の適性や進路希望にあわせて、複数の選択科目から各自が希望科目を選択する。
- **英語教育**を重視し、これまでの教育課程よりも英語科目の**単位数を増加**した。また、**ティームティーチング**や**外国人講師による授業**により、生きた英語を学習できる。**英語検定**の資格取得に力を入れている。
- 情報化社会に対応するため、コンピュータやプロジェクター等を活用した**ICT 教育**を推進している。

[部活動]

- 約 6 割が参加。
- 運動部では、**陸上競技部**がインターハイや全国高校駅伝に出場した実績がある。柔道部やソフトテニス部も県大会で活躍している。
- 文化部では、**ジャズオーケストラ部**が日本ステューデント・ジャズ・コンテストで 5 連覇中(令和 5 年度時点)。書道部は全国高校総合文化祭出場の経験がある。
  <令和 5 年度>
  ジャズ・オーケストラ部が日本ステューデント・ジャズ・コンテスト 2023 で最優秀賞を受賞した。
  <令和 4 年度>
  ジャズオーケストラ部が日本ステューデント・ジャズ・コンテストで最優秀賞を受賞した。柔道部が女子団体で関東大会に出場し、県総体

では県ベスト 8、ソフトテニス部が県総体の男子団体と女子団体で県ベスト 16 の成績を収めた。

★設置部

サッカー、硬式野球、陸上競技、バレーボール、柔道、バスケットボール、硬式テニス、ソフトテニス、剣道、書道、ジャズオーケストラ、演劇、吹奏楽、華道、コンピュータ、美術、囲碁将棋、茶道、国際英語理解、生物、漫画研究、JRC

[行　事]

球技大会、かさぎの祭(文化の部・体育の部)、沖縄修学旅行(2 年)、校外学習、芸術鑑賞会を実施。

[進　路](令和 5 年 3 月)

- 決定率 100％の就職をはじめ、中堅私大へ数多くの合格者を出している大学進学など、生徒の希望に応じて手厚い進路指導を行っている。
- 全生徒の 70％以上が進学希望で、そのうち 4 年制大学・短大進学希望者は約 30％を占めている。
- 進路講演会や進路ガイダンスを行っている。
- 不況にあっても就職内定率は高い。

★卒業生の進路状況

　<卒業生 228 名>
　大学 78 名、短大 11 名、専門学校 94 名、就職 36 名、その他 9 名

★卒業生の主な進学先

江戸川大、川村学園女子大、敬愛大、国士舘大、駒澤大、秀明大、城西国際大、聖徳大、千葉経済大、千葉工業大、千葉商科大、中央学院大、東京情報大、東京福祉大、日本大、明海大、流通経済大、和洋女子大

♣指定校推薦枠のある大学・短大など♣

植草学園大、敬愛大、國學院大、国士舘大、淑徳大、城西国際大、千葉科学大、千葉経済大、千葉工業大、千葉商科大、中央学院大、日本大、明海大、麗澤大、和洋女子大　他

[トピックス]

- 清掃活動と生活指導に力を入れている。校内はたいへん清掃が行き届いており、落ち着いて学校生活に取り組める学習環境にある。
- **地域になくてはならない名門校**をめざしている。生徒一人ひとりを大事にし、転・退学者は非常に少ない。
- 生徒の約 4 割が市内から通い、約 8 割が自転車で通学している。
- 子育てサロンやサマースクール、ジャズフェスティバルなど、**地域とのつながり**を大切にしている。
- 生徒は積極的に部活動や学習活動に打ち込んでいる。
- 女子の制服はズボンとスカートで選択できる。
- 国政選挙や地方選挙の期日前投票所が本校内に設置されている。

[学校見学](令和 5 年度実施内容)

★一日体験入学　8 月 2 回
★学校説明会　11 月 1 回
★かさぎの祭文化の部　9 月　限定公開
★学校見学は随時可(要連絡)

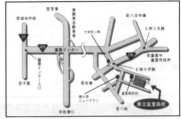

入試!インフォメーション								
受検状況	年　度	学科名	募集定員	募集人員	志願者数	受検者数	倍　率	入学許可候補者数
	R6	普　通	200	200	194	193	0.97	193
	R5	普　通	200	200	188	185	0.93	184
	R4	普　通	200	200	195	194	0.97	192

県立 佐倉（さくら）高等学校

https://cms2.chiba-c.ed.jp/sakura-h/

☏ 285-0033　佐倉市鍋山町18
☎ 043-484-1021
交通　京成線京成佐倉駅　徒歩10分
　　　ＪＲ総武線佐倉駅　徒歩25分

普通科
理数科

単位制
共学
制服　あり

[カリキュラム] ◇二学期制◇

★普通科
・英語教育拠点校（千葉県教育委員会指定）として、英語4技能の実力養成に取り組んでいる。
・1、2年次は大学進学に不可欠な基礎学力を身につけるための教科・科目を中心に学習する。
・3年次は文系・理系に分かれ、多様な選択科目のなかから各自選択履修する。選択科目には学校設定科目が多く設定され、古典研究、総合数学、英語研究、先端化学などがある。

★理数科
・ＳＳＨ(スーパーサイエンスハイスクール)として特別編成の教育課程となり、数学と理科は通常の理数科より体験的な学習を増やし、深く専門的に学ぶ。
・各自が課題を設定し、個人やグループで研究を進め、課題研究の発表を行う。
・1年次にサイエンスツアーという県内での野外自然観察実習（普通科も参加可）、2年次はシンガポールでの海外研修を実施。大学や企業の訪問、現地の高校との発表会などを行う。

[部活動]
・約9割が参加。
・進学校ながら積極的な活動で文武両道を実践している。
・最近の実績は以下のとおり。
＜令和5年度＞
　陸上競技部とカヌー部がインターハイに出場し、美術部が全日本学生美術展で特選を受賞した。
＜令和4年度＞
　工芸部と書道部が全国高校総合文化祭に出品した。全国高校総合文化祭には自然科学部門でも本校生徒が出場した。カヌー部がインターハイに出場し、陸上競技部が南関東大会や関東新人大会に出場した。

★設置部（※は同好会）
サッカー、バスケットボール、野球、バレーボール、弓道、陸上競技、レスリング、ラグビー、水泳、カヌー、ソフトテニス、バドミントン、卓球、剣道、柔道、ソフトボール、テニス、写真、文芸、家庭科、軽音楽、美術、電気、生物、化学、工芸、吹奏楽、音楽、天文気象、書道、ESS、将棋、映画研究、漫画研究、華道、※囲碁、※ダンス、※JRC、※アニメーション、※クイズ研究、※百人一首

[行事]
　鍋山祭（文化祭）、体育祭、球技大会、海外研修（シンガポール、ドイツ、英国、オランダ）、修学旅行などを実施している。

[進路]（令和5年3月）
・系統的な進路指導、組織的な進学課外講習を行っている。
・大学から講師を招き、模擬授業などを行う。

・「佐倉アクティブ」（週時程外科目）では、大学・企業研究機関を訪問して実験や実習を行うなど、将来を見据えた学びに力を入れている。

★卒業生の主な合格実績
東京大、京都大、北海道大、東北大、大阪大、茨城大、宇都宮大、埼玉大、千葉大、筑波大、電気通信大、東京外国語大、東京海洋大、東京学芸大、東京工業大、東京農工大、一橋大、富山大（医）、徳島大（医）、東京都立大、早稲田大、慶應義塾大、上智大、東京理科大

♣指定校推薦枠のある大学・短大など♣
早稲田大、慶應義塾大、青山学院大、学習院大、上智大、中央大、東京理科大、法政大、明治大、立教大　他

[トピックス]
・1792（寛政4）年に創立した佐倉藩の藩校を前身とする、長い歴史を誇る伝統校。当時から残る文化財は「鹿山文庫」と呼ばれ、一部は土日祝日に一般公開されている。
・平成13年度より進学に対応した二学期制、17年度より単位制高校となる。22年度から進学指導重点校に指定された。
・文部科学省より平成25年度からの5年間、および令和元年度より第Ⅱ期目のＳＳＨ（スーパーサイエンスハイスクール）の指定を受けた。

[学校見学]（令和5年度実施内容）
★学校説明会　8月2回、10月1回
★学校見学は随時可（要連絡）

入試！インフォメーション

受検状況	年度	学科名	募集定員	募集人員	志願者数	受検者数	倍率	入学許可候補者数
	R6	普通	280	280	435	430	1.54	280
		理数	40	40	68	62	1.55	40
	R5	普通	280	280	395	394	1.41	280
		理数	40	40	59	59	1.48	40

県立 佐倉東 高等学校
さくら ひがし

https://cms2.chiba-c.ed.jp/sakurahigashi-h/

〒285-0017　佐倉市城内町278
☎ 043-484-1024
交通　ＪＲ総武線佐倉駅、京成線京成佐倉駅　徒歩18分またはバス

普通科
調理国際科
服飾デザイン科

共　学

制　服　あり

[カリキュラム] ◇三学期制◇

★普通科
・1年次は芸術以外、全員共通の学習を行う。
・コース別カリキュラムで生徒一人一人の進路に対応。また、「わかる授業」で基礎・基本の定着をめざす。
・3年次には文系・理系の2コースに分かれる。文系では国語・地歴を重点に、理系では数学、理科を重点に学習することになるが、選択授業が多いので、自分の進路に応じた幅広い学習をすることができる。

★調理国際科
・厚生労働省の調理師養成施設認定校に指定されており、調理師免許の取得ができる。
・高校の基礎学力ならびに専門学科の知識、調理技術を習得する。
・1年次は調理の基礎技術を身につけ、食品の調理特性を理解するために調理実験を行っている。
・2、3年次には日本料理、西洋料理、中国料理それぞれの献立と調理、および行事食・饗応食の献立と調理実習を学習し、専門的知識ならびに技術を向上させる。
・鹿陵祭では食堂を出店し、実際の経営やレストランサービスについて学ぶ。

★服飾デザイン科
・被服に関する専門の知識や技術を習得し、ファッションデザインならびに被服製作の仕事に対応できる能力を身につけると同時に、社会に適応できる教養も備える。
・1年次は被服製作の授業において、被服に関する基礎的な知識・技術を習得する。
・2年次からは和裁、洋裁のコースに分かれて、被服製作の高度な知識・技術を身につける。

[部活動]
・約7割が参加。ライフル射撃部は全国大会の常連で、平成29年度には男子団体・男子個人ともにインターハイで全国優勝を遂げ、日本新記録で国体も制覇した。
・令和5年度は、ライフル射撃部が全国大会（男子個人・男子団体）に、陸上競技部が関東大会・関東選手権・関東新人大会に出場した。

★設置部（※は同好会）
卓球、バレーボール（女）、ソフトテニス、陸上競技、剣道、バスケットボール、ソフトボール、硬式テニス、弓道、バドミントン、野球、フットサル、ライフル射撃、吹奏楽、書道、演劇、茶道、ギター、写真、美術、文芸、箏曲、ファッションデザイン、編物、イラスト、華道、※アストロ、※調理技術研究

[行　事]
・球技大会、校外学習、鹿陵祭（文化の部・体育の部）、修学旅行、マラソン大会などを実施している。
・鹿陵祭文化の部は毎年2,000人の来校があるほどの盛り上がりを見せる一大イベントである。

[進　路]（令和5年3月）
進学補習、進路面談、進路ガイダンス、就職者指導、模擬面接などを行い、きめの細かい徹底した進路指導を実施している。また、3年生の代表が経験を話す進路経験交流会を行っている。

★卒業生の進路状況
＜卒業生222名＞
大学58名、短大19名、専門学校121名、就職17名、その他7名

★卒業生の主な進学先
植草学園大、敬愛大、国際医療福祉大、淑徳大、拓殖大、千葉経済大、千葉工業大、千葉商科大、中央学院大、東京情報大、日本大、明海大、流通経済大、麗澤大、和洋女子大

♣指定校推薦枠のある大学・短大など♣
亜細亜大、淑徳大、城西国際大、拓殖大、千葉科学大、千葉工業大、東都医療大、日本大、立正大　他

[トピックス]
・明治40年創立の佐倉女子技芸学校を前身とする。
・田園風景を臨む佐倉城址の一角に位置し、緑のあふれる恵まれた環境にある。

[学校見学]（令和5年度実施内容）
★学校説明会　7・11・12月各1回
★学校見学は随時可（要連絡）

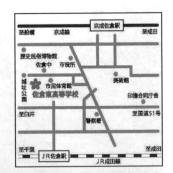

入試！インフォメーション

受検状況	年　度	学科名	募集定員	募集人員	志願者数	受検者数	倍　率	入学許可候補者数
	R6	普　　通	160	160	139	139	0.87	144
		調理国際	40	40	51	51	1.28	40
		服飾デザイン	40	40	38	38	0.95	38
	R5	普　　通	160	160	173	172	1.08	160
		調理国際	40	40	45	44	1.10	40
		服飾デザイン	40	40	41	40	1.00	40

県立 佐倉西 高等学校
さくらにし

https://cms2.chiba-c.ed.jp/sakuranishi-h/

〒285-0841　佐倉市下志津263
☎ 043-489-5881
交通　京成線志津駅　バス
　　　京成線臼井駅　徒歩25分またはバス
　　　京成線ユーカリが丘駅　徒歩25分

普通科

共　学	
制　服	あり

[カリキュラム] ◇三学期制◇
・1年次より希望者を対象とした**進学クラス**を設置している。
・2年次から**文系進学・理系進学・総合・福祉**の4コースに分かれ、各自の希望進路に沿った学習を行う。多様な選択科目が用意され、得意な教科、将来必要な教科を集中して学習することができる。
・**情報**の授業ではティームティーチングを実施し、情報リテラシーの向上に努めている。
・数学と英語は習熟度別授業を実施している。
・基礎学力定着のため毎朝10分間、**朝学習**を実施している。
・放課後や長期休業中には各教科の**補習**を実施している。
・1年次に2単位の福祉の授業（**共生社会と福祉**）を設置。手話や点字なども学ぶ。
・福祉コースでは「**介護職員初任者研修修了**」の資格が取得可能。

[部活動]
・連年、インターハイや関東大会に**ライフル射撃部、レスリング部、弓道部**が出場している。
・最近の主な実績は以下のとおり。
＜令和5年度＞
　ライフル射撃部が全国高校ライフル射撃大会に男子個人と女子個人で出場し、**弓道部**はインターハイに女子個人で出場した。レスリング部は関東大会に男子個人で出場した。
＜令和4年度＞
　ライフル射撃部が全日本ライフル射撃選手権で女子個人3位となり、全国高校ライフル射撃大会に男子団体・個人と女子個人で出場した。**弓道部**が関東個人選抜大会に、レスリング部が関東選抜大会に出場した。

★設置部
ライフル射撃、サッカー、野球、剣道、バスケットボール、弓道、卓球、バレーボール（女）、バドミントン、陸上競技、ソフトテニス、硬式テニス、ダンス、レスリング、吹奏楽、合唱、美術、書道、茶道、イラストデザイン研究、科学研究

[行　事]
球技大会、西風祭（文化祭）、体育祭、修学旅行（2年・関西）、マラソン大会などを実施。

[進　路]
・進路行事として、**分野別進路説明会、学校・職場バス見学会**などを実施。また、夏季休業中には**夏季進学補習**が行われる。
・水曜日の7限目に進学クラスや希望者に対して**進学補習**を実施。

★卒業生の進路状況（令和5年3月）
＜卒業生188名＞
大学52名、短大10名、専門学校88名、就職26名、その他12名

★卒業生の主な進学先
早稲田大、桜美林大、神田外語大、国士舘大、秀明大、順天堂大、成蹊大、聖徳大、多摩美術大、東京工芸

大、東京電機大、東都大、東洋大、日本大、日本女子体育大、明海大、目白大、流通経済大、和洋女子大

♣指定校推薦枠のある大学・短大など♣
愛国学園大、跡見学園女子大、植草学園大、江戸川大、川村学園女子大、敬愛大、国士舘大、杉野服飾大、聖徳大、大東文化大、千葉工業大、千葉商科大、東京情報大、東京電機大、東洋大、日本大、明海大、山梨学院大、流通経済大、麗澤大、和洋女子大　他

[トピックス]
・「**学習グループ チーム佐西**」を編成し、進学希望者に対し、徹底指導を行っている。
・隣接する東邦大学付属佐倉病院との交流（七夕飾り、クリスマス会）や、募金活動など、さまざまな**ボランティア活動**を積極的に行っている。
・全教室に**エアコン**が設置され、夏も快適な学習環境で過ごせる。

[学校見学]（令和5年度実施内容）
★学校説明会・部活動体験　8・11月各1回
★西風祭　9月　限定公開

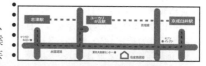

入試！インフォメーション

受検状況	年　度	学科名	募集定員	募集人員	志願者数	受検者数	倍　率	入学許可候補者数
	R6	普　通	160	160	159	159	0.99	157
	R5	普　通	200	200	188	186	0.93	186
	R4	普　通	200	200	175	174	0.87	175

県立 八街(やちまた) 高等学校

https://cms2.chiba-c.ed.jp/yachimata/

☎ 289-1144　八街市八街ろ 145-3
☎ 043-444-1523
交通　ＪＲ総武本線榎戸駅　徒歩17分

総合学科

単位制

共学

制 服　あり

[カリキュラム] ◇二学期制◇

・千葉県で初めての**単位制総合学科**。単位制なので、学年による教育課程の区分がなく、3年間で必要な単位を修得して卒業する。

・普通科目と専門科目の両方から、各自の興味や進路希望にあわせて**自分だけの科目選択（時間割）**がつくれる。科目選択のめやすとして、**人文・自然・生活・商業・情報の5つの系列**がある。

・**人文系列**では、国語・歴史・外国語などを学ぶ。「古典」「日本史」「英語」「中国語」などが選択可能。

・**自然系列**では、数学・理科・環境などを学ぶ。「数学」「物理」「身近な動物」「野菜づくり入門」などが選択可能。

・**情報系列**では、コンピュータに関する知識・技術などを学ぶ。「情報処理」「プログラミング」などが選択可能。

・**商業系列**では、会計・流通・国際経済などを学ぶ。「簿記」「原価計算」「マーケティング」などが選択可能。

・**生活系列**では、福祉・生活健康・文化芸術などを学ぶ。「手話」「食文化」「生涯スポーツ」「保育基礎」などが選択可能。

・各系列は科目選択のめやすであり、**系列を越えた選択**もできる。

・1年次は、必履修科目を学び、幅広い分野にわたり基礎・基本となる力をつける。2年次からは、多様な選択科目をもとに各生徒が独自の時間割を作って学習する。

・**資格取得**を奨励しており、選択科目の中にはそのための授業がある。日本漢字能力検定（2・準2・3級）、硬筆書写検定（2・3級）、実用英語技能検定（準2・3・4級）、日商簿記検定（3級）、簿記実務検定（1〜3級）、ビジネス文書実務検定（1〜3級）、情報処理検定試験ビジネス情報部門（1〜3級）、ビジネス計算実務検定などを取得できる。

[部活動]

・年々活発化し、県大会以上へ勝ち上がる部も多くなっている。

・最近の主な実績は以下のとおり。

＜令和5年度＞
写真同好会が県総合文化祭で金賞を受賞し関東大会の県代表となった。**サッカー部**が選手権予選の2次トーナメントに進出した。

★**設置部**（※は同好会）
陸上競技、バスケットボール、硬式野球、バレーボール、サッカー、卓球、テニス、バドミントン、剣道、柔道、ダンス、音楽、ボランティア、イラスト、書道、美術、演劇、軽音楽、※写真、情報処理、茶道・華道、※手芸、簿記、調理

[行　事]

5月　校外研修
9月　野積祭体育の部
10月　修学旅行（2年）
11月　野積祭文化の部
2月　マラソン大会

[進　路]（令和5年3月）

・1年次の必履修科目「産業社会と人間」では**大学見学や企業見学、社会人講話**などを実施。自分の将来を考える。

・2年次の「総合的な探究の時間」では**インタビュー学習**を実施。自分の適性を見つける。

★**卒業生の進路状況**
＜卒業生143名＞
大学10名、短大7名、専門学校49名、就職72名、その他5名

★**卒業生の主な進学先**
敬愛大、城西国際大、大正大、千葉商科大、帝京大、東京情報大、明海大、和光大

♣**指定校推薦枠のある大学・短大など**♣
植草学園大、敬愛大、淑徳大、城西国際大、千葉経済大、千葉商科大、中央学院大、東京情報大、流通経済大、和洋女子大、植草学園短大、千葉敬愛短大、千葉経済大短大部　他

[トピックス]

・40台のコンピュータを設置した教室が3室ある。

・1年次生の選択講座の中に国語・数学・英語の**学び直し科目**を設定している。

[学校見学]（令和5年度実施内容）

★**学校説明会**　8月4日
★**学校見学会**　10月1回
★**学校見学は随時可（要連絡）**

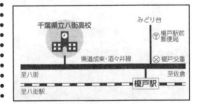

入試！インフォメーション

受検状況	年度	学科名	募集定員	募集人員	志願者数	受検者数	倍率	入学許可候補者数
	R6	総合学科	160	160	157	157	0.98	156
	R5	総合学科	160	160	140	140	0.88	140
	R4	総合学科	160	160	165	165	1.03	160

県立 四街道 高等学校
よつかいどう

普通科

https://cms2.chiba-c.ed.jp/yotsukaido-h/

〒284-0003　四街道市鹿渡 809-2
☎ 043-422-6215
交通　ＪＲ総武線四街道駅　徒歩 12 分

共　学

制　服　あり

[カリキュラム] ◇三学期制◇
- 授業時間数は**週31時間**。**英語・理科**の授業が充実している。英語は**少人数授業**を全学年で実施。数学は少人数授業を1年生で実施。
- 1・2年生は各科目を網羅的に学習し、「**知識の習得**」や「**自己理解**」を深め、進路選択の力を養う。
- 3年生は**文系・理系・文理系**に分かれ、幅広い科目から興味・関心に応じた科目を複数選び、進路実現をめざす。
- **朝学習**（10分前登校）を実施。

[部活動]
- 約8割が参加。
- 最近の主な実績は以下のとおり。

＜令和5年度＞

　ＪＲＣ同好会が全国赤十字大会に出場した（高校生で唯一）。書道部が高野山競書大会で委員長賞などを受賞した。レスリング部が男子団体で関東県予選4位・県総体3位、ソフトテニス部が関東県予選の男子団体・女子団体でベスト16などの成績を収めた。

＜令和4年度＞

　レスリング部が関東予選と県総体の男子団体・個人でそれぞれ県3位、**ソフトテニス部**が県総体の女子団体で県ベスト8、**陸上競技部**が県選手権大会の女子100ｍＨで県7位などの成績を収めた。**書道部**が高野山競書大会で管長賞などを受賞し、ＪＲＣ同好会が高校生ボランティア・アワード全国大会で青少年赤十字創設100周年賞を受賞した。

★設置部（※は同好会）
弓道、剣道、テニス、サッカー、ソフトテニス、ソフトボール、卓球、ダンス、バスケットボール、バドミントン、バレーボール、陸上競技、レスリング、野球、演劇、写真、吹奏楽、美術、書道、合唱、料理研究、※ＪＲＣ、※劇画、※茶道、※英語

[行　事]
校外学習（遠足）、えのき祭（体育の部・文化の部）、修学旅行（2年）、マラソン大会、予餞会などを実施。

[進　路]（令和5年3月）
- 放課後に3年生中心に**進学補習・小論文添削・面接指導**が実施される。
- 夏休みには全学年の希望者を対象に主要5教科の**進学補習**を開いている。
- 2年生は総合的な学習の時間を利用して**小論文作成**の練習を行う。出題パターンやテクニックを教わる小論文講演会も実施。
- **インターンシップ**を行っている。

★卒業生の進路状況
＜卒業生315名＞
大学195名、短大25名、専門学校72名、就職10名、その他13名

★卒業生の主な進学先
茨城大、琉球大、亜細亜大、学習院大、神田外語大、國學院大、国士館大、駒澤大、芝浦工業大、専修大、千葉工業大、帝京大、東京電機大、東京都市大、東京農業大、東邦大、東洋大、獨協大、二松學舍大、日本大、法政大、文教大、武蔵大、明治学院大、立教大、立正大

♣指定校推薦枠のある大学・短大など♣
亜細亜大、江戸川大、大妻女子大、敬愛大、国士館大、駒沢女子大、秀明大、淑徳大、城西国際大、聖徳大、専修大、大正大、千葉経済大、千葉工業大、千葉商科大、中央学院大、帝京平成大、東都大、二松學舍大、日本大、武蔵大、明海大、目白大、立正大、麗澤大、和洋女子大　他

[トピックス]
- 地域社会との連携に力を入れており、**図書委員会**による隣接小学校での読み聞かせ講習会、**吹奏楽部**による近隣小・中学校との合同演奏会、地元ショッピングセンターや他校での出張コンサート、**ダンス部・茶道同好会**による公民館での小学生を対象としたダンスや茶道の指導、**書道部**による近隣小学校での書初の指導、**ＪＲＣ同好会**による福祉施設等での活動、**男子バレーボール部**による盲学校との交流、**女子バレーボール部や演劇部**による防犯啓発活動への参加、**ボランティア**での小学生への学習指導などを行っている。

[学校見学]（令和5年度実施内容）
★学校説明会　8月2回、11月1回

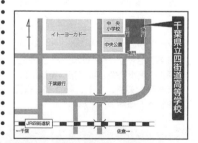

入試！インフォメーション

県立 四街道北 高等学校
（よつかいどうきた）

https://cms2.chiba-c.ed.jp/yotsukaidokita-h/

〒284-0027　四街道市栗山 1055-4
☎ 043-422-1788
交通　ＪＲ総武本線四街道駅　徒歩25分またはバス

普通科

共　学

制　服　あり

[カリキュラム]　◇三学期制◇
・毎週木曜日、「学力向上の時間」として10分間で小テスト等を行っている。
・１・２年次の数学は**習熟度別少人数授業**、１年次の英語と家庭総合は**少人数授業**を行い、わかりやすい授業が展開されている。
・２年次からは**保育基礎コース**を選択することができる。将来、保育士や幼稚園教諭をめざす生徒のためのコースで、「保育基礎」や「保育実践」を学び、施設や保育園における**実習**も行われる予定。
・３年次には**全19科目**から選ぶ選択Ｄが設けられ、将来の自分に役立つ学習を行うことが可能となっている。
・植草学園大、植草学園短大、敬愛大、千葉敬愛短大、千葉経済大短大部と高大連携授業を実施している。

[部活動]
・約６割が参加。
・最近の主な実績は以下のとおり。
＜令和３年度＞
　陸上競技部が関東大会に出場した。
＜令和元年度＞
　弓道部が関東大会に出場した。
★**設置部**（※は同好会）
　野球、陸上競技、サッカー、剣道、バレーボール、ソフトボール、バスケットボール、卓球、硬式テニス、ソフトテニス、バドミントン、弓道、演劇、合唱、コンピュータ、書道、写真、漫画研究、吹奏楽、美術工芸、家庭科、茶道、文芸、軽音楽、※囲碁将棋、※生物

[行　事]
　オリエンテーション（１年）、校外学習、辛夷祭（文化の部・体育の部）、修学旅行（２年）、球技大会（１・３年）などを実施。

[進　路]（令和５年３月）
・**少人数**と**実体験**の２つのポイントに力を入れ、各種進路行事を充実させたキャリア教育を実施している。
・１年次から**進路ガイダンス**が充実。各学年で外部講師を招いたガイダンスを実施する。
・**実力養成ゼミ**を通年で行い、進学・就職に備えた、より高度の知識を身につける。
★**卒業生の進路状況**
　＜卒業生229名＞
　大学62名、短大33名、専門学校102名、就職23名、その他９名
★**卒業生の主な進学先**
　植草学園大、江戸川大、敬愛大、国際武道大、国士舘大、淑徳大、城西国際大、大正大、千葉経済大、千葉工業大、千葉商科大、中央学院大、帝京平成大、東京情報大、明海大、立正大、麗澤大、和洋女子大
♣**指定校推薦枠のある大学・短大など**♣
　江戸川大、敬愛大、国士舘大、実践女子大、淑徳大、城西国際大、聖徳大、千葉科学大、千葉経済大、千葉工業大、千葉商科大、中央学院大、東京情報大、東京電機大、日本大、明海大、立正大、流通経済大、麗澤大、和洋女子大　他

[トピックス]
・本校では、生徒たちの“夢”の実現のために①**学力向上**、②**自分発見**、そして③**自分磨き**の３点に重点をおいて指導している。特に「自分磨き」については、社会で即戦力として活躍できるように、基本となるルールやマナーを定着させるための様々な取り組みを実施。例えば、毎朝の校門指導によるコミュニケーション力の育成や、段階的な指導を通し、ルールを守ることを身に付けさせている。

[学校見学]（令和５年度実施内容）
★学校説明会　７・８・11月各１回
★辛夷祭文化の部　９月　限定公開

四街道北高校

入試！インフォメーション

受検状況	年　度	学科名	募集定員	募集人員	志願者数	受検者数	倍　率	入学許可候補者数
	R6	普　通	240	240	270	270	1.13	240
	R5	普　通	240	240	287	287	1.20	240
	R4	普　通	280	280	319	317	1.13	280

千葉県
公　立
高校

学校ガイド

＜全日制　第５学区＞

・第５学区のエリアに含まれる、専門学科や総合学科を
　設置する高校も、紹介しています。
・学校を紹介したページの探し方については、２ページ
　「この本の使い方＜知りたい学校の探し方＞」を参照し
　てください。

県立 佐原 (さわら) 高等学校

普通科
理数科

共 学

制 服 あり

https://cms2.chiba-c.ed.jp/sawara-h/

〒287-0003　香取市佐原イ2685
☎ 0478-52-5131 〜 5132
交通　ＪＲ成田線佐原駅　徒歩20分

[カリキュラム] ◇二学期制◇

英語表現Ⅱ（2年）と数学B（3年文型）で習熟度別授業を展開。そのほか、「進学指導重点校」として、様々な学習支援をしている。

★普通科
・1年次は、全員ほぼ同じ科目を履修し、基礎・基本を充実させる。
・2年次より、文型と理型に分かれ、各自の興味・進路希望にあった科目を学習する。

★理数科
・理科や数学を他の科目より深く学習し、科学的に考察する能力を高めようという姿勢を養うことを目的とする。
・大学や企業と連携し、最先端の科学技術の体験や独自のカリキュラムを設置している。

[部活動]

・約9割が参加。
・郷土芸能部は佐原囃子（国指定重要無形民俗文化財）の演奏を行う本校独自の部活動である。
・最近の主な実績は以下のとおり。
＜令和5年度＞
弓道部がインターハイの男子団体で全国8位、女子団体で全国ベスト32となった。陸上競技部がインターハイに女子やり投で出場し、また、関東選抜新人大会の男子走幅跳で優勝した。文学部が関東地区高校生文芸大会に出場した。
＜令和4年度＞
書道部が高校生国際美術展書の部で佳作、吹奏楽部が県吹奏楽コンクールのB部門で銀賞などの成績を収めた。弓道部が関東個人選抜大会に、

陸上競技部が関東新人大会に出場した。

★設置部（※は同好会）
サッカー、バレーボール、ハンドボール、バスケットボール、バドミントン、野球、ソフトテニス、卓球、柔道、陸上競技、体操、剣道、弓道、水泳、山岳、テニス、空手道、※カヌー・ボート、歴史研究、郷土芸能、写真、パソコン、演劇、化学、生物、文学、音楽、美術、書道、天文気象、茶道、軽音楽、吹奏楽、ダンス、将棋、JRC、※漫画イラスト

[行　事]

・星輝祭（文化祭）やスポーツ大会などの行事は、すべて生徒が自主的に企画・運営している。
・この他に、新入生歓迎会、バス遠足、10マイルハイク（歩き遠足）、修学旅行（2年）などを実施。

[進　路]（令和5年3月）

・長期休業中や通常時の早朝、放課後、土曜日などに進学補習を計画的に実施。
・進路指導室は、常時出入り可能・面接・指導を受けることができる。
・各界で活躍中のOBによる講義「佐原高校OB夢授業」を実施。

★卒業生の進路状況
＜卒業生273名＞
大学258名、短大1名、専門学校3名、就職3名、その他8名

★卒業生の主な合格実績
東北大、茨城大、宇都宮大、埼玉大、千葉大、筑波大、電気通信大、東京工業大、一橋大、茨城県立医療大、高崎経済大、千葉県立保健医療大、

東京都立大、福島県立医科大、横浜市立大、防衛大学校、防衛医科大学校、早稲田大、慶應義塾大、青山学院大、学習院大、上智大、中央大、東京理科大、法政大、明治大、立教大

[トピックス]

・明治33年創立。令和2年に120周年を迎えた伝統校である。
・すべての教室に冷房が設置され、学習環境は快適である。
・国立極地研究所主催の中高生南極北極科学コンテストにおいて、本校生徒が平成29年度に奨励賞、27・24年度に優秀賞、26年度に南極科学賞を受賞している。
・平成26年に本校生徒が東京大学の大学院生とともに「さわら部」を結成。小野川沿いの「さわらぼ」を拠点に香取市佐原地区のまちづくりを考えていく。

[学校見学]（令和5年度実施内容）
★学校説明会　8月2回、10月1回
★星輝祭　6月　見学可（要予約）
★学校見学は随時可（要連絡）

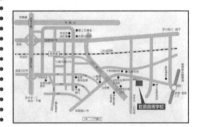

入試！インフォメーション

受検状況	年度	学科名	募集定員	募集人員	志願者数	受検者数	倍率	入学許可候補者数
	R6	普通	240	240	254	253	1.05	240
		理数	40	40	37	35	0.88	40
	R5	普通	240	240	245	243	1.01	240
		理数	40	40	27	27	0.68	30

県立 佐原白楊 (さわらはくよう) 高等学校

https://cms2.chiba-c.ed.jp/sawarahakuyo-h/

☎ 287-0003 香取市佐原イ 861
☎ 0478-52-5137
交通　ＪＲ成田線佐原駅　徒歩７分

単位制
共学
制服　あり

[カリキュラム] ◇二学期制◇

・千葉県下初の**普通科単位制高校**。学年の区分をなくし、３年間で必要な単位を修得して卒業するシステムを採用。広範な選択科目に加え、その道に秀でた社会人講師を招いて市民と共に学ぶ「聴講講座」も開講している。

・１年次は芸術を除き全員が共通の必修科目を履修し、基礎、基本を身に付ける。

・２年次に27科目37講座、３年次には36科目67講座を展開し、各自の興味や進路希望にあわせて、多様な選択講座群から履修科目を選び、「自分だけの時間割」を作る。

[部活動]

・約９割が参加。

・弓道部、陸上競技部は全国大会出場の実績がある。

・最近の主な実績は以下のとおり。

＜令和５年度＞
陸上競技部が男子やり投で関東大会に出場した。

＜令和４年度＞
弓道部が関東予選の女子個人で県４位、県総体の女子団体で県７位の成績を収めた。

★設置部
陸上競技、ソフトテニス、バスケットボール、卓球、バレーボール、ソフトボール（女）、剣道、弓道、野球、サッカー、柔道、語学、音楽、美術、書道、食物、華道、被服、写真、科学、茶道、吹奏楽、アニメーション、箏曲、JRC、フォークソング

[行事]

6月　ポプラ祭（文化祭）
9月　スポーツ大会
11月　修学旅行（２年次）

[進路]（令和５年３月）

・**進路ガイダンス**（１・２年）や**進路セミナー**（３年）を実施。

・**進学課外授業**が充実。通年で放課後、長期休業中も実施。専門学校講師による**公務員試験合格力養成講座**もある（令和４年度合格数14件）。

★卒業生の進路状況
＜卒業生198名＞
大学127名、短大５名、専門学校45名、就職18名、その他３名

★卒業生の主な合格実績
筑波大、島根大、福島大、群馬県立女子大、千葉県立保健医療大、長岡造形大、山口県立大、学習院大、國學院大、駒澤大、芝浦工業大、成蹊大、専修大、中央大、東京電機大、東京薬科大、東洋大、獨協大、日本大、法政大、明治大、明治薬科大

♣指定校推薦枠のある大学・短大など♣
植草学園大、江戸川大、神田外語大、敬愛大、国際医療福祉大、国際武道大、淑徳大、聖徳大、千葉科学大、千葉経済大、千葉工業大、千葉商科大、中央学院大、東邦大、東京情報大、獨協大、日本大、流通経済大、麗澤大、和洋女子大　他

[トピックス]

・明治43年、香取郡立佐原高等女学校として開校。平成15年に佐原白楊高等学校と改称し、共学化した。令和２年に創立110周年を迎えた。

・「地域伝統芸術」や「陶芸」などの講座は、その道の専門家である外部の社会人講師が担当する。これらの講座は、公開講座として一般の人にも開放されている（コロナ禍により令和２年～４年度は開放されなかったが５年度は実施）。受講者数によっては開講できない場合がある。

・隔年で**海外生徒派遣事業**を実施（コロナ禍により未実施。検討中）。令和元年度にはカンタベリーカレッジ（オーストラリア）短期留学を行った。

[学校見学]（令和５年度実施内容）

★一日体験入学　８月２回
★授業公開週間　10月下旬
★学校見学は随時可（要連絡）

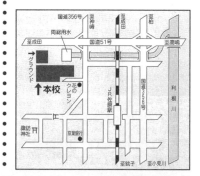

入試！インフォメーション

受検状況	年度	学科名	募集定員	募集人員	志願者数	受検者数	倍率	入学許可候補者数
	R6	普通	200	200	202	201	1.01	200
	R5	普通	200	200	213	212	1.06	200
	R4	普通	200	200	182	179	0.90	180

県立 小見川 高等学校
おみがわ

https://cms2.chiba-c.ed.jp/omigawa-h/

〒289-0313　香取市小見川4735-1
☎0478-82-2146
交通　JR成田線小見川駅　徒歩25分

普通科

| 共　学 |

| 制　服 | あり |

[カリキュラム] ◇三学期制◇
・1年次の国・数・英は1クラス2分割の少人数授業。
・2年次に**総合コース**と**医療コース**に分かれ、3年次にはそこに**福祉コース**が加わる。
・**医療コース**は看護師や医療技師など将来医療従事者を目指すためのコース。香取おみがわ医療センターや千葉科学大学と連携し、体験学習や大学での特別講義などが行われる。
・**福祉コース**では、幅広い学習や実習を通じ、地域福祉向上のために大学などの上級学校で学びや研究を深める意欲・態度を育てる。将来を見据えた進学の実現、資格の取得を目指す。「社会福祉基礎」「生活支援技術」「介護総合演習」の3科目を学び、**介護職員初任者研修修了の資格**が取得できる。高大連携・地域連携により教員も確保されている。

[部活動]
・部活動に力を入れており、**カヌー部**は全国大会優勝、**ボート部**、**陸上競技部**はインターハイに出場の経験がある。
・最近の主な実績は以下のとおり。
＜令和5年度＞
インターハイで**ボート部**が全国2位（男子）、**カヌー部**が全国4位（女

城山祭

子）・6位（男子）の成績を収めた。**陸上競技部**が国体に男子円盤投で出場した。
＜令和4年度＞
カヌー部が関東大会で優勝、インターハイで入賞、日本カヌースプリント選手権大会で優勝、関東選抜大会で優勝を遂げた。また、アジアパシフィック大会の日本代表選手2名を輩出した。**陸上競技部**が関東大会、関東新人大会に出場した。**ボート部**が関東大会に出場した。

★設置部（※は同好会）
ボート、野球、ソフトテニス、陸上、サッカー、バドミントン、バスケットボール、ソフトボール、卓球、剣道、カヌー、バレーボール、吹奏楽、郷土史研究、フォークソング、演劇、美術、漫画研究、書道、生物、華道、写真

[行　事]
・新入生歓迎会、城山祭（体育の部、文化の部）、修学旅行などを実施。
・城山祭は1学期から準備を進め、体育の部と文化の部を連続して催す。

[進　路]（令和5年3月）
・補習を始業前、放課後、長期休業中などに行う。また1年次から**進路ガイダンス**を実施している。さらに、三者面談の実施や進路指導室の設置など、進路指導が充実している。
・漢字検定・英語検定・パソコン検定などに力を入れている。
・就職支援担当教員を配置。履歴書・面接の指導や新規事業所の開拓を行っている。
・**公務員合格力養成講座**を1年生から開講。

★卒業生の進路状況
＜卒業生144名＞
大学23名、短大7名、専門学校85名、就職27名、その他2名

★卒業生の主な進学先
鹿屋体育大、江戸川大、亀田医療大、国際医療福祉大、国際武道大、秀明大、淑徳大、城西国際大、千葉工業大、千葉商科大、中央学院大、東海大、明海大、立正大、麗澤大

[トピックス]
・大正11年、小見川町立小見川農業学校として開校。昭和28年に県立小見川高等学校に改称し、現在に至る。令和3年に100周年を迎えた伝統校で、卒業生は2万名を超える。
・ボート場、野球場、テニスコート、400mグラウンドなど、**施設が充実**。
・普通教室は**エアコン完備**。
・**ボランティア活動**が盛んで、福祉施設への訪問や地域清掃活動などに参加している。
・令和6年度入学生より**医療コース**を新たに設置した。

[学校見学]（令和5年度実施内容）
★学校説明会　8・10月各1回

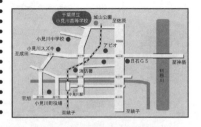

入試！インフォメーション

受検状況	年　度	学科名	募集定員	募集人員	志願者数	受検者数	倍　率	入学許可候補者数
	R6	普　通	160	160	146	146	0.91	146
	R5	普　通	160	160	131	130	0.81	131
	R4	普　通	160	160	145	144	0.90	144

県立 多古 高等学校

普通科
園芸科

共学

制服 あり

https://cms2.chiba-c.ed.jp/tako-h/

℡ 289-2241 香取郡多古町多古 3236
☎ 0479-76-2557
交通　ＪＲ総武線八日市場駅、ＪＲ成田線成田駅・佐原駅、京成線東成田駅　バス

[カリキュラム] ◇三学期制◇
★普通科
・2年次から各自の適性、希望進路などに応じて**進学文系・進学理系・ビジネス**の3コースに分かれて学習。
・進学文系コースでは、文学・法学・経済・社会学・福祉・教育・外国語・芸術などの大学進学をめざす。
・進学理系コースでは、工学・薬学・理学・医療技術・看護系などの大学進学をめざす。
・ビジネスコースでは、商業・情報関連科目（「簿記」など）を学習し、各種資格を取得し、実務能力を育てる。
★園芸科
・普通科目と専門科目の選択により、将来の進路に応じた学習ができる。
・**先進地農家見学**を実施。
・コンピュータやバイオテクノロジーの知識をもつ**将来の農業経営者**の育成を行う。
・1年次は全員が共通のカリキュラムで学習する。
・2年次からは**選択科目**（「作物」「野菜」「草花」など）を各自の適性、希望進路などに応じて学習することで専門性をより深めていく。
・日本農業技術検定や簿記、小型車両系建設機械などの資格取得をめざす。

[部活動]
・1年生は全員参加制。部活動に特に力を入れており、運動部を中心に活発である。
・最近の主な実績は以下のとおり。
<令和4年度>
野球部が夏の県大会ベスト16、**卓球部**が男子団体で県新人大会出場を果

たした。美術部が高校生国際美術展奨励賞を受賞した。
<令和3年度>
野球部が秋季県大会ベスト16、**ソフトテニス部**が県新人大会出場（男子個人・団体）、**卓球部**が県新人大会出場（男子団体）の成績を収めた。
★設置部
バスケットボール、ソフトテニス、卓球、野球、陸上競技、柔道、剣道、弓道、バドミントン、ゴルフ、吹奏楽、美術、家政、生物、園芸、ＪＲＣ、書道

[行　事]
スポーツ大会、修学旅行（2年）、鶴陵祭（文化祭）などを実施。

[進　路] (令和5年3月)
・1年次は、**進路適性試験、進路講話、職業・専門学校体験**を行う。
・2年次は、**企業・専門学校・大学見学会、分野別進路ガイダンス、インターンシップ**を行う。
・3年次は、**進路適性検査、進路ガイダンス、SPIテスト**を行う。
・夏休みには**進学補習**や**資格講座講習会**を実施する。
・普通科、園芸科とも、**資格の取得**を推進している。
★卒業生の進路状況
<卒業生65名>
大学11名、短大1名、専門学校13名、就職35名、その他5名
★卒業生の主な進学先
敬愛大、淑徳大、城西国際大、女子美術大、清和大、千葉工業大、和洋女子大

[トピックス]
・明治40年、多古町立多古農学校として創立。1世紀以上の伝統を誇る。
・平成24年度、地域住民や保護者が学校運営に関わる**コミュニティスクール**に、県下で初めて指定された。地域行事への生徒スタッフの参加、本校生徒による生産物の販売（花苗、米、落花生、生徒考案おにぎりなど）、「地域の人々と学ぶ農業生産講座」、地元中学校への出前授業・部活動交流など、地域との交流や小中学校との連携を行っている。
・令和4年度、**千葉県交通安全対策推進委員会会長表彰**を受賞した。
・令和2年度には「**地域学校協働活動**」推進に係る文部科学大臣表彰、魅力ある県立学校づくり大賞特別賞に輝いた。

[学校見学] (令和5年度実施内容)
★中学生一日体験入学　8月2回
★学校説明会　10月1回
★園芸科説明会　12月1回
★鶴陵祭　11月　見学可
★学校見学は随時可（要連絡）

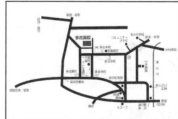

入試！インフォメーション

受検状況	年　度	学科名	募集定員	募集人員	志願者数	受検者数	倍　率	入学許可候補者数
	R6	普　通	80	80	58	58	0.73	58
		園　芸	40	40	20	20	0.50	20
	R5	普　通	80	80	39	39	0.49	39
		園　芸	40	40	21	21	0.53	21

県立 銚子 高等学校
ちょうし

普通科

https://cms2.chiba-c.ed.jp/kencho/

〒288-0033　銚子市南小川町943
☎ 0479-22-6906
交通　ＪＲ総武線銚子駅　徒歩20分またはバス
　　　銚子電鉄観音駅　徒歩10分

共 学

制 服　あり

[カリキュラム]　◇三学期制◇
- 進学に重点を置いた週31時間の充実したカリキュラム。令和3年度から45分7時限授業となった。
- 1年次は基礎・基本の充実を図る。
- 2年次から、各自の進路に合わせ、**文型・理型**に分かれる。また、**多彩な選択科目**から幅広い進路希望に対応した履修が可能である。文型の選択科目には、2年次に「グローバル英語A」、3年次に「子どもの発達と保育」「体育特講」などがある。
- 数学・英語を中心に**少人数クラス**、**習熟度別クラス**で授業を展開し、実力アップを図っている。
- 授業として「防災の学び」を導入している。

[部活動]
- 約8割が参加。
- 最近の主な実績は以下のとおり。
  <令和5年度>
  弓道部が関東大会（女子団体・女子個人）・関東個人選抜大会（女子）・特別国体（女子代表メンバー）に出場した。
  <令和4年度>
  弓道部がインターハイ（女子団体）・関東個人選抜大会（女子）に出場した。
  ★設置部
  陸上競技、バスケットボール、バレーボール、テニス、弓道、水泳、卓球、バドミントン、硬式野球、ソフトテニス、吹奏楽、写真、書道、美術、茶道、ハンドメイキング、華道、演劇、JRC、マンガ、パソコン

[行　事]
6月　スポーツ大会（春季）、県銚祭（文化祭）
10月　修学旅行（2年）、スポーツ大会（秋季）

[進　路]
- 放課後や長期休業中に各教科とも積極的に進学に向けた**講習**を展開。
- 進路ガイダンス、三者面談などを通し、生徒一人ひとりを大切にした進路指導を行っている。
- 進路指導室が設置され、多くの生徒が活用している。
- 1年次に**大学見学会**や大学の**体験授業**、2年次に進路ガイダンスや小論文勉強会、3年次には進路講演会などを行っている。
- 1、2年次から外部講師を招いての**公務員講座**や**公務員基礎力養成講座**などを開講。就職・公務員模試は年間5回行っている。
- ★卒業生の主な進学先
  茨城大、山形大、群馬県立女子大、尾道市立大、國學院大、駒澤大、専修大、東洋大、獨協大、日本大、武蔵大、明治大
- ♣指定校推薦枠のある大学・短大など♣
  神奈川大、国際医療福祉大、大東文化大、千葉科学大、千葉工業大、帝京大、獨協大、武蔵野大　他

[トピックス]
- 明治44年、海上郡立銚子実科高等女学校として創立。長きに渡る女子教育の伝統校であったが、平成19年度より**男女共学**となった。令和2年度に創立110年を迎えた。
- 「文武両道」を実践する、学習と部活動の両立が可能な学校。
- 千葉科学大との**高大連携**により、大学講師による授業を受けることができる。
- 登校時のみであるが、スクールバスがJR銚子駅前から運行している。
- 平成27年に4階建ての**新校舎（尚志館）**が落成した。
- 平成30年、**演劇部員**が銚子防災無線を担当し、電話de詐欺等の被害防止を呼びかけ続けたことが被害件数の大幅減少につながったため、銚子警察署から感謝状を贈呈された。
- 地域に根差した防災教育や探究活動の実践が評価され、**令和2年度学校安全表彰～文部科学大臣表彰～**を受けた。
- 令和3年度、千葉県の魅力ある県立学校づくり大賞で優秀賞を、内閣府の**防災教育チャレンジプラン**で防災教育優秀校賞を受賞した。
- 令和4年度、**子供の読書活動優秀実践校**として文部科学大臣表彰を受けた。

[学校見学]（令和5年度実施内容）
★一日体験入学　8月2回
★県銚祭　7月　見学可

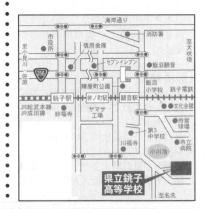

入試！インフォメーション

受検状況	年　度	学科名	募集定員	募集人員	志願者数	受検者数	倍　率	入学許可候補者数
	R6	普　通	160	160	130	130	0.81	130
	R5	普　通	160	160	140	139	0.87	140
	R4	普　通	160	160	173	172	1.08	160

県立 銚子商業 高等学校

商業科
情報処理科
海洋科

https://cms2.chiba-c.ed.jp/choshi-ch/

共学

制服 あり

〒288-0813 銚子市台町1781（本校舎）
〒288-0837 銚子市長塚町1-1-12（海洋校舎）
☎0479-22-5678（本校舎） 0479-22-1348（海洋校舎）
交通 JR総武本線銚子駅 徒歩15分（本校舎）
　　　JR総武本線松岸駅 徒歩20分（海洋校舎）

[カリキュラム] ◇二学期制◇

・商業科と情報処理科はくくり募集を行い、1年次は「簿記」「情報処理」「ビジネス基礎」の学習を通じて商業の基礎的な知識・技能を身に付ける。
・2年次より各自の希望や適性に応じて各科・コースに分かれ、専門的なカリキュラムで学習する。

★商業科
・流通ビジネスコースと会計コースに分かれて学習する。
・流通ビジネスコースは、商業に関する幅広い知識を身につける。
・会計コースは、簿記や会計分野に重点を置いた学習を行い、2年次に全商簿記実務検定1級や日商簿記検定2級の取得をめざす。
・学校設定科目として、スポーツのインストラクターになることをめざす「生涯スポーツ」がある。

★情報処理科
・コース分けをせず、選択科目を活用して進路の実現をはかる。
・学校設定科目として、CGについて学ぶ「グラフィックデザイン」がある。

★海洋科
・1年次は水産全般について基礎・基本的事項を学習する。
・2年次から、海洋環境コースと食品総合コースに分かれて学ぶ。
・食品総合コースでは、水産物の食品加工・流通や栄養学などを学ぶ。
・海洋環境コースでは、環境保全や生物環境、未来の海を守るための知識・技能について学ぶ。学校設定科目としてレジャーフィッシングがある。また、小型船舶免許は本校が教習所となっており、卒業時に取得できる。

[部活動]
・1年生は全員参加制。
・硬式野球部は春8回、夏12回の甲子園出場経験をもち、全国優勝に輝いたこともある。
・最近の主な実績は以下のとおり。
＜令和5年度＞
インターハイに自転車競技部（男子個人ロード競技）、カヌー部（女子カナディアンC-1）が出場し、関東大会に水泳部（男子100m自由形など4競技）、体操部が出場した。
＜令和4年度＞
硬式野球部が関東大会に出場した。自転車競技部がインターハイや国体などに出場した。体操部が県総体で男子団体県4位、卓球部が関東予選と県総体で女子団体県5位となった。

★設置部（※は同好会）
硬式野球、陸上競技、サッカー、体操、バスケットボール、バレーボール、バドミントン、テニス、剣道、弓道、卓球、水泳、ボート、柔道、自転車競技、吹奏楽、書道、美術、珠算、簿記、ワープロ、JRC、情報処理研究、バトン、イラスト、ハンドメイキング、華道、茶道、※英語、※ソーイング、※生物、※写真、※将棋

[行　事]
球技大会、修学旅行、体育祭、文化祭などを実施する。

[進　路]
★卒業生の主な合格実績
亜細亜大、敬愛大、国際武道大、専修大、千葉経済大、千葉商科大、中央大、獨協大、日本大

♣指定校推薦枠のある大学・短大など♣
駒澤大、専修大、中央大、東洋大、日本大　他

[トピックス]
・検定・資格取得に力を入れている。
・学業と部活動の両立を推進している。
・生徒による商品開発（おさかなデニッシュ、銚子ロール）などにより起業家精神を育成する。
・本校舎は令和7〜8年度に大規模改修を施し、その間は海洋校舎ですべての授業を行う予定となっている。

[学校見学]（令和5年度実施内容）
★オープンスクール　8月3回

入試！インフォメーション

受検状況	年　度	学科名	募集定員	募集人員	志願者数	受検者数	倍　率	入学許可候補者数
	R6	商業・情報処理	200	200	203	202	1.01	200
		海　洋	40	40	16	16	0.40	16
	R5	商業・情報処理	200	200	190	189	0.95	190
		海　洋	40	40	11	10	0.25	10

※商業科・情報処理科はくくり募集。

県立 旭農業 高等学校
あさひ のう ぎょう

畜産科
園芸科
食品科学科

https://cms2.chiba-c.ed.jp/asahi-ah/

〒289-2516　旭市ロ1
☎ 0479-62-0129
交通　ＪＲ総武本線旭駅　徒歩10分

共　学

| 制　服 | あり |

[カリキュラム] ◇三学期制◇
・専門科目をはじめ、1年次の普通科目では**少人数クラス、ティームティーチング**形態の授業を実施し、確実な学力の向上を図っている。
・地域や学校の特色を生かし、創意工夫をこらしたカリキュラム編成をしている。
・多岐にわたる生徒の進路希望に対応できるよう、多様な選択科目を設置し、「**個性重視の教育**」「**自己教育力の育成**」を推進している。

★畜産科
・家畜の飼育や農業経営に関する知識と技術を習得し、畜産を中心とする農業経営者や農業技術者として必要な能力や態度を身につける。また、社会動物の学習を通じ、人間社会における動物の役割、動物の福祉を理解する能力と動物を人道的かつ科学的に飼育できる技術を身につける。
・**酪農専攻、養豚専攻、養鶏専攻、愛玩動物専攻**を設置。

★園芸科
・**野菜・果樹・草花**の各専攻では、農産物に関する生産や流通についての体験的な学習を行う。
・**フードデザイン専攻**では、自ら栽培した野菜・果物を用いた調理やメニューの開発を行う。

★食品科学科
・農産物を主とする食品の加工、流通に関する知識と技術を習得し、国民経済における食品流通の重要性を認識し、食品産業に従事する技術者として必要な能力や態度を身につける。
・**簿記**や**情報処理**などの資格取得を目指す。
・**製造コース**と**情報コース**を設置。

[部活動]
・最近の主な実績は以下のとおり。
＜令和4年度＞
美術部が千葉県環境月間ポスターで準特選を受賞した。

★設置部
柔道、剣道、バスケットボール、バレーボール、ソフトテニス、サッカー、卓球、陸上競技、野球、バドミントン、書道、美術、写真、文芸、将棋、JRC、コンピュータ簿記、吹奏楽、食物、被服

[行　事]
春季スポーツ大会、意見発表大会、農業鑑定競技会、秋季スポーツ大会、修学旅行、旭農祭（文化祭）などを実施。

[進　路]
進路ガイダンスや外部講師を招いて礼法・面接指導、職業講話を実施。

★卒業生の進路状況（令和5年3月）
＜卒業生97名＞
大学5名、短大0名、専門学校14名、就職61名、その他17名

★卒業生の主な進学先
植草学園大、淑徳大、城西国際大、千葉科学大、千葉商科大、東京農業大、千葉県立農業大学校

♣指定校推薦枠のある大学・短大など♣
敬愛大、淑徳大、城西国際大、千葉経済大、東京家政学院大、東京工芸大、東京情報大、東洋学園大、ものつくり大　他

[トピックス]
・明治43年創立。令和2年に創立110周年を迎えた伝統校。
・水田・普通畑・農業基礎畑・温室・造園畑などの**実習地**や、乳牛・繁殖豚・肥育豚・鶏などの飼育場などを備える広大な農業実習がある。
・近隣の小学校と連携して、「イモ」や「米」づくりなどの体験授業の手伝いを本校生徒が行うチャレンジ農業体験や動物ふれあい体験を行っている。
・優良な**農業後継者の育成**を目指し、先進的農業経営体験の一環として希望する生徒を対象に、近隣農家や県外の協力農家で就農体験実習（住み込み）を実施している。
・令和4年度に本校の衛生管理が認められ、全国初となる3部門の**農場HACCPの認定**が行われた。
・令和4年度の関東地区学校農業クラブ連盟大会で本校生徒が優秀賞を受賞した。
・令和5年度の関東地区学校農業クラブ連盟大会・情報処理競技会で本校生徒が優秀賞を受賞した。

[学校見学]（令和5年度実施内容）
★一日体験入学　7月1回
★学校説明会　12月1回（中学2年生対象）
★学校見学は随時可（要連絡）

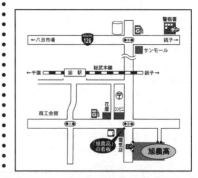

入試！インフォメーション

受検状況	年　度	学科名	募集定員	募集人員	志願者数	受検者数	倍　率	入学許可候補者数
	R6	畜　産	40	40	22	22	0.55	22
		園　芸	40	40	28	27	0.68	27
		食品科学	40	40	34	34	0.85	34

県立 東総工業 高等学校
とうそうこうぎょう

https://cms2.chiba-c.ed.jp/toso-th/

☏ 289-2505　旭市鎌数字川西 5146
☎ 0479-62-2522
交通　ＪＲ総武本線干潟駅　徒歩 12 分

電子機械科
電気科
情報技術科
建設科

共　学

制　服　あり

[カリキュラム] ◇三学期制◇
・4つの学科を備えた総合的な工業高校として、実験・実習を中心とした「ものづくり」教育を実施。
・充実した施設、設備を活用して必要な技術や技能を習得し、職業に直結する各種資格試験の合格を目指す。無料講習会を設定し、学科を越えた支援を行う。

★電子機械科
・メカトロニクス時代に対応する機械技術、電気・電子技術、制御技術を総合的に学習する。例えば、ロボットなどの機械を設計し、部品を製作する技術、動かすための電気・電子技術、さらに動きをコントロールするための制御技術について学習する。

★電気科
・基礎・基本の上に立ち、新しい技術変革に対応できる電気技術者の育成を目指す。
・卒業後は第二種電気工事士試験、第三種電気主任技術者試験、工事担任者試験において、一部科目の免除など、有利な扱いを受けることができる。

★情報技術科
・高度情報化社会で活躍できるコンピュータ技術者の育成を目指す。
・コンピュータの仕組みからプログラミング、ネットワークの構築までを幅広く学習し、コンピュータをツールとして効率的に活用できる能力を養成する。

★建設科
・人々の暮らしと産業を支える社会基盤（道路・鉄道・空港・港湾・橋・ダム・トンネル・上下水道・都市計画など）や快適な住環境をめざした各種建築物などを造るための計画・設計・施工方法について学習する。
・2年次から各自の希望に応じて土木コースと建築コースに分かれ、土木・建築の技術を集中的に学習する。

[部活動]
・約6割が参加。
・機械情報部は令和元年度まで11年連続で高校生ロボット相撲全国大会に出場しており（令和2年度は中止）、自立型で全国優勝の実績もある。
・最近の主な実績は以下のとおり。
＜令和5年度＞
機械情報部が高校ロボット相撲関東選手権で自立型2位、ラジコン型3位となった。陸上競技部が関東大会に男子800mで出場した。
＜令和4年度＞
機械情報部が全日本ロボット相撲大会の全国の部と高校生ロボット相撲全国大会に出場した。バスケットボール部が県大会ベスト8に入賞した。
★設置部（※は同好会）
サッカー、卓球、テニス、ソフトテニス、硬式野球、陸上競技、バレーボール、バスケットボール、バドミントン、柔道、剣道、山岳、音楽、書道、美術、電気、機械情報、物理、自動車、マイコン、JRC、※ライセンス研究、※空手道

[行　事]
5月　校外学習
10月　東総祭（文化祭）、スポーツ大会、修学旅行（2年）
12月　芸術鑑賞会
1月　課題研究発表会

[進　路]（令和5年3月）
就職状況は昨今の不況下にあっても好調。進路指導部主催のガイダンスを1年の5月、2年の3学期、3年の5月に行い、その後6月に3者面談を実施。

★卒業生の進路状況
＜卒業生151名＞
大学19名、短大1名、専門学校44名、就職87名、その他0名

★卒業生の主な進学先
千葉科学大、千葉工業大、帝京平成大、東京情報大、東京富士大、日本大、日本工業大、了徳寺大

♣指定校推薦枠のある大学・短大など♣
江戸川大、敬愛大、秀明大、淑徳大、城西国際大、清和大、千葉科学大、千葉経済大、千葉工業大、千葉商科大、東京情報大、日本大　他

[トピックス]
東総地域の工業開発促進施策の一環として地元住民、産業界の期待を担い昭和38年開校。

[学校見学]（令和5年度実施内容）
★学校説明会　8・12月各1回
★体験入学　10月1回
★東総祭　10月　見学可
★学校見学は随時可（要連絡）

入試！インフォメーション

受検状況	年　度	学科名	募集定員	募集人員	志願者数	受検者数	倍率	入学許可候補者数
	R6	電子機械	40	40	38	38	0.95	38
		電　気	40	40	30	30	0.75	30
		情報技術	40	40	39	39	0.98	39
		建　設	40	40	26	25	0.63	25

127

県立 匝瑳 そうさ 高等学校

総合学科

https://cms2.chiba-c.ed.jp/sosa-h/

〒289-2144　匝瑳市八日市場イ1630
☎0479-72-1541
交通　JR総武線八日市場駅　徒歩15分またはバス

単位制
共　学
制　服　あり

[カリキュラム] ◇二学期制◇

- 1年次には必履修科目を中心とした科目を履修し、2年次から将来の進路・職業選択（キャリア・パス）に応じた大学等への進学に合わせた4つの系列に分かれ、興味・関心に応じた多様な科目を選択して履修する。
- PEACHキャリア系列は、政治・教育・芸術分野、公務員などへの進路希望に対応し、人文／文系大学・学部・学科への進学を目指す。
- 国際ブリッジビルダー系列は、外交官・通訳・国際協力関係などへの進路希望に対応し、国際系大学・学部・学科への進学を目指す。
- 360°キャリアビルダー系列は、栄養士・看護師・理学療法士・カウンセラーなどへの進路希望に対応し、文理別の枠にとらわれない大学・学部・学科への進学を目指す。
- STEMキャリア系列は、医師・薬剤師・建築家などへの進路希望に対応し、理系大学・学部・学科への進学を目指す。

[部活動]

- 約8割が参加。
- 弓道部は、連年、全国大会や関東大会に出場している強豪。
- 最近の主な実績は以下のとおり。
- <令和5年度>
高校生国際美術展で美術部が奨励賞、書道部が佳作を受賞した。将棋部が県大会B級で優勝した。弓道部が関東予選の男子個人で県3位、県総体の女子個人で県5位となった。
- <令和4年度>
美術部が全国高校総合文化祭に出場した（3年連続）。弓道部が関東予選で女子個人県2位と男子個人県8位、陸上競技部が県高校記録会のハンマー投で男女とも入賞した。

★設置部（※は同好会）
柔道、陸上競技、野球、バスケットボール、卓球、弓道、剣道、バレーボール、サッカー、バドミントン、ソフトテニス、硬式テニス、山岳、音楽、生物、天文気象、写真、華道、茶道、書道、JRC、美術、演劇、文芸、吹奏楽、ギター、ESS、電子工学、将棋、ダンス、調理、※SF、※クイズ

[行　事]

5月　競技大会、蔦陵祭（文化祭）
9月　競技大会
10月　修学旅行（2年）

[進　路]（令和5年3月）

- キャリア教育に力を入れて指導しており、「仕事を知ろう」医療編・看護編・教職編・成田空港編・起業編・看護学部合格講座・保育編・福祉編が実施されている。
- 大学見学や大学の先生による模擬授業を行う。
- 夏季休業中、全学年で夏期講座を開講。

★卒業生の進路状況
　<卒業生名211名>
　大学159名、短大6名、専門学校32名、就職8名、その他6名

★卒業生の主な進学先
北海道大（医）、茨城大、宇都宮大、弘前大、秋田県立大、群馬県立女子大、千葉県立保健医療大、東京都立大、早稲田大、青山学院大、学習院大、杏林大（医）、国際医療福祉大（医）、中央大、法政大、明治大、立教大

♣指定校推薦枠のある大学・短大など♣
青山学院大、中央大、津田塾大、東京理科大、法政大、明治学院大　他

[トピックス]

- 大正13年、千葉県立匝瑳中学校として創立。校訓は、「至誠」「剛健」「快活」「高雅」。生徒・職員共に文武両道の精神に基づき、学力向上と部活動の活性化を図っている。
- 平成25年度より千葉県で10校目の進学指導重点校に指定された。
- 平成5年度に制服をリニューアル。
- 令和6年度から「進学を重視した総合学科」に生まれ変わった。

[学校見学]（令和5年度実施内容）

★学校説明会　8月2回、10月1回
★中学2年生対象学校説明会　1月1回
★蔦陵祭　6月　見学可
★学校見学は随時可（要連絡）

入試！インフォメーション

受検状況	年　度	学科名	募集定員	募集人員	志願者数	受検者数	倍　率	入学許可候補者数
	R6	総合学科	240	240	214	214	0.89	214
	R5	普　通	200	200	209	209	1.05	200
		理　数	40	40	9	9	0.23	17

学校ガイド

＜全日制　第６学区＞

・第６学区のエリアに含まれる、専門学科や総合学科を
　設置する高校も、紹介しています。

・学校を紹介したページの探し方については、２ページ
　「この本の使い方＜知りたい学校の探し方＞」を参照し
　てください。

県立 松尾 高等学校

まつお

https://cms2.chiba-c.ed.jp/matsuo-h/

〒289-1527 山武市松尾町大堤546
☎ 0479-86-4311
交通 JR総武線松尾駅 徒歩10分

普通科

共　学	
制　服	あり

[カリキュラム] ◇三学期制◇

・1年次は、全員共通の学習を行い、基礎、基本をきちんと身につけることを目指している。
・卒業後の希望実現のため、2年次より、進路希望別のコースに分かれる。
・文系コースは、文学部や看護学部への進学希望者に対応。国語・社会・英語を多く学ぶ。
・理系コースは、理学部や工学部への進学希望者に対応。数学・理科・英語を多く学ぶ
・福祉コースは、将来社会福祉の方向へ進むことを考えている人向けのコース。介護職員初任者研修の修了をめざす。

[部活動]

・弓道部は全国大会や関東大会に毎年のように出場する強豪。
・最近の主な実績は以下のとおり。
＜令和5年度＞
弓道部が県総体で男子団体2位・男子個人2位・女子個人3位の成績を収めた。吹奏楽部が県吹奏楽コンクールB部門で銀賞を受賞した。
＜令和4年度＞
弓道部が男子団体で関東大会ベスト8となり、男子個人でインターハイに出場した。卓球部が新人大会の女子団体で県ベスト16となった。
★設置部
卓球、ソフトテニス、バスケットボール、バレーボール、ソフトボール、弓道、陸上、サッカー、ダンス、吹奏楽、演劇、写真、美術、茶華道、書道、英語、生物、JRC、コンピュータ、漫画、勉強、文芸、家庭、GA研究

[行　事]

・春の遠足は往復15～16kmの道を歩く伝統の行事。
・この他に、球技大会、文化祭、体育祭、修学旅行などを実施。

[進　路]

・1・2年次にインターンシップを導入。
・作文上達講座、仕事発見講座、ビジネスマナー講座など、工夫を凝らした様々な講座を実施している。
・土曜日には国・英の土曜講座を実施（9:00～12:00）。
★卒業生の進路状況（令和5年3月）
＜卒業生120名＞
大学29名、短大16名、専門学校57名、就職18名、その他0名
★卒業生の主な進学先
植草学園大、亀田医療大、神田外語大、敬愛大、秀明大、淑徳大、城西国際大、千葉科学大、千葉工業大、千葉商科大、東京情報大、日本大、明海大、麗澤大、和洋女子大

[トピックス]

・明治42年創立の伝統ある学校。平成18年度よりそれまでの女子校から男女共学となり、制服も一新した。平成30年度に創立110周年を迎えた。
・合宿所（「桔梗寮」）や古典植物園を有している。
・平成27年度から令和元年度まで文部科学省のスーパーグローバルハイスクールであり、海外研修や国際交流などに取り組んできた。SGH指定の終了後もその経験を生かしてグローバル人材の育成に力を注いでおり、地域の視点・グローバルな視点をもとにグローバル型事業に取り組んでいる。例えば総合的な探究の時間で地域フィールドワークやアクションプランの提言を行い、選択科目「グローバル・コミュニケーションⅠ・Ⅱ」で英語によるコミュニケーション能力を養成する。
・千葉県教育委員会から「グローバル化に関する学び」導入校、英語教育拠点校に指定されており、ALTが常駐している。
・令和2年度から「地域との協働による高等学校教育改革推進事業（グローカル型）」のアソシエイトに指定された。
・令和4年度入学生より新制服となった。

[学校見学]（令和5年度実施内容）
★学校説明会　8月1回

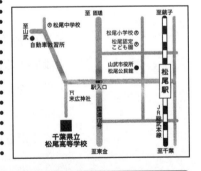

入試！インフォメーション

受検状況	年　度	学科名	募集定員	募集人員	志願者数	受検者数	倍　率	入学許可候補者数
	R6	普　通	120	120	126	126	1.05	120
	R5	普　通	120	120	105	103	0.86	104
	R4	普　通	120	120	138	137	1.14	120

県立 成東 (なるとう) 高等学校

https://cms2.chiba-c.ed.jp/narutou-h/

☏ 289-1326　山武市成東 3596
☎ 0475-82-3171
交通　ＪＲ総武本線成東駅　徒歩 25 分またはバス

普通科
理数科

単位制
共　学
制　服　あり

[カリキュラム] ◇二学期制◇
・くくり募集のため、1 年次は全員が共通授業を受ける。
・45 分 7 限授業。
★普通科
・2 年次に文系・理系に分かれ、多種多様な選択授業の中から自分の進路に応じた科目を選んで学習する。
★理数科
・2 年次より、理系選抜クラスとして、普通科から分かれる。数・理に重点を置いたカリキュラムとなっている。
・2 年次の理数科目「理数探究」では、テーマを自分で決めて研究する。
・3 年次の選択授業には近隣の大学等と連携した講座もあり、様々な進路に対応した学習が可能となっている。
＜教員基礎コース＞
・普通科・理数科の双方で受講できる。
・2 年次に「教員基礎」(夏休みなどの集中講義)、3 年次に「教師体験基礎」(通年の選択授業)を受講。

[部活動]
・約 8.5 割が参加。
・最近の主な実績は以下のとおり。
＜令和 5 年度＞
陸上競技部がインターハイ・関東大

会に出場した。バレーボール部・山岳部・水泳同好会が関東大会に出場した。書道部が千葉県美術会長賞を受賞した。
★設置部 (※は同好会)
剣道、柔道、野球、ソフトテニス、サッカー、バレーボール、空手、山岳、卓球、バドミントン、ホッケー、バスケットボール、陸上競技、英語、化学、茶道、写真、演劇、書道、生物、天文、美術、文芸、物理、棋道、応援、吹奏楽、※水泳、※パソコン、※ダンス、※漫画研究、※軽音楽、※社会科研究、※クイズ研究

[行　事]
九十九祭(文化祭)、スポーツ大会、修学旅行(2 年)、ロードレース大会などを実施。

[進　路] (令和 5 年 3 月)
・4 月の新入生学習法ガイダンスに始まり、懇切丁寧な進路指導が計画的に行われている。
・進学課外授業を早朝・放課後・長期休業中に実施するなど、大学受験対策が充実している。
・3 年次の選択授業には「ヘルスケア基礎」や「多文化共生」など、それぞれの生徒の進路に向けた内容のものが数多くある。
★卒業生の進路状況
＜卒業生 266 名＞
大学 234 名、短大 5 名、専門学校 9 名、就職 0 名、その他 18 名
★卒業生の主な進学先
茨城大、宇都宮大、埼玉大、千葉大、筑波大、東京外国語大、信州大、奈良女子大、高崎経済大、千葉県立保健医療大、都留文科大、早稲田大、

慶應義塾大、東京理科大
♣指定校推薦枠のある大学・短大など♣
青山学院大、学習院大、駒澤大、中央大、東京理科大、東邦大、日本大、獨協大、法政大、明治大、立教大他

[トピックス]
・創立 120 年を超える歴史と伝統を誇る。「質実剛健」の校訓のもと、文武両道を掲げて学業と部活動の双方に励む生徒が多い。
・充実した授業と進路指導体制を特徴とする県教育委員会指定の「進学指導重点校」である。
・地元の学校や大学、医療機関と連携して行う授業を選択できる。
・冷暖房を完備している。
・300m 全天候陸上競技場・両翼 92m の野球部専用グラウンドなど、体育施設が充実しており、運動系部活がたいへん盛んである。

[学校見学] (令和 5 年度実施内容)
★学校説明会　8・9 月各 1 回
★学校見学は随時可(要連絡)

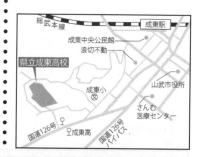

入試！インフォメーション

受検状況	年度	学科名	募集定員	募集人員	志願者数	受検者数	倍　率	入学許可候補者数
	R6	普通・理数	240	240	250	247	1.03	240
	R5	普通	240	240	235	233	0.97	233
		理数	40	40	24	24	0.60	24

※ R6 から普通科・理数科はくくり募集。

131

県立 東金 高等学校
とうがね

https://cms2.chiba-c.ed.jp/togane-h/

〒283-0802　東金市東金 1410
☎ 0475-54-1581
交通　ＪＲ東金線東金駅　徒歩 8 分

共　学

制　服　あり

[カリキュラム] ◇三学期制◇

★普通科
・3 年次に文系と理系に分かれる。理系は理数科目で少人数授業を行っている。

★国際教養科
・英語科目が充実しており、少人数制やＡＬＴ（専任の外国人教員）とのティームティーチング制の導入など、きめ細かい指導を実施。
・フランス語も選択可能。
・2 年次の夏休みには、2 週間の日程で海外語学研修があり、ニュージーランドでホームステイをしながら現地の学校に通い、語学の集中講座、各地見学などを行う。

[部活動]

・約 8 割が参加。
・番組制作同好会には令和元年度まで 8 年連続でＮＨＫ杯高校放送コンテスト全国大会に出場した実績がある。
・最近の主な実績は以下のとおり。
<令和 5 年度>
新体操部が関東大会に団体・個人で出場した。女子バスケットボール部が関東予選で県 7 位、県総体で県 5 位、新人戦で県 5 位の成績を収めた。陸上競技部は新人戦の男子 400m で 8 位に入賞した。
<令和 4 年度>
新体操部が全日本選手権で団体総合 7 位入賞、全国高校選抜大会 6 位入賞などの成績を収めた。陸上競技部が女子やり投で関東大会に出場した。番組制作同好会が関東大会に出場した。
<令和 3 年度>

箏曲部と美術部が全国高校総合文化祭に出場した。新体操部が関東大会に出場した。
★設置部（※は同好会）
陸上競技、バレーボール、新体操、バスケットボール、ソフトボール、卓球、山岳、ソフトテニス、剣道、空手道、サッカー、野球、茶道、華道、写真、演劇、箏曲、書道、吹奏楽、文芸・漫画、英語、美術、ダンス、声楽、※番組制作

[行　事]

・八鶴祭（文化祭）は、最も盛り上がる生徒会の行事で、2 ヶ月以上前から準備にとりかかる。
・この他、スポーツ祭、芸術鑑賞会、修学旅行（2 年）などを実施。

[進　路] （令和 5 年 3 月）

・進学希望者のため 3 年生の希望者を対象にサマーセミナーを実施するなど、進学課外授業が充実している。
・大学模擬授業を実施。
★卒業生の進路状況
<卒業生 193 名>
大学 125 名、短大 4 名、専門学校 34 名、就職 16 名、その他 14 名
★卒業生の主な合格実績
千葉県立保健医療大、学習院大、駒澤大、成城大、専修大、津田塾大、東洋大、獨協大、日本大、法政大、武蔵大、明治学院大
♣指定校推薦枠のある大学・短大など♣
学習院大、神田外語大、専修大、創価大、東洋大、獨協大、日本大、法政大、武蔵大、明治学院大、立正大他

[トピックス]

・オーストラリアの姉妹校サザンクロス校との間で交換留学を行っている。
・「開かれた学校づくり」の一環として、八鶴湖クリーン作戦に取り組んでいる。
・平成 30 年に創立 110 周年を迎えた。
・校内にプラネタリウムがある。

[学校見学] （令和 5 年度実施内容）

★学校説明会　8 月 1 回
★国際教養科説明会　9 月 1 回
★学校見学は随時可（要連絡）

入試！インフォメーション

受検状況	年度	学科名	募集定員	募集人員	志願者数	受検者数	倍率	入学許可候補者数
	R6	普通	160	160	165	164	1.03	160
		国際教養	40	40	43	41	1.03	40
	R5	普通	160	160	187	186	1.16	160
		国際教養	40	40	38	38	0.95	40

県立 東金商業 高等学校 とうがねしょうぎょう

https://www.chiba-c.ed.jp/toushou/

〒283-0805　東金市松之郷字久我台 1641-1
☎ 0475-52-2265
交通　ＪＲ東金線東金駅　徒歩40分または直行バス

共　学

制　服　あり

[カリキュラム] ◇三学期制◇

・商業の専門学校として、基本的な生活習慣の確立や充実した体験学習に取り組み、社会の中核を支える人づくりをしている。
・入学選抜は「くくり募集」で行っており、1年次は商業の基礎科目「ビジネス基礎」「簿記」「情報処理」を全員が履修。2年次からは商業科と情報処理科に分かれて学習する。
・両学科とも、経済産業省ITパスポート試験、日商簿記検定3級、日商リテール・マーケティング（販売士）検定2・3級、全商ビジネス文書実務検定1・2級などの資格を取得することが可能。

★商業科

・実社会で必要な商業の知識と関連技能の習得を目指し、IT技術や簿記、販売関係などを幅広く学習する。
・両学科共通の資格に加えて日商簿記検定2級の取得が可能。

★情報処理科

・最新のコンピュータを活用したアプリケーションソフトや情報通信技術（IT）プログラムを中心に学習。
・両学科共通の資格に加え、経済産業省情報セキュリティマネジメント試験、全商情報処理検定（プログラミング部門）1・2級の取得が可能。

[部活動]

・約7割が参加。
・最近の主な実績は以下のとおり。
＜令和5年度＞
簿記部・情報処理部が全国大会出場。陸上競技部が関東選手権出場。
＜令和4年度＞
簿記部・情報処理部が全国大会出場。陸上競技部が関東選手権・関東新人大会出場。

★設置部

野球、バレーボール、陸上、柔道、サッカー、バスケットボール、卓球、ソフトボール、剣道、ソフトテニス、漫画研究・美術、情報処理、家庭、茶道・華道、演劇、英語、写真、簿記、吹奏楽

[行　事]

芸術鑑賞会、マラソン大会、久我祭（体育の部・文化の部）、修学旅行、校外実習、課題研究発表会などを実施。

[進　路] （令和5年3月）

・1年次は全員がキャリア教育体験に参加する。
・2年次には全員参加のボランティア体験を実施する。
・1年次から進路講話、マナー講座、コミュニケーション講座を実施し、社会人としての知識・教養を養う。
・公務員講座や看護医療受験対策講座などを実施。

★卒業生の進路状況

＜卒業生156名＞
大学43名、短大10名、専門学校60名、就職39名、その他4名

★卒業生の主な進学先

植草学園大、敬愛大、国士館大、城西国際大、聖徳大、拓殖大、千葉経済大、千葉商科大、東京経済大、東京情報大、東洋大、日本大、流通経済大、了徳寺大、和洋女子大

♣指定校推薦枠のある大学・短大など♣

植草学園大、江戸川大、敬愛大、国士館大、秀明大、淑徳大、城西国際大、清和大、拓殖大、千葉経済大、千葉工業大、千葉商科大、東京経済大、東京情報大、東京電機大、東洋大、日本大、文教大、武蔵野大、明海大、了徳寺大、和洋女子大　他

[トピックス]

・「夢をカタチに　東商ブランド」がキャッチ・フレーズ。「基本的生活習慣の徹底」「部活動の活性化」「資格取得と進路実現」に力を入れている。
・キャリア教育を重視しており、企業と新商品を共同開発したり、産業教育フェアや東金商工会議所が主催するイベントに参加して販売実習を行っている。

[学校見学] （令和5年度実施内容）

★一日体験入学　8月1回
★授業公開　5・11月各1回
★学校見学は随時可（要連絡）

入試！インフォメーション

受検状況	年　度	学科名	募集定員	募集人員	志願者数	受検者数	倍　率	入学許可候補者数
	R6	商業・情報処理	120	120	92	92	0.77	92
	R5	商業・情報処理	120	120	92	92	0.77	92
	R4	商業・情報処理	120	120	130	130	1.08	120

※商業科・情報処理科はくくり募集。

県立 大網 高等学校
おおあみ

https://cms2.chiba-c.ed.jp/oami-h/

℡ 299-3251　大網白里市大網 435-1
☎ 0475-72-0003
交通　JR外房線・東金線大網駅　徒歩13分

普通科
農業科
食品科学科
生物工学科

共学

制服　あり

[カリキュラム] ◇三学期制◇

・数学、英語などでは少人数教育を実践し、技能を身につける情報処理や農業学科の実験実習については、教員の複数教育を実施。

・普通科も含め、技能に関するさまざまな資格取得が可能。

★普通科
英語や数学は**少人数授業**。数学の一部授業は**習熟度別**で実施。2・3年生は進路希望に応じた**専門科目**を学べ、生徒一人ひとりの個性に応じた進路実現が可能。また、全学年で**朝学習**を行い基礎学力の定着を図る。

★農業科
野菜・草花・畜産や農業と環境、農業経営などの専門科目を通じ、農業のもつ公益的機能や環境に配慮した近未来的農業について学ぶ。また、流通のしくみや簿記、コンピュータの操作技術、さらには各種資格の取得など、情報化社会に対応した、流通経済分野で活躍する人材をめざした学習も行う。

★食品科学科
食品産業に従事する技術者をめざす。各種食品のつくり方や微生物の培養・利用などについて学習する。

★生物工学科
バイオテクノロジー、愛玩動物飼育管理技術など、先端技術について学び、技術者や産業人をめざす。

[部活動]

・最近の主な実績は以下のとおり。
＜令和5年度＞
吹奏楽部が県吹奏楽コンクールB部門で銅賞を受賞した。また、本校生徒が**日本学校農業クラブ全国大会農**業鑑定競技会に出場した。
＜令和4年度＞
美術部が全国学芸サイエンスコンクール（絵画部門）で入選した。**食品化学部**が学校農業クラブ連盟研究発表大会で関東大会に進出した。

★設置部（※は同好会）
バスケットボール、サッカー、ソフトテニス、柔道、硬式野球、剣道、バレーボール、卓球、陸上競技、※ダンス、ボランティア、吹奏楽、書道、演劇、美術、茶道、イラスト、生物、家庭科、写真、食品化学、組織培養、実験動物、愛玩動物、酪農、草花、野菜、農業情報処理、簿記、食品製造、微生物利用

[行　事]

・**獣魂祭**では動物たちの供養を行う。
・市産業文化祭などに出展している。自分たちの作った農産物や加工品を商品として、自分たちの手で地元の方へ届ける。
・9月に校外学習（1年）や修学旅行（2年）、10月に体育祭や獣魂祭、11月にみやざく祭（文化祭）などを実施。

[進　路]（令和5年3月）

大学・短大・専門学校・就職・公務員の各分野ごとに**進路ガイダンス**を実施。また、外部講師による**進路講話**を実施。

★卒業生の進路状況
＜卒業生142名＞
大学12名、短大5名、専門学校52名、就職61名、その他12名

★卒業生の主な進学先
植草学園大、江戸川大、淑徳大、城西国際大、聖徳大、千葉商科大、東京情報大、東京農業大、日本獣医生命科学大

[トピックス]

・東京情報大と連携。**マルチコンテンツ制作**について学ぶ。「Flashを用いたメディア・コンテンツ作成入門」をテーマとした講義が行われた。また、ちば愛犬動物フラワー学園との連携ではトリマーに関する学習をする。

・知事が認証する「ちばエコ農産物」に生産技術科の「梨」が登録されている。

・「**動物ふれあい教室**」では、近隣小学校の授業支援として、中正農場にて、本校生徒の指導のもと、動物の管理や乳牛の乳搾りを体験している。

[学校見学]（令和5年度実施内容）
★一日体験入学　8月1回
★学校説明会　9・12月各1回

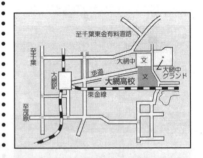

入試！インフォメーション

受検状況	年　度	学科名	募集定員	募集人員	志願者数	受検者数	倍　率	入学許可候補者数
	R6	普　通	40	40	32	32	0.80	32
		農　業	40	40	20	20	0.50	20
		食品科学	40	40	35	35	0.88	35
		生物工学	40	40	35	35	0.88	35

県立九十九里高等学校

くじゅうくり

普通科

共　学

制　服　あり

https://cms2.chiba-c.ed.jp/kujukuri-h/

〒283-0104　山武郡九十九里町片貝1910
☎ 0475-76-2256
交通　ＪＲ東金線東金駅　バス

[カリキュラム] ◇三学期制◇

　2学年からコース別学習となる。各自、希望進路などに応じて5つのコースから選択する。

<生活デザインコース（服飾系）>
・服飾、デザイン関係だけでなく幼児教育関係を目指す生徒に適している。
・コンピュータ学習も行われ、卒業後すぐに役立つ技術が身につく。
・**被服製作検定（1～4級）・ビジネス文書実務検定**などの取得が可能。

<生活デザインコース（食物系）>
・調理師ならびに栄養士を目指す生徒に適している。
・コンピュータ学習も行われ、卒業後すぐに役立つ技術が身につき、男子にも人気がある。
・**食物調理検定（1～4級）・ビジネス文書実務検定**などの取得が可能。

<ビジネス基礎コース（情報系）>
・情報関係の科目に重点が置かれ、社会や生徒の要望に対応できるカリキュラム編成になっている。
・すぐに役立つコンピュータの操作技術もマスターできる。
・**情報処理検定1級、簿記検定2級**などの資格取得を目指した学習も行っている。

<文系進学コース>
・主に文学部、経済学部、法学部などの文科系大学への進学を目標とする。
・基礎から応用へと、進学に必要な能力を無理なく身につけることができる。

<理系進学コース>
・主に理学部、工学部、看護医療系などの理科系大学への進学を目標とする。
・進学に向け、数学・理科・英語を中心に学習する。

[部活動]
・1学年の1学期は全員参加制。
・**書道部**は全国高校総合文化祭に、**商業部**は関東大会に出場した実績がある。また、運動部では、**ソフトテニス部**が2年連続で関東大会に出場した実績をもつ。

★設置部
バレーボール、バスケットボール、剣道、硬式野球、ソフトテニス、柔道、吹奏楽、美術、写真、箏曲、茶道、書道、手芸、商業、ＪＲＣ

[行　事]
5月　球技大会
6月　学年レク（1・2年）
9月　秋季スポーツ大会、校外学習（1・3年）
10月　修学旅行（2年）、黒潮祭（文化祭）

[進　路]（令和5年3月）
・**キャリア教育**を進路学習として展開。外部講師を招き**進路説明会**を行うほか、卒業生による**進路講演会**、**分野別進路相談会**、個別進学相談会、**インターンシップ**などを行っている。
・**大学進学補習**のほか、**面接指導**や**小論文指導**をきめ細かに行い、進路決定率100％をめざしている。

★卒業生の進路状況
<卒業生42名>
大学・短大8名、専門学校9名、就職24名、その他1名

★卒業生の主な進学先
植草学園大、淑徳大、千葉工業大、東京情報大、日本大

[トピックス]
・令和4年度に創立50周年を迎えた。
・**コミュニティ・スクール**として、九十九里ふるさと祭りへの参加や学校周辺の清掃などを行っている。
・学び直し教材「**マナトレ**」を導入している。
・キャリア教育が充実している。また、放課後学習を行っている。
・学校全体で**地域環境美化活動**に取り組んでいる。

[学校見学]（令和5年度実施内容）
★学校説明会　8・11月各1回
★黒潮祭　10月　見学可

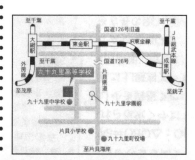

入試！インフォメーション

受検状況	年　度	学科名	募集定員	募集人員	志願者数	受検者数	倍率	入学許可候補者数
	R6	普　通	120	120	28	27	0.23	27
	R5	普　通	120	120	46	45	0.38	45
	R4	普　通	120	120	43	43	0.36	43

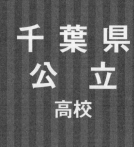

千葉県
公　立
高校

学校ガイド

＜全日制　第７学区＞

・第７学区のエリアに含まれる、専門学科や総合学科を
　設置する高校も、紹介しています。
・学校を紹介したページの探し方については、２ページ
　「この本の使い方＜知りたい学校の探し方＞」を参照し
　てください。

県立 **長生** 高等学校
（ちょうせい）

普通科
理数科

単位制
共学
制服　あり

https://cms2.chiba-c.ed.jp/chosei-h/

☎ 297-0029　茂原市高師 286
☎ 0475-22-3378
交通　ＪＲ外房線茂原駅　徒歩13分

[カリキュラム] ◇二学期制◇
・45分×7時限の授業を実施。
・英語・国語は少人数、数学は習熟度別で授業を展開している。
・2年次からは、各自の興味・関心、希望進路にあわせて授業を選択することができる。
・3年次では、既存の科目に加え、学習内容を受験対策に特化した「数学研究」「英語研究」「現代文研究」などの学校設定科目（「研究科目」）が用意され、多様な選択ができる。

[部活動]
・約8割が参加。
・**剣道部**は関東大会に男子団体が18回、女子団体が4回の出場実績を誇る古豪。インターハイにも男子団体、女子団体それぞれに出場経験がある。
・最近の主な実績は以下のとおり。
<令和5年度>
インターハイに**水泳部**が出場し、全国高校総合文化祭に**美術部**、**写真部**が出場した。関東大会に**陸上競技部**、**水泳部**、**写真部**が出場した。
<令和4年度>
インターハイに**空手道部**が出場し、全国高校総合文化祭に**写真部**、**美術部**、**書道部**が出場した。関東大会に**陸上競技部**、**水泳部**、**将棋部**、**写真部**が出場した。**弓道部**が全国選抜大会に出場した。
★設置部（※は同好会）
野球、陸上競技、柔道、剣道、ソフトテニス、サッカー、バスケットボール、バレーボール、卓球、水泳、空手道、テニス、弓道、文芸、ＥＳＳ、写真、書道、放送、美術、吹奏楽、コーラス、マンドリン、サイエンス、華道、茶道、ＪＲＣ、演劇、将棋、※ダンス、※フォーク研究

[行　事]
体育祭、文化祭、球技大会、修学旅行（2年）、大学教授と語る会、天夢塾（各界で活躍する卒業生による講義）などを実施。

[進　路]（令和5年3月）
早朝や放課後、長期休業中における年間1,500時間を超える**進学課外授業**、千葉大などの教授による**模擬授業**などが実施されている。
★卒業生の進路状況
<卒業生 273 名>
大学 226 名、短大 0 名、専門学校 0 名、就職 1 名、その他 46 名
★卒業生の主な合格実績
東京大、東北大、東京工業大、大阪大、千葉大、お茶の水女子大、東京医科歯科大、東京外国語大、横浜国立大、東京農工大、早稲田大、慶應義塾大、上智大、東京理科大、明治大
♣指定校推薦枠のある大学・短大など♣
東京都立大、早稲田大、青山学院大、学習院大、中央大、東京理科大、法政大、明治大、立教大　他

[トピックス]
・平成16年度より県教育委員会から**進学指導重点校**に指定されている。
・平成17年度から二学期制・進学型単位制校に移行した。
・令和3年度から5年間、文部科学省より**SSH（スーパーサイエンスハイスクール）**に指定されている（平成22～26年度、28年度～令和2年度に続き3期目の指定）。**未来を切り**拓くイノベーション人材の育成をめざし、学習指導要領の枠を超えた先進的な学習プログラムを実施している。特に理科・数学に加え、科学英語を大幅に取り入れている。また、千葉大学やかずさDNA研究所などとの連携により、高度な科学技術教育を行っている。
・アメリカやオーストラリアでのホームステイプログラム、ワールドサイエンスツアー、留学生の受け入れなど、**国際交流**が盛んである。
・放送大学と協働し、**オンライン先取り学習**を実施している。

[学校見学]（令和5年度実施内容）
★学校説明会　8月1回
★授業公開　9・11月各1回
★学校見学は随時可（要連絡）

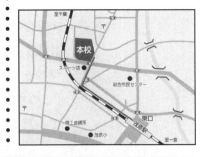

入試！インフォメーション

受検状況	年度	学科名	募集定員	募集人員	志願者数	受検者数	倍率	入学許可候補者数
	R6	普通・理数	280	280	321	318	1.14	280
	R5	普通	240	240	257	257	1.07	240
		理数	40	40	44	44	1.10	40

※ R6 からは普通科・理数科はくくり募集。

県立 茂原（もばら）高等学校

https://ncsaas.cu-mo.jp/mobaraHS/htdocs/

〒297-0029　茂原市高師 1300
☎ 0475-22-4505
交通　ＪＲ外房線茂原駅　徒歩 25 分またはバス

普通科

共学

制　服　あり

[カリキュラム]　◇三学期制◇
・１年次は５教科を中心に基礎学力の向上を目指し、芸術以外全員が共通の科目を学習する。
・２年次から**文類型**、**理類型**に分かれて学習する。
・**文類型**はバランスの良いカリキュラム編成で、文系への進学に適している。
・**理類型**は数学と理科に関する科目が充実しており、理・工・医療系への進学に適している。

[部活動]
・約７割が参加。
・**射撃部**は国体や全国大会、**陸上競技部**は関東大会常連の強豪である。
・文化部では、**美術部**、**書道部**、**マンドリン部**が全国高校総合文化祭出場の経験をもつ。
・最近の主な実績は以下のとおり。
＜令和５年度＞
　射撃部が全国高校ライフル射撃大会や国体に女子ビームライフルで出場した。**陸上競技部**が関東大会に男子ハンマー投で出場した。
＜令和４年度＞
　射撃部が女子エアライフルで全国大会に、男子ビームライフルで関東大会に出場した。陸上競技部は男子ハンマー投で関東大会に出場した。**美術部**が全国高校総合文化祭に美術・工芸部門で出場した。
★設置部（※は同好会）
サッカー、野球、バレーボール（女）、バスケットボール、卓球、ソフトテニス、ソフトボール、バドミントン、ダンス、剣道、陸上競技、射撃、ESS、家庭科、文芸、茶華道、写真、演劇、合唱、書道、美術、箏曲、マンドリン、※軽音楽、※吹奏楽

[行　事]
4月　校外学習
9月　どうびょう祭（文化の部）
10月　どうびょう祭（体育の部）、修学旅行（２年）

[進　路]（令和５年３月）
・**職業別ガイダンス**（１・２年）、**分野別進路講演会**（２・３年、保護者）、**進路講演会**（全学年）、**大学出前授業**（１・２年）、**面接指導**（３年）を実施。
・放課後に**課外授業**、夏季休業中にも**夏季課外授業**を実施。
・令和４年度卒業生は14名が**公務員**となった（茂原市役所、警視庁、千葉県警、国家税務職員など）。
★卒業生の進路状況
　＜卒業生197名＞
　大学120名、短大14名、専門学校32名、就職19名、その他12名
★卒業生の主な合格実績
　茨城大、岩手大、信州大、青森公立大、千葉県立保健医療大、青山学院大、学習院大、國學院大、駒澤大、専修大、中央大、東洋大、日本大、法政大、明治大、明治学院大
♣指定校推薦枠のある大学・短大など♣
　淑徳大、城西国際大、千葉工業大、東邦大、東洋大、日本大、和洋女子大　他

[トピックス]
・教育方針は、**「真理の探究」**（学芸の研鑽に努め、知識の向上を図る）、**「個性の伸張」**（自由と責任を重んじ、自主的精神を涵養する）、**「人格の完成」**（規律と秩序を尊ぶ高雅な精神を陶冶する）。
・明治35年創立の歴史と伝統ある学校で、令和６年度に**創立123周年**を迎えた。校訓は**「自立」**。
・「日本さくらの名所100選」に選ばれている茂原公園に隣接し、学校全体が緑に囲まれている。
・朝の**10分間読書**を行っている。
・令和３年度より女子の制服にスラックスが追加された。
・１学年の「総合的な探究の時間」で「**茂高街塾**」と題し、地域と連携した取り組みを行うことで、**社会に貢献できる人材**の育成を目指している。

[学校見学]（令和５年度実施内容）
★一日体験入学　８月１回
★学校説明会　11月１回
★どうびょう祭文化の部　９月　見学可
★学校見学は随時可（要連絡）

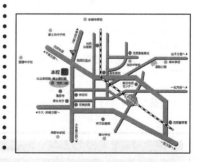

入試！インフォメーション

受検状況	年度	学科名	募集定員	募集人員	志願者数	受検者数	倍率	入学許可候補者数
	R6	普通	160	160	151	151	0.94	151
	R5	普通	160	160	174	174	1.09	160
	R4	普通	160	160	164	161	1.01	160

県立 茂原樟陽 高等学校
もばらしょうよう

https://cms2.chiba-c.ed.jp/mobarashouyou/

〒297-0019　茂原市上林283
☎ 0475-22-3315
交通　ＪＲ外房線茂原駅　徒歩18分
　　　ＪＲ外房線新茂原駅　徒歩20分

農業科
食品科学科
土木造園科
電子機械科
電気科
環境化学科

| 共　学 |

| 制　服 | あり |

[カリキュラム] ◇三学期制◇
★農業科
・作物の栽培、家畜の飼育、および農業経営に関する知識と技術を学ぶ。
★食品科学科
・農産物の基本的生産技術やその利用と流通、および情報処理に関する知識と技術を学ぶ。
★土木造園科
・農業生産の基盤の造成・整備に関する分野、および生活環境の美化整備に関する分野についての知識と技術を学ぶ。
★電子機械科
・電子技術や情報・制御技術など、メカトロニクス技術に関する基本を実践的に学ぶ。
★電気科
・電気、電子、またコンピュータに関する基本的な知識・技術を実践的に身につける。
★環境化学科
・環境や化学の基本的な知識・技術を実践的に学ぶ。

[部活動]
・約6割が参加。
・専門部（農業・工業）として、園芸、畜産、農業土木、造園、情報処理、電子機械、電気、環境化学の各部がある。
・最近の主な実績は以下のとおり。
＜令和5年度＞
射撃部が県総体で男子総合団体優勝・ライフル男子団体優勝・エアライフル個人優勝・ビームピストル個人優勝などを遂げ、全国大会に出場

した。
＜令和4年度＞
射撃部が全国選手権、国体、関東選抜大会に出場した。環境化学部が高校生理科研究発表会で奨励賞を受賞した。
＜令和3年度＞
射撃部が全国高校ライフル射撃競技選手権大会に団体戦で出場した。また関東選抜大会のビームピストル男子で4位となった。

★設置部（※は同好会）
サッカー、卓球、バレーボール、野球、柔道、剣道、陸上競技、バスケットボール、射撃、空手道、弓道、テニス、ソフトテニス、バドミントン、科学、写真、茶道、書道、英語、美術、文芸、演劇、音楽、インターアクト、囲碁・将棋、※家庭科、※社会科

[行　事]
5月　校外学習（1年）
9月　修学旅行（2年、北海道方面）
10月　球技・スポーツ大会
11月　樟陽祭（文化祭、研究展示・農産物即売）

[進　路]
・企業や専門学校などから講師を招へいして、講習、面談、ガイダンス、進路別見学会などを学年別に実施。
・進路指導室、面談室、資料室なども充実。
・外部講師を招いた公務員対策講座や現役の公務員を招いて国家公務員（国土交通省）説明会などを実施。

★卒業生の主な合格実績
江戸川大、亀田医療大、敬愛大、国士舘大、淑徳大、城西国際大、聖徳大、清和大、大正大、千葉経済大、千葉工業大、千葉商科大、東京情報大、東京農業大、東都医療大、日本大、明海大、了徳寺大、和洋女子大

[トピックス]
・「小学生等との農業体験交流推進連携事業」「特別支援学校との交流」を実施。本校生徒の指導のもと、近隣の小・中学生が田植えやジャガイモなどの収穫体験を行っている。
・平成25年度から農業教育拠点校に指定されている。
・学校を好きな生徒が多く、毎年40〜60名程度の三ヵ年皆勤者がいる。
・令和3〜4年度には最難関の資格である甲種危険物取扱者試験の合格者を環境化学科から輩出した。
・令和5年度、本校生徒が高校生ものづくりコンテスト関東大会で化学分析部門準優勝、日本学校農業クラブ全国大会の農業鑑定競技会で畜産分野と農業土木分野の優秀賞、県総合技術コンクールの計算技術部門で県知事賞や教育長賞などを受賞した。

[学校見学] (令和5年度実施内容)
★学校説明会　8月1回
★一日体験入学　10月1回
★樟陽祭　11月　見学可

入試！インフォメーション

受検状況	年度	学科名	募集定員	募集人員	志願者数	受検者数	倍率	入学許可候補者数
	R6	農　業	40	40	43	43	1.08	40
		食品科学	40	40	39	39	0.98	39
		土木造園	40	40	35	35	0.88	40
		電子機械	40	40	47	46	1.15	40
		電　気	40	40	27	26	0.65	28
		環境化学	40	40	19	19	0.48	20

県立 一宮商業 高等学校
いちのみや しょう ぎょう

商業科
情報処理科

https://cms2.chiba-c.ed.jp/chb-ichinomiya-ch/

〒299-4301 長生郡一宮町一宮3287
☎ 0475-42-4520
交通 ＪＲ外房線上総一ノ宮駅 徒歩10分

共学

制　服　あり

[カリキュラム] ◇二学期制◇
・普通教科と専門教科の選択科目の組み合わせで、生徒一人ひとりの興味・関心、希望進路に対応している。
・日商簿記検定など商業関係の高度な資格取得を目標とした授業を展開。
・1年次は全員が共通の科目を学び、秋までに商業科と情報処理科のいずれかを選択する。2年次から両科に分かれて学習する。
★商業科
簿記、情報処理、マーケティングなど、会計分野を中心に商業の専門科目を学習。
★情報処理科
ICTに関する基礎的な知識と技術やビジネス情報分野の科目をしっかり学習。
<観光コース>
・2・3年次に設置。商業科・情報処理科とも選択することができる。
・観光についての知識・技術や観光ホスピタリティ（おもてなしの精神など）を身につける。

[部活動]
・約6割が参加。
・最近の主な実績は以下のとおり。
<令和5年度>
珠算部が県高校ビジネス計算競技大会電卓の部で団体優勝した。

<令和4年度>
電卓部が全商プロコン全国3位、アプリ甲子園セミファイナル出場などの成績を収め、珠算部（団体）とワープロ部（個人）も全国大会に出場した。剣道部が関東予選で県ベスト16、バスケットボール部が新人大会で県ベスト16となった。
<令和3年度>
電算部が全商プロコン全国2位・3位、アプリ甲子園セミファイナル出場などの成績を収めた。ワープロ部が全国大会に出場した。ビジネス研究部が関東大会で優良賞を受賞した。
★設置部（※は同好会）
柔道、剣道、野球、卓球、サッカー、バドミントン、バレーボール、ソフトテニス、バスケットボール、電算、簿記、ビジネス研究、珠算、書道、写真、吹奏楽、ワープロ、生花茶道、※軽音楽

[行　事]
9月に体育祭、10月に修学旅行（2年）や校外学習（1、3年）、11月に一商祭（文化祭）などを実施。

[進　路]
・商業系の各種検定・資格の取得に力を入れており、授業以外にも資格取得のための補習を年間を通して実施。ITパスポートなどの国家資格を始め、日商簿記検定や全商検定1級3種目以上の合格者を毎年多数輩出している。商業高校ならではの高度な資格を利用した推薦制度で四年制大学に進学することもできる。
・2年次の夏季休業中には全員を対象に、インターンシップを実施。
★卒業生の進路状況（令和5年3月）

<卒業生157名>
大学32名、短大5名、専門学校52名、就職66名、その他2名
★卒業生の主な進学先
江戸川大、神田外語大、國學院大、駒澤大、淑徳大、城西国際大、聖徳大、千葉科学大、千葉経済大、千葉商科大、東京情報大、東洋大、日本大、武蔵野大、明海大、和洋女子大
♣指定校推薦枠のある大学・短大など♣
植草学園大、江戸川大、國學院大、駒澤大、淑徳大、城西国際大、聖徳大、千葉科学大、千葉経済大、千葉商科大、東京情報大、東洋大、日本大、武蔵野大、和洋女子大　他

[トピックス]
・コンピュータ室が3部屋あるなど、施設・設備が充実している。
・令和6年度入学生より観光コースを設置した。

[学校見学]（令和5年度実施内容）
★一日体験入学　8月1回
★部活動見学会　9月1回
★入試説明会　11月1回
★文化祭　11月　見学可
★学校見学は随時可（要連絡）

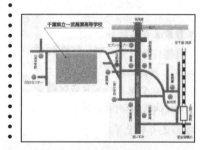

入試！インフォメーション								
受検状況	年　度	学科名	募集定員	募集人員	志願者数	受検者数	倍　率	入学許可候補者数
	R6	商業・情報処理	160	160	132	132	0.83	132
	R5	商業・情報処理	160	160	102	102	0.64	102
	R4	商業・情報処理	160	160	132	130	0.81	131

※商業科・情報処理科はくくり募集。

県立 大多喜 高等学校
（おおたき）

https://cms2.chiba-c.ed.jp/otaki-h/

〒298-0216　夷隅郡大多喜町大多喜481
☎ 0470-82-2621
交通　いすみ鉄道大多喜駅　徒歩5分

普通科

| 共　学 |

| 制　服 | あり |

[カリキュラム] ◇三学期制◇
・1年生は、芸術を除いて全員が共通の科目を学習する。
・2年生は、地歴・理科における日本史探究・化学・生物、理科における物理基礎・地学基礎がそれぞれ選択制となる。
・3年生は、総合選択1・2が設置され、選択科目が大幅に増える。
・合格点に達するまで追試を行う**漢字テスト**と**小テスト**（数学・英語）によって、基礎学力を養う。
・地元・大多喜町の協力を得て「**大高探究**」を実施。課題発見やプレゼンテーションの技術などを学び、フィールドワークを行う。

[部活動]
・**美術部**は全国高校総合文化祭に連年出品している。
・最近の主な実績は以下のとおり。
<令和5年度>
美術部と**書道部**が全国高校総合文化祭に、**吹奏楽部**が東関東大会吹奏楽コンクールに、**弓道部**が関東個人選抜大会にそれぞれ出場した。
<令和4年度>
書道部と**美術部**が全国高校総合文化祭に、**吹奏楽部**が東関東選抜吹奏楽大会と東関東吹奏楽コンクールに出場した。**柔道部**が新人戦の男子81kgで県ベスト8となった。
★設置部
野球、柔道、陸上競技、剣道、テニス、弓道、サッカー、バスケットボール、バレーボール、卓球、生物、茶道、書道、マンドリン・ギター、美術、演劇、吹奏楽、英語

[行　事]
4月	校外学習
5月	スポーツ大会（球技大会）
6月	明善祭（文化祭）
10月	体育祭、修学旅行（2年）
2月	マラソン大会（1、2年）

[進　路]（令和5年3月）
・大学出張講義体験会を行っている。
・夏季休業中には**公務員講座**や**夏期実力養成講座**、小論文指導を実施。
・漢字検定や数学検定の準1～準2級の取得が可能。
★卒業生の進路状況
<卒業生148名>
大学92名、短大7名、専門学校37名、就職10名、その他2名
★卒業生の主な進学先
筑波技術大、福島大、学習院大、國學院大、駒澤大、中央大、東京理科大、獨協大、日本大、法政大、武蔵大
♣指定校推薦枠のある大学・短大など♣
学習院大、杏林大、工学院大、國學院大、駒澤大、中央大、東京電機大、東京都市大、東京理科大、獨協大、日本大、法政大、武蔵大　他

[トピックス]
・明治33年、県下で3校めの県立旧制中学校として開校。令和元年度に創立120周年を迎えた。校舎は大多喜城の二の丸に位置し、校内には旧藩時代の遺構が残る。
・「**静修館**」は冷暖房完備のセミナーハウス。約60人が研修合宿することが可能。
・普通教室は**冷房完備**。
・地域との交流を重視し、大多喜町の「大多喜お城まつり」「大多喜城さく

らまつり」などに参加。また、いすみ鉄道活性化のため、**駅舎清掃**や**マンドリン・ギター列車**の運行などのボランティア活動も行っている。
・**海外帰国生徒の特別入学者選抜**を行っている（令和6年度入試）。
・令和6年度に**教員基礎コース**を設置した。前段階として4年度には**教員関係職希望講座**を開設した。

[学校見学]（令和5年度実施内容）
★一日体験入学　8月1回
★学校説明会　9・11月各1回
★明善祭　6月　見学可
★学校見学は随時可（要連絡）

県立大多喜高校

入試！インフォメーション

受検状況	年　度	学科名	募集定員	募集人員	志願者数	受検者数	倍　率	入学許可候補者数
	R6	普　通	160	160	130	129	0.81	129
	R5	普　通	160	160	129	128	0.80	129
	R4	普　通	160	160	123	123	0.77	123

県立 大原高等学校
おお はら

https://cms2.chiba-c.ed.jp/chb-oohara-h/

☎ 298-0004　いすみ市大原 7985
☎ 0470-62-1171
交通　ＪＲ外房線・いすみ鉄道大原駅　徒歩 10 分

総合学科

単位制
共学
制服　あり

[カリキュラム] ◇二学期制◇

・総合学科の設置により、進学を視野に入れた普通科の学び、地元産業を支える人材育成に向けた専門の学びなど、生徒一人ひとりの**様々なニーズ**に応えることが可能である。

・1年次は全員が共通の科目を学び、2年次以降に**系列の科目（普通、園芸、生活福祉、海洋科学）**を選んで**専門的な学習**を行う。3年次には系列にとらわれない**自由選択科目**もある。

・1年次の「**産業社会と人間**」では、系列の科目に関する学習の他、職業人講話や企業訪問・大学訪問など、進路を考えるための学習を行う。

・広大な学校農場や地域の農家での実習（園芸系列）、地元漁協との連携事業（海洋科学系列）、地域の社会福祉施設での実習（生活福祉系列）など、豊富な**実習**の機会が用意される。

・フォークリフト運転特別教育（園芸系列）、1級小型船舶免許（海洋科学系列）、介護職員初任者研修（生活福祉系列）などの**資格を取得する**ことができる。

[部活動]

・約 7 割が参加。
・最近の主な実績は以下のとおり。
＜令和 5 年度＞
　ホッケー部が男女とも関東大会・関東選抜大会に出場した。柔道部と**ボート部**も個人戦で関東選抜大会に出場した。
＜令和 4 年度＞
　ホッケー部がインターハイに出場した。生物部化学研究班が全国高校総合文化祭に出場した。
＜令和 3 年度＞

ホッケー部が男女ともに関東大会に出場した。

★設置部（※は同好会）
ホッケー、野球、柔道、剣道、ソフトテニス、陸上競技、卓球、サッカー、バレーボール、バスケットボール、ボート、ヨット、美術、書道、吹奏楽、写真、茶道、インターアクト、生物、華道、進学研究、園芸、海洋科学、生活福祉、※文芸

[行事]

6 月	球技大会
10 月	修学旅行、校外学習（1・3年）、体育祭
11 月	潮風祭（文化祭）
1 月	予餞会
2 月	マラソン大会

[進路]（令和 5 年 3 月）

・自治体、小・中学校、企業や商店街など、地元と連携しながら、キャリア教育、体験学習を行っていく。
・**スタディーサポート**を導入して、学習到達度を把握し、アドバイスを行う。
・2年次に原則全員**インターンシップ**を実施し、キャリア教育を強化。

★卒業生の進路状況
　＜卒業生122名＞
　大学11名、短大 5 名、専門学校43名、就職58名、その他 5 名
★卒業生の主な進学先
　植草学園大、亀田医療大、敬愛大、城西国際大、東京情報大、日本大、日本体育大、明海大
♣指定校推薦枠のある大学・短大など♣
敬愛大、淑徳大、城西国際大、聖徳大、清和大、千葉科学大、千葉商科大、千葉工業大、東京情報大、東京農業大、日本大、明海大、和洋女子大 他

[トピックス]

・平成27年度に、大原高校、岬高校、勝浦若潮高校が統合し、**総合学科高校（単位制）**として開校した。

・使用校舎は大原高校の他に岬にある農業実習場、勝浦にある漁業実習場と栽培漁業実習場がある。

・教育理念として「**地域とともに歩み、地域の発展に貢献できる人間を育てる**」を掲げる。

・地域の教育力の活用、地域の行事への参加など、地域との積極的な連携を進めることにより、地域から信頼され、必要とされる学校づくりを目指す。平成28年度より定期的に**地域美化清掃**を行っている。

[学校見学]（令和 5 年度実施内容）

★一日体験入学　7 月 1 回
★中学生体験講座　12月 1 回
★潮風祭　11 月　見学可
★学校見学は随時可（要連絡）

入試！インフォメーション

受検状況	年　度	学科名	募集定員	募集人員	志願者数	受検者数	倍　率	入学許可候補者数
	R6	総合学科	160	160	98	98	0.61	98
	R5	総合学科	160	160	110	110	0.69	110
	R4	総合学科	160	160	76	76	0.48	75

学校ガイド

＜全日制　第８学区＞

・第８学区のエリアに含まれる、専門学科や総合学科を
　設置する高校も、紹介しています。
・学校を紹介したページの探し方については、２ページ
　「この本の使い方＜知りたい学校の探し方＞」を参照し
　てください。

県立 長狭 高等学校
（ながさ）

https://cms2.chiba-c.ed.jp/nagasakou/htdocs/

〒296-0001　鴨川市横渚100
☎ 04-7092-1225
交通　ＪＲ外房線安房鴨川駅　徒歩15分

普通科

共　学

制　服　あり

[カリキュラム] ◇三学期制◇
・2年次から**文系、理系、文系医療・理系医療・福祉**コースに分かれて学習する。
・1年次の数学は習熟度別・少人数授業で行う。また、2年次の文系・文系医療・福祉クラスでは数学・英語を少人数制習熟度別で学習する。
・**医療・福祉コース**の設定を踏まえ、1年次では医療・福祉について全員が基礎を学び、コース選択を適切にできるようにする。
・医療コースは医療系大学および専門学校合格を、福祉コースは介護職員初任者研修の資格取得を目的とする。近隣の医療施設や医療大学との連携により、**医療と福祉をリンクさせた教育**を展開する。

[部活動]
・約8割が参加。**剣道部**は昭和期にはインターハイ（男子団体）で優勝した実績を誇る古豪。
・最近の主な実績は以下のとおり。
＜令和5年度＞
水泳部が関東大会に出場した。**科学部**が日本学生科学賞千葉県審査優秀賞などを受賞した。
＜令和4年度＞
剣道部が関東大会に男子団体で出場した。**男子バスケットボール部**が関東予選で県ベスト16、県総体とウインターカップ県予選で準優勝を遂げた。
★**設置部**
野球、サッカー（男）、陸上競技、ソフトボール、剣道、柔道、バレーボール（女）、バスケットボール、卓球、ソフトテニス、吹奏楽、合唱、書道、美術、科学、華道、写真、クッ

キング

[行　事]
5月　遠足（1年）
6月　蒼風祭（文化祭）
10月　体育祭
11月　修学旅行（2年）、強歩大会（1年）
12月　芸術鑑賞会
1月　予餞会

[進　路]
・**難関大学対策**のサポートシステムとして1、2年次には英・数・国中心の、3年次は英・数・国・理の**課外授業**を開いている。
・模試や集中講座など、**小論文指導**は1年次から行われ、推薦入試やAO入試で進学をめざす生徒の力になっている。3年次には個別指導も実施。
・**公務員夏期講習会**や**公務員模試**を実施。
・**進路指導室**は3年生の相談者を中心にいつも活気がある。
・**英語検定・数学検定・漢字検定**などの検定資格取得が可能。検定は校内でも行われる。
★**卒業生の進路状況（令和5年3月）**
＜卒業生126名＞
大学47名、短大5名、専門学校50名、就職20名、その他4名
★**卒業生の主な進学先**
千葉県立保健医療大、慶應義塾大、青山学院大、神奈川大、亀田医療大、杏林大、敬愛大、国士舘大、駒澤大、秀明大、淑徳大、順天堂大、城西国際大、専修大、東海大、東邦大、法政大、武蔵大、明治大、立教大

[トピックス]
・大正11年に組合立長狭中学校として開校し、令和4年に創立100周年を迎えた伝統校。
・**朝読書**を毎日実施。落ち着いた雰囲気で学校生活を始める。
・普通教室すべてに**冷房**が完備され、快適な環境で学習できる。
・平成24年度から千葉県の**コミュニティ・スクール**に指定され、地域連携活動を推進している。
・各教室に**Wi-fi**を整備。スマホを使った調べ学習や進路学習に活用している。

[学校見学] （令和5年度実施内容）
★**一日体験入学**　8月1回
★**学校説明会**　10月1回
★**蒼風祭**　6月　見学可

入試！インフォメーション

受検状況	年　度	学科名	募集定員	募集人員	志願者数	受検者数	倍　率	入学許可候補者数
	R6	普　通	160	160	146	146	0.91	146
	R5	普　通	160	160	161	160	1.00	160
	R4	普　通	160	160	110	108	0.68	107

県立 安房拓心 高等学校

あわたくしん

総合学科

単位制
共　学
制　服　あり

https://cms2.chiba-c.ed.jp/awa-ah/

〒299-2795　南房総市和田町海発1604
☎ 0470-47-2551
交通　ＪＲ内房線南三原駅　徒歩10分

[カリキュラム] ◇二学期制◇

・1年次は、芸術と「自由選択A」「産業社会と人間」以外を全員が共通して履修。「自由選択A」には「農業と環境」「測量基礎」「フードデザイン」があり、2年次以降の系列や科目選択のための導入科目となっている。これらの科目は体験してから決めることができる。
・2年次から園芸・畜産・土木・調理・文理の5系列に分かれて学習する。

<園芸系列>
安房地区の農業教育の拠点校として、野菜、草花などに関する知識と技術を体験的に学習し、農業の担い手や関連産業で活躍できる能力と態度を養う。

<畜産系列>
日本の酪農発祥の地である安房地区の農業教育の拠点校として、乳牛などに関する知識と技術を体験的に学習し、農業の担い手や関連産業で活躍できる能力と態度を養う。

<土木系列>
土木に関する知識と技術を実践的に学習し、産業基盤、生活環境の改善をはかる技術者の育成を目指す。

<調理系列>
調理・栄養・食品などについての知識と技術を実践的に学習し、調理師として活躍できる能力と態度を養う。

<文理系列>
文系・理系に関する自らの研究課題を主体的に学習し、大学進学に必要な知識と教養を身につける。

[部活動]
・1年次は全員加入。
・最近の主な実績は以下のとおり。

<令和5年度>
相撲部が関東大会の70kg未満級で準優勝した。陸上競技部が男子やり投で関東大会、関東新人大会に出場した。

<令和4年度>
相撲部が関東大会に出場した。

★設置部
野球、陸上競技、サッカー、テニス、バレーボール、バスケットボール、剣道、柔道、相撲、卓球、音楽、イラストアニメ・写真、華道、書道、インターアクト、茶道、園芸、畜産、土木、情報処理、家庭

[行　事]
・ファームフェスタでは、花や野菜の苗などを本校農場で販売している。
・拓心祭は学校の文化祭としてだけではなく、周辺住民も参加する地域色の濃い文化祭である。

4月	ファームフェスタ
5月	田植え（1年）、校内体育大会、校外学習（3年文理系列）
9月	稲刈り（1年）
10月	修学旅行（2年）、校外学習（1・3年）
11月	拓心祭（文化祭）、ファームフェスタ
1月	芸術鑑賞会
2月	マラソン大会

[進　路] (令和5年3月)
・教育課程は進路指導を主眼において編成されている。
・進路ガイダンス（全学年）、進路講話（1、2年）などを実施。
・月曜日の7時限目に進路希望実現のための補習活動を実施（大学、看護師、公務員、測量士・測量士補）。

・夏休みには公務員セミナーを行う。令和4年度卒業生は、鴨川市職員、千葉県職員、東京都職員、海上自衛隊など16名が公務員となった。
・測量士・測量士補試験、危険物取扱者試験、ワープロ検定、日本農業技術検定、情報処理検定、漢字検定、英語検定などに力を入れている。

★卒業生の進路状況
＜卒業生117名＞
大学9名、短大3名、専門学校26名、就職79名、その他0名

★卒業生の主な進学先
亀田医療大、淑徳大、城西国際大、星槎道都大、千葉経済大、東京家政学院大、東京農業大

♣指定校推薦枠のある大学・短大など♣
千葉工業大、ものつくり大、日本大、千葉経済大、城西国際大、敬愛大、淑徳大、山梨学院大　他

[トピックス]
・令和4年に創立100周年記念式典を挙行した。
・地域の小中学生に本校生徒が花作りや野菜作りを指導している。
・園芸部が主催し、地域の小中学校と連携して、「花と緑のまちづくり事業」を実施している。
・10分間のチャレンジタイムを毎日朝のSHR前の時間に設定。生徒の勉強で分からない部分を教員全員でサポートしている。

[学校見学] (令和5年度実施内容)
★オータムスクール　10月1回
★学校見学は随時可（要連絡）

入試！インフォメーション

受検状況	年　度	学科名	募集定員	募集人員	志願者数	受検者数	倍　率	入学許可候補者数
	R6	総合学科	160	160	125	125	0.78	125
	R5	総合学科	160	160	117	116	0.73	116
	R4	総合学科	160	160	128	128	0.80	128

県立 安房 高等学校

あわ

https://cms2.chiba-c.ed.jp/awakou/

〒294-0047　館山市八幡385
☎ 0470-22-0130
交通　ＪＲ内房線館山駅　徒歩10分

普通科

単位制
共学
制服　あり

[カリキュラム] ◇二学期制◇

・進学指導重点校として、**進学を重視したカリキュラム**を編成。45分7限の授業を実施し、授業時数を確保している。また、**単位制**を導入し、選択科目の充実など、生徒のニーズにより対応した学習指導を行っている。
・1年次は、希望者のうち成績上位者で編成する**特別進学クラス**（1クラス）と、少人数編成（33名程度）で習熟度別授業（国語・数学・英語）を行う**総合進学クラス**（6クラス）に分かれて学習する。
・2・3年次は、最難関国立大・早慶・医学部進学をめざす**特別進学クラスS**（1クラス）、国公立大・早慶上理をめざす**特別進学クラスA**（2クラス）、四年制大学・専門学校・公務員・就職をめざす**総合クラス**（4クラス）に再編される。文系・理系の類型分けは行われず、進路希望に従った科目を選択して学習する。3年次には生徒の進路希望に対応すべく、24科目の学校設定科目など多くの選択科目が設置される。
・2年次から通常のカリキュラムと並行して**教員基礎コース**を選択できる。授業は放課後や土曜日に行われ、教職についての基礎知識を学ぶ他、教職体験実習、千葉大学教育学部などから講師を迎えての授業などが実施されている。

[部活動]

・約95%が参加。
・全国大会男子団体優勝（平成17・21・22年度）の**剣道部**をはじめ、**弓道部や陸上部、水泳部、野球部、化学部、囲碁将棋部**も全国大会に進出した実績をもつ。
・最近の主な実績は以下のとおり。
＜令和5年度＞
陸上競技部がインターハイ（女子棒高跳全国7位）・関東選手権（同関東2位）・関東選抜新人大会（男子棒高跳・男子5000m）に出場した。
弓道部は関東予選の女子個人で県優勝、**柔道部**は男子団体で関東大会出場・県総体5位、女子52kg級で県総体3位、**剣道部**は女子団体で関東大会出場・県総体ベスト8、**水泳部**は2種目で関東大会出場、**ソフトテニス部**は関東大会にダブルスで2ペアが出場した。
＜令和4年度＞
全国大会に**陸上競技部**（女子棒高跳）、関東大会に**陸上競技部**（男子やり投・男子400m・男子棒高跳）、**柔道部**（男子団体）、**剣道部**（女子団体）、**弓道部**（個人）が出場した。

★設置部（※は同好会）
野球、テニス、ソフトテニス、卓球、サッカー、バレーボール、バスケットボール、柔道、剣道、弓道、水泳、泳法、陸上競技、相撲、体操、チアダンス、生物、化学、演劇、音楽、吹奏楽、美術、写真、書道、華道、茶道、文芸、ギター、囲碁将棋、パソコン

[行　事]

5月　房総横断競歩大会(1年)
6月　文化祭
9月　体育大会
11月　修学旅行（2年）、校外学習（1年）
12月　芸術鑑賞会

[進　路] (令和5年3月)

・県教育委員会指定の**進学指導重点校**。
・進学指導に力を入れており、課外講習や英単テスト、漢字テストなどを多く実施している。また、模擬テスト、英語検定、漢字検定や、ＧＴＥＣなどの外部試験も多く取り入れている。

★卒業生の進路状況
＜卒業生225名＞
大学162名、短大3名、専門学校28名、就職16名、その他16名

★卒業生の主な進学先
東北大、茨城大、宇都宮大、千葉大、東京農工大、横浜国立大、秋田大、山形大、富山大、高知大、千葉県立保健医療大、都留文科大、早稲田大、慶應義塾大、青山学院大、学習院大、上智大、中央大、東京理科大、法政大、明治大、立教大、立命館大

♣指定校推薦枠のある大学・短大など♣
早稲田大、青山学院大、学習院大、上智大、中央大、東京理科大、法政大、明治大、立教大　他

[トピックス]

・平成20年度、安房高校と安房南高校が統合し、充実した進路指導を行う**地域の進学の中心校**として生まれ変わった。
・全館・全教室冷暖房完備（生徒の負担金なし）。

[学校見学] (令和5年度実施内容)

★中学校別に学校説明会を実施
★体験入学　10月1回
★学校見学は随時可（要連絡）

入試！インフォメーション

受検状況	年　度	学科名	募集定員	募集人員	志願者数	受検者数	倍　率	入学許可候補者数
	R6	普　通	240	240	238	234	0.98	234
	R5	普　通	240	240	259	259	1.08	240
	R4	普　通	240	240	243	243	1.01	240

県立 館山総合 高等学校
たてやまそうごう

工業科
商業科
海洋科
家政科

共 学

制 服　あり

https://cms2.chiba-c.ed.jp/tateyamasogo/

〒294-8505　館山市北条106(本校舎)、〒294-0037　館山市長須賀155(水産校舎)
☎ 0470-22-2242(本校舎)、0470-22-0180(水産校舎)
交通　ＪＲ内房線館山駅　徒歩20分(本校舎)、徒歩7分(水産校舎)

[カリキュラム] ◇三学期制◇
★工業科
・ものづくりの基礎技術を身につけ、**電気・化学分野の技術者**をめざす。
・2年生から電気・化学の2コースに分かれて学習する。
・**電気コース**は、電気工事士などの資格取得や電気関係の就職・進学をめざす。
・**化学コース**は、危険物取扱者などの資格取得や化学関係の就職・進学をめざす。
★商業科
・ビジネスマナーやコミュニケーション能力に優れた**商業人**をめざす。
・カリキュラムは3年間共通で、情報・会計・国際経済の各分野について学び、ITパスポート試験・簿記検定・販売士検定などの各種資格の取得をめざす。
★海洋科
・海洋・環境・船舶・魚・食品加工について学び、**海洋や水産に関するスペシャリスト**をめざす。
・2年生から海洋生産・海洋工学・栽培環境・食品の各コースに分かれる。
・**海洋生産コース**では、海技士(航海)や漁業生産について学ぶ。
・**海洋工学コース**では、海技士(機関)や機械工学について学ぶ。
・**栽培環境コース**では、栽培漁業や海洋環境について学ぶ。
・**食品コース**では、水産加工や流通業について学ぶ。
★家政科
・生活産業のスペシャリストとなるための基礎的な知識・技術について学ぶ。
・2年生から系科目の授業が選択できる。系科目には**服飾系・食物系・保育系**がある。
・全員が介護(2年)と保育(3年)の**体験実習**を行う。

[部活動]
★設置部
ソフトテニス、バレーボール、バスケットボール、野球、卓球、水泳、剣道、柔道、陸上競技、サッカー、テニス、カッター、ヨット、無線、吹奏楽、文芸、理科、書道、美術、自動車、囲碁将棋、茶道、簿記、情報処理、エレクトロニクス、インターアクト、水産生物

[行　事]
水泳訓練(海洋科1年)、体育大会、館総祭(文化祭)、修学旅行(2年)、遠洋航海(海洋科2年)、ロードレース大会などを実施。

[進　路]
・各科の特徴を生かした**インターンシップ**、**企業見学**、**社会人講話**などを実施している。
・1・2年生は、希望者対象の**看護師ガイダンス**や外部講師による**進路ガイダンス**を実施。
・3年生は、卒業生による**就職・進学懇談会**を実施。
★卒業生の主な進学先
江戸川大、城西国際大、聖徳大、専修大、千葉工業大、千葉商科大、日本大、明治大、和洋女子大

[トピックス]
・海洋科では、**実習船千潮丸**にてハワイ沖までの**航海実習**を行っている。
・各種の**資格取得**に力を入れている。

・平成27年度より、「**観光の学び**」を導入し、南房総の資源を教材として「知識」の活用力を養っている。
・平成28年度の**全国高校家庭クラブ研究発表大会**で家政科の生徒が文部科学大臣賞を受賞した。29年度の「**うまいもん甲子園**」全国大会では水産庁長官賞を受賞した。
・平成30年度から令和2年度まで、家政科は文部科学省からSPH(スーパー・プロフェッショナル・ハイスクール)の指定を受けた。
・令和2年度、海洋科海洋工学コースは、**全国水産・海洋高校マリンロボットコンテストで総合優勝**(2年連続)を果たした。
・令和4年度から**コミュニティスクール**となった。
・全日制の4科に加え、**定時制(普通科)と専攻科**を設置している。

[学校見学] (令和5年度実施内容)
★体験入学　8月1回
★実習見学会　9月1回
★館総祭　10月　見学可

受検状況	年度	学科名	募集定員	募集人員	志願者数	受検者数	倍率	入学許可候補者数
	R6	工業	40	40	13	13	0.33	13
		商業	40	40	22	22	0.55	21
		海洋	40	40	13	13	0.33	13
		家政	40	40	12	12	0.30	12

入試！インフォメーション

千葉県
公立
高校

学校ガイド

＜全日制　第９学区＞

・第９学区のエリアに含まれる、専門学科や総合学科を
　設置する高校も、紹介しています。
・学校を紹介したページの探し方については、２ページ
　「この本の使い方＜知りたい学校の探し方＞」を参照し
　てください。

県立 天羽 高等学校

普通科

共 学

制 服 あり

https://cms2.chiba-c.ed.jp/amaha-h/

〒299-1606 富津市数馬229
☎ 0439-67-0571
交通 JR内房線上総湊駅 徒歩15分

[カリキュラム] ◇三学期制◇

- 「地域連携アクティブスクール」として、**学び直し**（基礎学力の定着）や**インターンシップ**（職業観育成）などに力を入れている。
- 1年生は、芸術以外すべて同じ科目を履修し、基礎学力を充実させる。
- 2年生より、**文理、実務、生活、工業基礎**の4コースに分かれて学習。カリキュラムは普通科としての特色と、総合学科的な要素とを兼ね備えたものとなっている。どのコースも専門科目を十分に取り入れており、**英語検定**や**漢字検定**のほか、実務コースでは**ビジネス計算実務検定、ビジネス文書実務検定**、生活コースでは**被服製作技術検定**や**食物調理技術検定**、工業基礎コースでは**電気工事士**や**計算技術検定**など、コースごとに様々な資格の取得をめざしている。
- **少人数クラス編成**（1年生）や**習熟度別授業**（英語・数学）、**ティームティーチング**（情報・家庭）による授業などを展開し、きめ細かくわかりやすい指導をしている。
- 学校設定科目「**ステップアップ**」を実施。毎朝10分間、英語・数学・国語を基礎レベルから学習する。

[部活動]

- **相撲部**は過去に全国大会出場の実績がある。
- **写真部**は連年全国高校総合文化祭に出品している。
- **吹奏楽部**や**合唱部**が地域イベントなどで出前演奏を行ったり、**美術部**や**漫画研究会**が高宕山自然公園の看板・ポスター作りを行うなど、地域に密着した活動を行っている。

- 最新の主な実績は以下のとおり。
  <令和5年度>
  写真部が全国高校総合文化祭に出品した。
  <令和4年度>
  写真部が全国高校総合文化祭に出品した。
- ★設置部（※は同好会）
  陸上競技、ソフトテニス、野球、バスケットボール、バレーボール、サッカー、柔道、剣道、弓道、相撲、卓球、美術、吹奏楽、合唱、書道、写真、パソコン、※漫画研究

[行 事]

9月 体育大会
10月 天高祭（文化祭）
11月 修学旅行（2年）

[進 路]（令和5年3月）

- 「総合的な探究の時間」を活用して、「**インターンシップ**」「**裁判所見学**」「**社会人講師による講演**」「**体験学習をふくむ進路ガイダンス**」など、様々なキャリア教育を行っている。
- **進路指導室**を設置。生徒は自由に利用できる。
- ★卒業生の進路状況
  <卒業生71名>
  大学1名、短大1名、専門学校21名、就職42名、その他6名
- ★卒業生の主な進学実績
  西南女学院大、千葉経済大短大部
- ♣指定校推薦枠のある大学・短大など♣
  愛国学園大、植草学園大、敬愛大、秀明大、淑徳大、城西国際大、清和大、千葉経済大、東京情報大、東京成徳大、和洋女子大 他

[トピックス]

- 千葉県初の「**地域連携アクティブスクール**」として平成24年度から学校運営を開始。地域の教育力の取り入れ、および本校の教育資源の地域への還元を推進する。
- 公立高校（全日制）としては珍しく**食堂**があり、生徒は毎日利用が可能。
- 大学と連携して**防災学習**を行っている。
- 湊川灯篭流しへの有志参加、さぬき地域まつり（吹奏楽部、合唱部）への参加など、**地域との交流**を盛んに行っている。

[学校見学]（令和5年度実施内容）

★一日体験入学 8・11月各1回
★文化祭 10月 見学可
★学校見学は随時可（要連絡）

入試！インフォメーション

受検状況	年度	学科名	募集定員	募集人員	志願者数	受検者数	倍率	入学許可候補者数
	R6	普通	120	120	74	73	0.61	74
	R5	普通	120	120	49	49	0.41	47
	R4	普通	120	120	55	55	0.46	55

県立 君津商業 高等学校
きみつしょうぎょう

https://cms2.chiba-c.ed.jp/kimisho/

☏ 293-0043　富津市岩瀬 1172
☎ 0439-65-1131
交通　ＪＲ内房線大貫駅　徒歩 10 分

商業科
情報処理科

共　学

制　服　あり

[カリキュラム] ◇三学期制◇
- 入学試験は商業科・情報処理科として「くくり募集」で実施。2年次以降、商業科（4クラス）と情報処理科（1クラス）に分かれる。
- 1年次はコンピュータの基本操作の他、簿記、ビジネス基礎の専門科目では、ビジネスマンとしての心構えや経済について学習する。

★商業科
- 4クラス編成。自分の将来の進路に沿って、**会計、流通、経営情報**の3コースから1つを選択。ビジネス全般について広く学び、**ビジネスの基礎・基本**の能力を身につけ、経営活動に適切に対応するための能力と態度を育て、経済社会の発展に寄与する人材の育成を図る。なお、経営情報コースは情報管理科の希望者が定員を大幅に超える場合に開設。

★情報処理科
- 1クラス編成。**情報処理**及び**会計**のスペシャリストの育成を図る。
- コンピュータを活用し、ビジネスにおける情報を適切に収集、処理、管理し、得られたビジネス情報を分析、発信するなど**情報活用能力**を育成。
- 商業取引に関する記録・計算の基礎・基本から経理に携わることができるような能力の育成を図る。また、企業会計から得た会計情報を分析し活用する**会計活用能力**を育成。

[部活動]
- 約7割が参加。**珠算部、情報処理部、簿記部、ワープロ部**は全国大会の常連。
- 最近の主な実績は以下のとおり。
<令和5年度>
家庭科部が全国高校生徒商業研究発表大会（全国大会）に出場した。卓球部が関東予選と県総体の男子団体でそれぞれ県ベスト16に進出した。
<令和4年度>
男子バレーボール部が関東予選で県ベスト16となった。
<令和3年度>
全国大会に**珠算部、情報処理部**が出場した。

★設置部
野球、弓道、サッカー、柔道、バスケットボール、剣道、バレーボール、卓球、ソフトテニス、陸上、バドミントン、ソフトボール、吹奏楽、家庭科、美術、珠算、写真、情報処理、書道、簿記、天文、茶道、ワープロ、文芸

[行　事]
球技大会、体育祭、修学旅行（2年）、校外学習（1・3年）、君商祭（文化祭）、芸術鑑賞会、マラソン大会などを実施。

[進　路] (令和5年3月)
- **進路模試**（全学年）、**三者面談、進路講演会、職業適性検査**（2年）、レディネステスト（1年）、**進路体験発表、進路ガイダンス**（全学年）などを実施。
- 1月の簿記検定前の1週間は7限目に簿記の授業を行い、合格率を高めている（**簿記検定週間**）。
- **高大連携事業**として千葉商科大学の先生によるファイナンシャルプランナー講座を実施。
- 経済産業省主催のＩＴパスポート試験や基本情報技術者試験などの**国家資格**が取得可能。
- 就職希望者の内定率はほぼ100%。

★卒業生の進路状況
<卒業生184名>
大学34名、短大0名、専門学校56名、就職85名、その他9名

★卒業生の主な進学先
亀田医療大、敬愛大、淑徳大、城西国際大、清和大、専修大、千葉経済大、千葉商科大、帝京平成大、東京経済大、東京情報大、日本大、明海大、ものつくり大、立正大、流通経済大

♣指定校推薦枠のある大学・短大など♣
専修大、千葉経済大、千葉商科大、東京電機大、日本大、立正大　他

[トピックス]
- 西に海、東に山を臨む豊かな自然に恵まれた場所に位置している。
- **最新の情報処理機器**が整備され、商業教育の実践の場として適した環境。
- **資格取得**に力を入れたビジネス教育（キャリア教育）を推進している。
- 一人一台のタブレット端末による探究的・協働的な学習活動を行っている。

[学校見学] (令和5年度実施内容)
★**一日体験入学**　8月1回
★**進学説明会・個別相談会**　10月1回
★**学校見学は随時可**（要連絡）

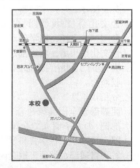

入試！インフォメーション

受検状況	年　度	学科名	募集定員	募集人員	志願者数	受検者数	倍　率	入学許可候補者数
	R6	商業・情報処理	200	200	172	170	0.85	170
	R5	商業・情報処理	200	200	185	184	0.92	184
	R4	商業・情報処理	200	200	161	161	0.81	161

※商業科と情報処理科はくくり募集。

153

県立 木更津 高等学校
き さ ら づ

https://www.chiba-c.ed.jp/kisarazu-h/

〒292-0804　木更津市文京 4-1-1
☎ 0438-22-6131
交通　ＪＲ内房線木更津駅　徒歩 15 分

普通科
理数科

| 単位制 |
| 共　学 |
| 制　服 | あり |

[カリキュラム] ◇二学期制◇
・45分７時間授業。週35単位時間の授業は通常の学校より５時間多い。
・難関大学受験に対応できるよう、学校設定科目を多く配置している。

★普通科
・１年次は、芸術以外共通の科目を学習。２年次には、地学基礎と物理基礎、生物と化学、および日本史と世界史が選択制となり、３年次にはさらに選択科目が増え、様々な希望進路に対応する。

★理数科
・数学・理科の授業が普通科よりも多く、理数系大学進学に対応した指導が行われる。
・理数数学や理数理科ではアクティブラーニングや英語による科学実験などを行う。
・館山野外実習やつくばサイエンスツアー、KISARAZU開拓ラボ、マレーシア海外研修などに取り組む。

[部活動]
・約８割が参加。文武両道を目指している。
・最近の主な実績は以下のとおり。
＜令和５年度＞
囲碁部が県大会（囲碁）の男子団体・女子団体ともに準優勝、全国高校総合文化祭（将棋部門）の女子個人で全国ベスト16、地学部が全国高校総合文化祭出場、水泳部が関東大会出場（男子1500m自由形）などの成績を収めた。
＜令和４年度＞
囲碁部が全国高校総合文化祭（将棋部門）の女子個人で全国３位、地学部が日本学生科学賞科学論文展で入賞、書道部が学芸書道全国展で特別

賞などの成績を収めた。
★設置部（※は同好会など）
バレーボール、野球、バスケットボール、弓道、サッカー、陸上競技、テニス、ソフトテニス、バドミントン、水泳、剣道、卓球、ジャグリング、映画研究、演劇、マンドリン、生物、文学、英語研究、音楽、写真、美術、理化、書道、囲碁、地学、茶華道、合唱、和楽、パソコン、クイズ研究、家庭科研究、※ボランティア、※軽音楽

[行　事]
木高祭（文化祭）、体育祭、芸術鑑賞会、修学旅行（２年）、校外学習（１年）、予餞会などを実施。

[進　路]（令和５年３月）
・進学率はほぼ100%。
・３年間を通して、各自の興味、関心、適性などに基づき、将来の目標を定める進路学習プログラムを実施。
・１、２年次に年３回の実力試験、３年次には年５回の大学入試模擬試験を実施している。
・受験や進路に関して最新の生きた情報を得るため、定期的に進路に関する講演会や卒業生による説明会などを開催している。
・希望する進路の実現を目指し、平日の早朝や長期休業中に進学補習を行っている。
★卒業生の主な合格実績
東京大、東北大、大阪大、茨城大、宇都宮大、群馬大、千葉大、電気通信大、東京外国語大、東京海洋大、東京学芸大、岩手大、秋田大、山形大、金沢大、山梨大、信州大、静岡大、熊本大、鹿児島大、琉球大、千

葉県立保健医療大、東京都立大、前橋工科大、早稲田大、慶應義塾大、上智大、東京理科大
♣指定校推薦枠のある大学・短大など♣
青山学院大、学習院大、北里大、慶應義塾大、國學院大、聖マリアンナ医科大、中央大、東京歯科大、東京薬科大、東京理科大、東邦大、日本歯科大、法政大、明治大、立教大他

[トピックス]
・明治33年創立。120年以上の歴史を誇る、県内有数の進学校である。
・魅力ある理科教育事業として、理科課外実習講座を実施。「かずさＤＮＡ研究所」の所員や大学教授などの講義を受け、生徒の知的好奇心を刺激し、意欲と夢を育んでいる。
・全教室と特別教室に冷暖房設備を完備。
・進学指導重点校。年二回、生徒による授業評価を実施し、生徒のことを考えた授業改善に努めている。図書館は部活動終了時刻まで開放（18:30）。
・令和４年度から５年間、スーパーサイエンスハイスクール第Ⅱ期の指定を文部科学省から受けている。メインテーマは「全校体制で実施する３年間の課題研究」。

[学校見学]（令和５年度実施内容）
★学校説明会　８月１回
★学校見学は随時可（要連絡）

受検状況	年　度	学科名	募集定員	募集人員	志願者数	受検者数	倍　率	入学許可候補者数
	R6	普　通	280	280	405	399	1.43	280
		理　数	40	40	56	51	1.28	40
	R5	普　通	280	280	351	346	1.24	280
		理　数	40	40	53	47	1.18	40

入試！インフォメーション

県立 木更津東 高等学校
（きさらづひがし）

https://cms2.chiba-c.ed.jp/ki-higashi/

〒292-0056　木更津市木更津2-2-45
☎ 0438-23-0538
交通　ＪＲ内房線木更津駅　徒歩5分

女

制服　あり

[カリキュラム] ◇三学期制◇

★普通科
　1、2年次は芸術を除いて全員が共通の科目を学習する。3年次には世界史探究と化学が選択制となり、さらに2科目4単位分の選択科目が用意され、進路に応じた学習をすることができる。

★家政科
　1年次には普通教科と共に、**家庭基礎、生活産業基礎、ファッション造形基礎**を学習。2年次は**生活産業情報、ファッション造形、フードデザイン**などを学ぶ。3年次は**課題研究**など、専門科目の授業がさらに増える。また**全国家庭科技術検定被服製作（和服・洋服）1級**や**食物調理1級**などの資格取得にも力を入れている。

[部活動]
・家庭科3年生と**クラフトデザイン部**の合同ファッションショーを例年秋に行っている。
・最近の主な実績は以下のとおり。
＜令和5年度＞
　写真部が県総合文化祭で千葉読売写真クラブ賞を受賞し、関東地区高校写真展の県代表となった。**卓球部**が県総体の団体戦で県ベスト16となった。

★設置部（※は同好会）
卓球、バドミントン、バレーボール、バスケットボール、テニス、ソフトテニス、陸上競技、吹奏楽、合唱、軽音楽、美術、書道、文芸、演劇、科学、写真、語学、華道、茶道、箏曲、クラフトデザイン、食物、ダンス、※ボランティア、※漫画研究、※生物

[行　事]
　体育祭の応援合戦は見ごたえがある。ふだんの生徒の、のびやかさとはまた違った一面がうかがえておもしろい。
6月　東高祭（文化祭）
10月　体育祭
11月　修学旅行（2年・沖縄）、芸術鑑賞会

[進　路] (令和5年3月)
・一人ひとりの希望進路に対応するため、早朝や放課後、長期休業中の**補習授業**や、**進学・就職模擬試験**のほか、**看護医療模擬試験**なども実施している。
・定時制商業科の協力の下、**簿記検定**のための補習を実施。令和4年度は受講生21名全員が合格した。
・1、2年生を対象に、外部機関と連携した**保育士養成講座**や**看護師養成講座**を実施。
・ビジネス文書実務検定試験の合格者を多数輩出。

★卒業生の進路状況
＜卒業生149名＞
大学31名、短大18名、専門学校66名、就職31名、その他3名

★卒業生の主な進学先
千葉県立保健医療大、跡見学園女子大、江戸川大、亀田医療大、神田外語大、国際医療福祉大、国際武道大、淑徳大、実践女子大、城西国際大、杉野服飾大、聖徳大、千葉経済大、千葉商科大、帝京平成大、東京家政大、東京情報大、文化学園大、明海大、流通経済大、和洋女子大

♣指定校推薦枠のある大学・短大など♣
跡見学園女子大、植草学園大、浦和大、江戸川大、大妻女子大、神奈川工科大、亀田医療大、川村学園女子大、敬愛大、駒沢女子大、三育学院大、実践女子大、秀明大、淑徳大、城西国際大、女子栄養大、女子美術大、杉野服飾大、聖徳大、千葉経済大、千葉商科大、中央学院大、東京家政学院大、東京情報大、東京電機大、明海大、山梨学院大、流通経済大、和洋女子大　他

[トピックス]
・明治43年創立の**伝統校**。令和2年に創立110周年を迎えた。卒業生は2万数千名を数え、各方面で活躍している。
・令和元年度、本校生徒が**全国高校家庭クラブ研究発表大会**出場、**全国ファッションデザインコンテスト**入賞などの成果に輝いた。

[学校見学] (令和5年度実施内容)
★学校説明会　8月1回
★学校見学会　9月1回
★東高祭　6月　見学可
★学校見学は随時可（要連絡）

入試！インフォメーション

受検状況	年度	学科名	募集定員	募集人員	志願者数	受検者数	倍率	入学許可候補者数
	R6	普通	120	120	121	120	1.00	120
		家政	40	40	37	37	0.93	37
	R5	普通	120	120	120	119	0.99	119
		家政	40	40	40	40	1.00	40

県立 君津(きみつ)高等学校

普通科
園芸科

https://cms2.chiba-c.ed.jp/kimitsu-h/

〒299-1142　君津市坂田 454(本校舎)、〒299-1107　君津市上 957(上総キャンパス)
☎ 0439-52-4583(本校舎)、☎ 0439-32-2311(上総キャンパス)
交通　ＪＲ内房線君津駅　徒歩またはバス

共　学

制服　あり

[カリキュラム]　◇三学期制◇

★普通科
・1年次は全員が共通科目を履修する。
・2年次から**文系・理系・英語**の3コースに分かれ、各自の興味・関心、希望進路にきめ細かく対応している。
・**応用クラスを1年次と2・3年次の文系に設置。国公立大や難関私立大進学に対応した授業を行う。
・教員基礎コースを設置。**希望者による選択制で、教員基礎コースのみでの編成は行わない。小中学校での**体験学習**や**大学教員による出前授業**を実施。

★園芸科
・園芸に関する幅広い知識・技術の修得。
・授業の約3分の1は園芸科目。**上総キャンパス**で行われる。
・中山間ふるさと活性化チャレンジ事業や花いっぱい運動など校外での活動が充実。

[部活動]
・約8割が参加。**陸上競技部、弓道部、水泳部**はインターハイ出場の実績がある。文化系では、**演劇部**が日本港湾協会企画賞を、**科学部**が県児童生徒科学作品展最優秀賞を受けた実績あり。
・最近の主な実績は以下のとおり。
＜令和5年度＞
陸上競技部が関東大会出場(3年連続)、**水泳部**が新人戦の100m自由形県5位・50m自由形県6位・水球県ベスト8、**写真部**が写真甲子園南関東ブロック大会出場、**将棋部**が県大会個人戦4位などの成績を収めた。
＜令和4年度＞
陸上競技部が関東大会・関東新人大

会に出場した。県駅伝で女子が8位に入賞した。**剣道部**が関東予選の男子団体で県8位となった。

★設置部(※は同好会)
陸上競技、ソフトテニス、サッカー、バレーボール、バスケットボール、卓球、ソフトボール、水泳、柔道、バドミントン、剣道、弓道、野球、演劇、吹奏楽、弦楽、美術、書道、写真、将棋、茶道、科学、英語研究、ギター、ダンス、合唱、園芸、※郷土研究、※料理研究

[行事]
文化祭、体育大会など学校行事は盛んに行われている。
6月　君高祭(文化祭)
8月　英国擬似体験、宿泊研修
9月　体育祭
12月　山の上文化交流会
3月　予餞会

[進路](令和5年3月)
・大学模擬講義や公務員講座を実施。
・センター試験説明会や国公立大説明会、就職説明会などガイダンスをきめ細かく実施。
・温習室(自習室)を設置。学年を問わず活用できる。
・進路閲覧室では進学や就職に関する資料を閲覧することが可能。隣接する進路室では進路に関するアドバイスを受けることができる。
・平日補習が充実。夏休み中には**夏期ゼミ**が開講される。

★卒業生の進路状況
＜卒業生229名＞
大学177名、短大1名、専門学校29名、就職4名、その他18名
★卒業生の主な合格実績

茨城大、千葉大、信州大、岡山大、千葉県立保健医療大、学習院大、國學院大、成蹊大、成城大、中央大、東京理科大、獨協大、法政大、明治大、明治学院大、立教大

[トピックス]
・昭和46年創立。ＪＲ君津駅北側の小高い丘の上に位置し、**静かな環境**にある。
・**教育目標は、「高い知性」「豊かな情操」「逞しい体力・気力」。「明るく、豊かに、逞しく」**を生活標語にしている。
・地域との各種ふれあいを大切にし、学校近隣の小・中学校や特別支援学校、幼稚園、保育園、老人ホームで交流会を実施し、好評を得ている。
・近隣の小・中学生を対象に、生徒が先生となって**書写教室**(「お兄さん・お姉さんと学ぼう」事業)や小学生英語授業などを行っている。
・令和3年度、上総高校と統合。普通科・園芸科を設置。旧上総高校は園芸農場として使用。

[学校見学](令和5年度実施内容)
★1日体験入学　8月1回
★中学生園芸講座　8・11・12月各1回
★学校見学は随時可(要連絡)

入試！インフォメーション

受検状況	年　度	学科名	募集定員	募集人員	志願者数	受検者数	倍　率	入学許可候補者数
	R6	普　通	240	240	275	267	1.11	240
		園　芸	40	40	40	40	1.00	40
	R5	普　通	240	240	228	224	0.93	224
		園　芸	40	40	33	33	0.83	33

総合学科

県立 君津青葉 高等学校
きみつあおば

https://cms2.chiba-c.ed.jp/kimitsuaoba-h/

〒292-0454　君津市青柳48
☎ 0439-27-2351
交通　ＪＲ久留里線久留里駅　徒歩10分

単位制

共　学

制　服　あり

[カリキュラム] ◇二学期制◇

　総合学科として多くの専門科目を配し、2年次以降、**6つの系列**に分かれて自分の時間割を作り、学習する。広大な実習地・施設を活用した豊富な実習を取り入れた授業を行っている。

<普通系列>
・普通教科・科目を中心に学び、大学・短大への進学の他、就職にも対応できるよう少人数で徹底した授業を行う。

<食品系列>
・食品製造、食品化学と食品微生物などの科目を通じ、安全・安心な食料生産・加工に必要な知識と技術を学ぶ。

<農業系列>
・野菜・草花・果樹などの科目を通じ、農業に関する必要な知識・技術を学ぶ。

<環境系列>
・造園植栽、森林科学、林産物利用などの科目を通じ、造園や環境緑化、木材等の生産や加工・利用に関する必要な知識・技術を学ぶ。

<土木系列>
・測量、土木構造設計、土木施工、製図などの科目を通じ、測量や建設について学び、建設関係の進学・就職に必要な専門技術・知識を習得する。

<家庭・福祉系列>
・フードデザイン、ファッション造形基礎、社会福祉基礎、介護総合演習などの科目を通じ、家庭生活や福祉について学ぶ。

<普通系列>
・変化の著しい現代社会を生きるための力を身につける。

[部活動]

　最近の主な実績は以下のとおり。
<令和5年度>
新体操部が関東大会の個人戦に出場した。

★設置部（※は同好会）
　弓道、野球、バレーボール、卓球、バスケットボール、バドミントン、新体操、茶道、華道、クラシックギター、写真、吹奏楽、生物、食物、被服、情報処理、書道、※園芸、※森クラブ、※食品加工、※ボランティア、※測量

[行　事]

5月　田植え
6月　芸術鑑賞会
8月　インターンシップ
9月　稲刈り
10月　修学旅行（2年）、校外学習
11月　青葉祭
12月　マラソン大会
2月　系列別校外学習

[進　路]（令和5年3月）

・卒業生と話す会や5日間の**就業体験、企業・大学訪問**など、1年次から将来の進路を考える機会が多く用意されている。
・夏季休業中に5日間、**インターンシップ**を実施。1年生が参加する。
・総合学科なので様々な科目が開講されており、**資格・検定試験**に挑戦することができる。危険物取扱者、日本農業技術検定、測量士補、土木施工管理技術検定、毒物劇物取扱者、情報処理検定、ビジネス文書実務検定、簿記実務検定、介護職員初任者研修、食物調理技術検定、被服製作技術検定などの資格を取得すること

ができる。

★卒業生の進路状況
<卒業生86名>
　大学3名、短大0名、専門学校18名、就職60名、その他5名

★卒業生の主な進学先
　京都芸術大、亀田医療大、帝京平成大

♣指定校推薦枠のある大学・短大など♣
　城西国際大、淑徳大、千葉経済大、東京工芸大、東京聖栄大、日本大他

[トピックス]

・大正6年、君津郡立小櫃農学校として創立。平成29年度に創立100周年を迎えた。**地域と連携した専門教育**を行う。
・天王原キャンパスで農産物即売会（米、シクラメンなど）を行っている。
・農業系列では地域と連携した**花いっぱい運動**を行っている。
・農業・食品・環境系列の生徒は全員が農業クラブに加入する。

[学校見学]（令和5年度実施内容）
★学校説明会　7月1回
★系列別体験入学　11・12月各1回

入試！インフォメーション

受検状況	年　度	学科名	募集定員	募集人員	志願者数	受検者数	倍　率	入学許可候補者数
	R6	総合学科	120	120	60	60	0.50	60
	R5	総合学科	120	120	78	77	0.64	77
	R4	総合学科	120	120	88	87	0.73	85

県立 袖ヶ浦 高等学校

（そでがうら）

https://cms1.chiba-c.ed.jp/sodeko/

〒299-0257　袖ケ浦市神納530
☎ 0438-62-7531
交通　JR内房線袖ケ浦駅　徒歩25分またはバス

普通科
情報コミュニケーション科

| 共　学 |
| 制　服　あり |

[カリキュラム] ◇三学期制◇

両科とも3年の月曜・火曜7限に、生徒の多様な進路に対応するための**特別講座**を実施。

★普通科
・1年次は芸術Iを除き、全員が共通の科目を学習する。
・2年次から、**選択科目**が設置され、進路に応じた科目を選ぶ。

★情報コミュニケーション科
・すべての教科で携帯端末や専用コンピュータ室を活用。ICTを使いこなすことで、これからの時代に必要な情報活用能力やコミュニケーション力を養成する。
・普通科目に加え、「情報コミュニケーション」「情報数理」「情報英語」「情報社会」などの専門科目を学習する。3年次には「課題研究」も実施。

[部活動]
・約9割が参加。
・書道部は全国レベル。各地域行事で書道パフォーマンスを披露している。
・最近の主な実績は以下のとおり。

＜令和5年度＞
書道部が全国大会出場、**体操部**が新体操競技で全国大会出場・関東大会団体3位・個人6位、**バドミントン部**女子が関東県予選5位、**卓球部**女子が県総体5位などの成績を収めた。

＜令和4年度＞
書道部が全国高校総合文化祭菅公賞、岐阜女子大学全国書道展最高賞、高円宮杯日本武道館書写書道大展覧会内閣総理大臣賞を受賞した。**体操部**が新体操競技の男子個人・団体でインターハイに出場し、**バドミントン部**が関東予選の女子団体で県5位に入賞した。

★設置部（※は同好会）
バスケットボール、バレーボール、バドミントン、卓球、剣道、柔道、弓道、野球、陸上競技、サッカー、ソフトテニス、体操、テニス（女）、書道、美術、演劇、吹奏楽、音楽、写真、茶道、華道、生活デザイン、情報科学、※ボランティア、※英語研究

[行　事]
6月　袖高祭（文化祭）
10月　体育大会、修学旅行、校外学習（1年）
12月　芸術鑑賞会

[進　路]
・1年次から**進路適性検査**を実施し、進学・就職双方に対応。進学者向けの補習や個人面談もていねいに行っている。
・**公務員志望者**のための対策講座を2年次から実施。令和3年度卒業生は袖ヶ浦市役所や富津市役所などに9名が合格した。
・3年次には大学受験に対応した多くの**模擬試験**が実施されている。
・就職向けの**面接、作文指導**も行われており、県内の高校の平均的な就職内定率よりもはるかに高い内定率を誇っている。

★卒業生の進路状況（令和5年3月）
＜卒業生275名＞
大学106名、短大15名、専門学校90名、就職48名、その他16名

★卒業生の主な合格実績
千葉大防衛大学校、神田外語大、敬愛大、国士舘大、駒澤大、淑徳大、専修大、千葉工業大、千葉商科大、東京医療保健大、東京電機大、東洋大、日本大、法政大、明治大、立正大、和洋女子大

♣指定校推薦枠のある大学・短大など♣
法政大、大妻女子大、神奈川大、国士舘大、専修大、大東文化大、東洋大、日本大、千葉工業大、東京電機大、東邦大、二松學舍大、立正大他

[トピックス]
・昭和51年創立の袖ケ浦市で唯一の高校である。地元では「袖高」の愛称で親しまれている。
・あいさつの励行を始めとする**マナー教育**や、ボランティア活動にも力を入れている。
・県下で唯一、相撲場（土俵）がある。

[学校見学]（令和5年度実施内容）
★学校説明会　8月1回
★袖高祭　6月　見学可
★学校見学は随時可（要連絡）

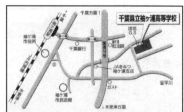

入試！インフォメーション

受検状況	年　度	学科名	募集定員	募集人員	志願者数	受検者数	倍　率	入学許可候補者数
	R6	普通	240	240	292	289	1.20	240
		情報コミュニケーション	40	40	53	51	1.28	40
	R5	普通	240	240	249	248	1.03	240
		情報コミュニケーション	40	40	41	41	1.03	40

県立 市原 高等学校
いちはら

普通科
園芸科

https://cms2.chiba-c.ed.jp/ichihara-h/

☎ 290-0225　市原市牛久655（本校舎）
☎ 0436-92-1541（本校舎）
交通　小湊鉄道上総牛久駅　徒歩10分

共 学

制 服　あり

[カリキュラム] ◇三学期制◇

国語・数学・英語に関して基礎学力を定着すべく、学校設定科目「ステップアップ」を開講（普通科は1学年、園芸課は全学年）。

★普通科

少人数クラスで対話的な授業により、思考力、判断力、表現力を育てていく。福祉・商業の資格、漢字検定、英語検定など、目標を定めた授業内容を実施。2年生からは、情報処理やビジネスマナーなどを学ぶことができる**商業コース**を設置。3年生からは**福祉コース**も設置し介護職員初任者研修修了をめざす。また、3年生では、大学進学・公務員受験のための個別指導・少人数指導や就職のための自己啓発指導、マナー指導、面接指導なども行う。

★園芸科

実習を中心に、作物の生産管理販売、緑地の作成や管理を学ぶ。2年生からは、**野菜コース**（野菜の生産・管理・販売）、**草花コース**（花卉類の生産・管理・販売）、**緑地管理コース**（ゴルフ場の芝管理、樹木の剪定、庭園管理）の3つのコース制で少人数による丁寧な指導が行われる。また、資格取得や危険物取扱者、フォークリフト、農業技術などの検定試験をめざす授業も行う。農業法人や企業の見学やゴルフ場での実習も実施する。

[部活動]

・**ゴルフ部**を設置。ゴルフ場と連携して、卒業後はゴルフに関わる進路を考える。

★設置部

野球、サッカー、陸上競技、テニス、バレーボール、バスケットボール、ダンス、卓球、剣道、バドミントン、ゴルフ、吹奏楽、美術・イラスト、書道、茶道・華道、天文・生物、写真、ビジネス研究、家庭、農業クラブ

[行 事]

・1年生の総合的な探究の時間に地域産業を知る目的で**ゴルフ体験**を実施。
・体育祭、ゴルフ体験、校外学習、文化祭、修学旅行などを実施。

[進 路]（令和5年3月）

・**普通科**の進学先は、大学、看護系大学、看護系専門学校のほか、公務員受験、福祉、情報処理などの各種専門学校で、個別・少人数指導も行う。また、就職先としては公務員や地域の企業などで、地元企業からの求人は圧倒的に多い。
・**園芸科**の進学先は、千葉県農業大学校や大学の農学部、また、フラワーデザイン、公務員受験、福祉、情報処理などの専門学校。就職先は、警察、消防、自衛官などの公務員や地域の企業が多い。地域の企業としては、臨海部工業地帯事務職および技術職、ゴルフ場、農業法人、地元介護福祉施設などである。

★卒業生の進路状況

＜卒業生96名＞
大学7名、短大2名、専門学校19名、就職55名、その他13名

★卒業生の主な進学先

江戸川大、敬愛大、淑徳大、千葉工業大、東京情報大

[トピックス]

・令和6年度より**地域連携アクティブスクール**設置、**コミュニティスクー**ル導入。
・「**地域で活躍する人材を、地域の学校で育てる**」が統合校の教育理念。
・**市原市と地域共創協定**を結び、市原で活躍できる人材の育成に力を入れている。
・農場は**鶴舞グリーンキャンパス**（〒290-0512 市原市鶴舞1159-1)を使用。
・パソコン室3部屋、福祉実習室、トレーニング室、セミナーハウス（修道館）や天体ドームなど、施設が充実。
・通学にバイク（原付）が利用できる。ただし、許可制で定期的に交通安全指導が行われる。
・屋上に天体ドームと15cm屈折望遠鏡を設置。天文・生物部の協力で小中学生の親子を対象に**星空観察会**を実施している。

[学校見学]（令和5年度実施内容）

★学校説明会　7・10・12月各1回
★ミニ体験入学（園芸科）　9・10月各1回

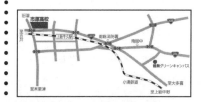

入試！インフォメーション

受検状況	年 度	学科名	募集定員	募集人員	志願者数	受検者数	倍 率	入学許可候補者数
	R6	普 通	80	80	30	29	0.36	30
		園 芸	40	40	20	20	0.50	20
	R5	普 通	80	80	46	45	0.56	45
		園 芸	40	40	28	28	0.70	28

県立 **京葉** 高等学校
けいよう

https://cms2.chiba-c.ed.jp/keiyo-h/

〒290-0034　市原市島野 222
☎ 0436-22-2196
交通　ＪＲ内房線五井駅　徒歩 25 分、自転車 12 分

普通科

共 学

制 服　あり

[カリキュラム]　◇三学期制◇

・すべての進路希望に対応できる教育課程を編成している。
・数学と英語で、**習熟度別少人数授業**を実施している。
・１年次の英語、１～３年次の数学、３年次の国語では１クラスを２展開し、**少人数による授業**を行う。
・３年次から希望進路に応じて**文系・理系**に分かれる。**選択科目**を幅広く展開し、多様な進路に対応している。また学習時間を確保するため、週１日、７時限目を設けている。

[部活動]

・７割強が参加。部活動の活性化に努めている。
・約５万㎡という広大な敷地に野球やサッカー、アーチェリー、弓道、陸上などの専用競技場をもつ。
・最近の主な実績は以下のとおり。
＜令和４年度＞
アーチェリー部が関東選抜大会に２名出場し、**サッカー部**が関東予選で県ベスト16となった。**剣道部**は県総体で男子団体ベスト８、女子団体ベスト16となった。**書道部**が全日本高校書道コンクールの準大賞、国際高校生選抜書展で個人入賞などの成績を収めた。
★**設置部**（※は同好会）
ソフトテニス、アーチェリー、剣道、弓道、卓球、サッカー、バスケットボール、バレーボール、バドミントン、野球、ソフトボール、陸上、演劇、吹奏楽、美術、書道、地学、写真、囲碁、合唱、※軽音楽、※ダンス

[行　事]

　学校行事がたいへん活発である。**芸術祭・体育祭・京葉祭**が三大行事。**体育祭**は３色に分かれ、応援合戦が目玉である。芸術祭は合唱コンクールおよび文化部発表。**球技大会**も実施。
９月　京葉祭（文化祭）・体育祭
10月　修学旅行（２年）
11月　芸術祭
１月　百人一首大会

[進　路]（令和５年３月）

・**進学向け課外授業**や**分野別説明会**、**模擬テスト**などを実施している。
・総合的な探究の時間を通して、自己探究を大テーマとして３年間にわたる計画的な進路学習を行う。
・国公立大や難関私立大の志望者に対して、各教科担当による**個別重点指導**を行っている。
・**英語検定・漢字検定・数学検定**に力を入れており、会場校ともなっている。
★**卒業生の進路状況**
　＜卒業生118名＞
　大学36名、短大５名、専門学校45名、就職27名、その他５名
★**卒業生の主な進学先**
　植草学園大、関東学院大、敬愛大、国士舘大、淑徳大、城西国際大、大正大、千葉工業大、千葉商科大、帝京平成大、東京情報大、東京保健医療専門職大、日本大、麗澤大、和洋女子大
♣**指定校推薦枠のある大学・短大など**♣
　植草学園大、亀田医療大、淑徳大、城西国際大、千葉科学大、千葉商科大、日本大、流通経済大　他

[トピックス]

・約８割が市内中学校の出身であり、

地域と「いつでも連携」できる学校づくりを推進している。また、約98％の生徒が自転車通学をしているため、専門家による自転車整備点検や、警察と連携した交通安全指導を実施。
・普通教室には**冷房設備**がある。
・セミナーハウスがあり、各クラブの合宿や学校行事に利用。
・県教育委員会より**コミュニティ・スクール**の指定を受け、地域のニーズを教育に積極的に取り入れており、子ども園や図書館での**インターンシップ**などを行っている。
・花植えや保育園での読み聞かせ、小学校での英語劇や紙芝居、トロッコ列車の飾りつけなど、**ボランティア**の機会を多数設定。公務員や教員・保育士になりたい生徒の**進路実現**につながっている。令和５年度からはボランティアなどの社会体験活動を**単位認定**している。
・令和６年度から**看護医療コース**を設置。キャリア教育の充実を図る。

[学校見学]（令和５年度実施内容）

★**一日体験入学**　７月１回
★**公開授業**　10月１回
★**京葉祭**　９月　見学可
★**学校見学は随時可**（要連絡）

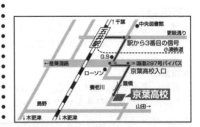

入試！インフォメーション								
受検状況	年度	学科名	募集定員	募集人員	志願者数	受検者数	倍率	入学許可候補者数
	R6	普通	120	120	135	135	1.13	120
	R5	普通	120	120	129	129	1.08	120
	R4	普通	120	120	134	134	1.12	120

県立 市原緑 高等学校
いちはらみどり

https://cms2.chiba-c.ed.jp/ichiharamidori-h/

〒290-0011　市原市能満1531
☎ 0436-75-0600
交通　ＪＲ内房線八幡宿駅・五井駅　バス

普通科

共　学

制　服　あり

[カリキュラム] ◇三学期制◇
・卒業後の進路に沿って、２年次から文系型、理系型の科目選択が可能。各教科の科目を満遍なく学べる。
・１年次の英語・数学・国語、さらに１・２年次の芸術、全学年の体育では少人数編成指導が行われている。
・２年次の情報はティームティーチングによる指導が行われている。
・朝の10分間学び直し（学校設定教科「ブラッシュアップ」）を実施。毎日10分間・５教科を１年間行うことにより１単位となる。

[部活動]
最近の主な実績は以下のとおり。
<令和５年度>
柔道部が県総体の男子個人90kg級で県３位となった。
<令和４年度>
バドミントン部が関東予選の女子団体で県大会に出場し、卓球部が新人戦の団体・個人で県大会に出場した。
<令和３年度>
バドミントン部が総体の男子ダブルスと男子シングルスで県大会に進出した。卓球部が新人戦の学校対抗で県大会に進出した。
★設置部（※は同好会）
サッカー、野球、テニス、ソフトテニス、バスケットボール、バレーボール、卓球、バドミントン、剣道、柔道、茶道、美術、書道、自然科学、写真、生活、サウンドアート、※漫画研究

[行事]
4月　新入生歓迎会
6月　校外学習
9月　緑風祭（体育の部）
10月　修学旅行（２年）
11月　緑風祭（文化の部）
12月　芸術鑑賞会

[進路]
・夏季課外講座、企業見学会、インターンシップなどを実施しており、少人数校ならではの懇切丁寧な指導を行っている。
・進路ガイダンスは就職、進学に分かれて行う。
・公務員志望者と看護医療系志望者に対して公務員・看護医療系ガイダンスを実施。面接対策や実践的な問題演習などを行う。
★卒業生の主な合格実績
植草学園大、杏林大、敬愛大、秀明大、淑徳大、千葉経済大、千葉商科大、帝京平成大、東京情報大、東京福祉大、日本大、明海大、和洋女子大
♣指定校推薦枠のある大学・短大など♣
駒沢女子大、城西国際大、千葉工業大、千葉商科大、中央学院大、帝京平成大、東京成徳大、和洋女子大他

[トピックス]
・「新生緑」をスローガンに、運動系部活動を中心とした学校の活性化を図っている。これをはじめとする多くの意欲的な取り組みが認められ、平成25年度には文部科学大臣表彰を受けた。
・市原特別支援学校いちょうまつりにおけるボランティア活動などが地域で高く評価されており、新聞などにも掲載された。また、交通安全指導にも力を入れている。

・普通教室にエアコンを導入。夏季でも快適な環境で学習ができる。
・本校独自の学び直しの教科「ブラッシュアップ」が始業前の10分間に行われ、落ち着いた学習の時間となっている。

[学校見学]（令和５年度実施内容）
★一日体験入学　７月１回
★授業見学会・部活動体験　10月１回
★学校見学は随時可（要連絡）

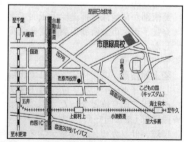

入試！インフォメーション

受検状況	年度	学科名	募集定員	募集人員	志願者数	受検者数	倍率	入学許可候補者数
	R6	普通	120	120	108	108	0.90	108
	R5	普通	120	120	134	134	1.12	120
	R4	普通	120	120	115	114	0.95	115

県立 姉崎 高等学校
あねさき

普通科

https://cms2.chiba-c.ed.jp/anesaki-h/

〒299-0111　市原市姉崎2632
☎ 0436-62-0601
交通　ＪＲ内房線姉ヶ崎駅　バス

共　学

制　服　あり

[カリキュラム] ◇三学期制◇
・1、2年次では基礎学力の養成に重点を置いた指導が行われている。そのために1・2年の数学・英語、1年の国語は少人数制で授業を実施。
・2年次より標準コースとものづくりコースに分かれる。3年次にはさらに理系コースが加わる。
・標準コースでは3単位と2単位の選択科目が用意され、各自の興味・関心・希望進路に応じた学習を行う。また、理系コースでは2単位の選択科目と数学Bが設置される。
・ものづくりコースでは工業系科目を通して地元製造業への就職に備える。また、高大連携事業として大学から講師を招いて先進的な学びを体験する。
・大学入試対策「課外ゼミ」を実施し、発展的な学習の支援をしている。

[部活動]
・陸上競技部は過去に6年連続インターハイ出場や国民体育大会優勝などの成績を残している。
・ふるさとを愛する会では、地域参加をテーマに椎津城跡の整備活動のサポートや戦国ダンスの披露などを行っている。
・最近の主な実績は以下のとおり。
<令和5年度>
美術部が環境保全推進絵手紙展で優秀賞、市原市美術展で奨励賞を受賞した。
<令和4年度>
陸上競技部が県総体に25種目で出場し、男子400mで県7位、男子5000m競歩で県9位となった。
★設置部（※は同好会）
野球、サッカー、ソフトテニス、バレーボール、バドミントン、バスケットボール、陸上競技、卓球、ハンドボール、体操・ダンス、書道、美術、写真、漫画研究、華道、文芸、吹奏楽、※ふるさとを愛する会、※ものづくり

[行　事]
4月　校外学習（1年）
5月　姉高祭（体育の部）
10月　修学旅行（沖縄）
11月　姉高祭（文化の部）

[進　路]
・大学・短大進学希望者向けのものから、公務員、看護系向けのものまで、模擬試験を多く実施している。
・インターンシップを行っている。
・フォークリフト、アーク溶接、低圧電気などの講習会を行っている。また、漢字検定、数学検定、英語検定など各種検定試験対策に力を入れている。
・夏休み中には、就職対策として就職セミナーを、進学対策として夏季集中講座を実施している。
★卒業生の主な進学先
植草学園大、川村学園女子大、敬愛大、淑徳大、城西国際大、清和大、千葉経済大、千葉工業大、千葉商科大、東京情報大、文京学院大、明海大
♣指定校推薦枠のある大学・短大など♣
筑波学院大、城西大、駿河台大、聖学院大、日本薬科大、愛国学園大、植草学園大、江戸川大、敬愛大、淑徳大、城西国際大、千葉経済大、千葉工業大、千葉商科大、東京情報大、明海大、流通経済大、麗澤大　他

[トピックス]
・朝の10分間読書を実施。学習マナーが全学年でしっかりしている。生徒会活動も盛んで、放課後も活気がある。
・40台あまりが一斉にインターネットにアクセスできる、最新の機器を取りそろえたパソコン室や、合宿や研修など多目的に利用できるセミナーハウス銀杏館がある。
・ボランティア活動に力を入れており、ボランティア委員会による姉ヶ崎駅でのポイ捨て防止啓発活動や、吹奏楽部による年間20回程度の訪問演奏などを行っている。
・外部講師を招いて様々な講座を催している。消費者教育講座など。

[学校見学]（令和5年度実施内容）
★一日体験入学　7月1回

入試！インフォメーション

受検状況	年度	学科名	募集定員	募集人員	志願者数	受検者数	倍率	入学許可候補者数
	R6	普通	160	160	164	163	1.02	160
	R5	普通	160	160	183	181	1.13	160
	R4	普通	160	160	159	159	0.99	158

県立 市原八幡 高等学校

いちはらやわた

https://cms2.chiba-c.ed.jp/ichiharayawata-h/

〒290-0062　市原市八幡1877-1
☎ 0436-43-7811
交通　ＪＲ内房線八幡宿駅　徒歩20分

普通科

単位制
共　学
制　服　あり

[カリキュラム] ◇二学期制◇

- 国語・数学・英語は全学年で**習熟度別少人数授業**を実施。各自の到達度に応じた学習をすることができる。
- １年次は全員が共通の科目を学習。
- ２年次以降は、豊富な選択科目の中から各自の進路希望に応じたカリキュラムが作成できる。
- ３年次に大学進学を目標とする**特進クラス**を１クラス設置。

[部活動]

- 約６割が参加。
- **吹奏楽部、書道部**が３年連続全国高等学校総合文化祭出場の実績を持つ。
- 理科部は屋上緑化・ビオトープ化の活動をしている。また、全国高校総合文化祭出場や千葉大学高校生理科研究発表で入賞した経験がある。
- 最近の主な実績は以下のとおり。

＜令和５年度＞
バドミントン部が関東予選の男子団体で県ベスト８になった。
＜令和４年度＞
弓道部が関東選抜大会に出場した。

★設置部（※は同好会）
野球、テニス、バスケットボール、バレーボール、バドミントン、サッカー、卓球、剣道、陸上競技、弓道、ソフトボール、囲碁・将棋、吹奏楽、美術工芸、書道、文芸、演劇、英語、茶道、華道、情報処理、理科、歴史、※ギター、※ダンス

[行　事]

- ５月　校外学習
- ７月　秀麗祭（文化祭）
- 10月　修学旅行、体育大会
- 12月　芸術鑑賞会、球技大会

[進　路]（令和５年３月）

- 各種**進路ガイダンス**、実力テスト（分析会）、進路講演会、保護者進路説明会、課外授業、進学模試、看護医療セミナー、公務員模試、就職指導、インターンシップなどを実施。
- **進路指導室、進路相談室**は各種資料の閲覧が可能。
- 土曜日を利用して、進学希望者向けに**模試や課外補講**を実施している。

★卒業生の進路状況
＜卒業生232名＞
大学87名、短大26名、専門学校86名、就職23名、その他10名

★卒業生の主な進学先
神田外語大、敬愛大、淑徳大、千葉経済大、千葉工業大、千葉商科大、中央学院大、帝京平成大、東京工芸大、東京電機大、東邦大、二松學舍大、日本大、武蔵野大、目白大、横浜薬科大、立正大、和洋女子大

♣指定校推薦枠のある大学・短大など♣
植草学園大、敬愛大、淑徳大、城西国際大、千葉経済大、千葉工業大、千葉商科大、東京情報大、二松學舍大、日本大、武蔵野大、明海大、立正大、麗澤大、和洋女子大　他

[トピックス]

- 平成18年度に**単位制**に移行。地域の核となる進学校をめざし、学習指導や部活動指導に力を注いでいる。
- 普通教室は**冷房完備**。
- 「**グローバル人材育成事業**」の指定を受け、外国語教育を充実させる他、留学生との交流会や海外理解促進のためのセミナーを実施している。
- 令和元年度より、「**防災の学び**」を実施している。県消防学校での研修などを行う。

[学校見学]（令和５年度実施内容）

- ★一日体験入学　７月１回
- ★授業公開　11月１回
- ★秀麗祭　７月　見学可
- ★学校見学は随時可（要連絡）

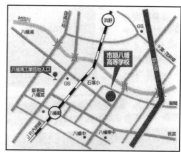

入試！インフォメーション

受検状況	年度	学科名	募集定員	募集人員	志願者数	受検者数	倍率	入学許可候補者数
	R6	普通	200	200	210	208	1.04	200
	R5	普通	200	200	208	207	1.04	200
	R4	普通	240	240	247	247	1.03	240

千葉県
公立
高校

学校ガイド

＜全日制　市立高校＞

・第8学区のエリアに含まれる、専門学科や総合学科を
　設置する高校も、紹介しています。
・学校を紹介したページの探し方については、2ページ
　「この本の使い方＜知りたい学校の探し方＞」を参照し
　てください。

千葉市立 千葉 高等学校

千葉市立 ちば

http://ich.ed.jp/

〒263-0043　千葉市稲毛区小仲台9-46-1
☎ 043-251-6245
交通　JR総武線稲毛駅　徒歩15分またはバス

普通科
理数科

単位制
共　学
制　服　あり

[カリキュラム] ◇二学期制◇

発展・演習などを中心とする学校設定科目が多数用意され、国公立大学等への進学に対応している。

★普通科
・1年次は芸術を除いて全員が同じ科目を学習するが、2年次以降は**選択科目**が増え、個々の進路に応じた学習が可能となっている。また、2年次からSSHコースを1クラス設置し、理系国公立大学をめざす。
・2年次の古典研究と数学Ⅱ・B、論理表現Ⅱは**習熟度別授業**を、1年次の論理表現Ⅰは**少人数授業**を実施。

★理数科
・体験活動を重視した全国トップレベルの理数教育が行われている。
・「理数探究」を通じて英語を含めた**プレゼンテーション能力**の養成を行う。

[部活動]
・約9割が参加。
・最近の主な実績は以下のとおり。
＜令和5年度＞
全国高校総合文化祭に**地学部・文学部**が出場し、日本管楽合奏コンテスト全国大会に**吹奏楽部**が出場した。関東大会に**ソフトボール部**男子・**バドミントン部・水泳部・柔道部**（相撲競技）・**山岳部**が出場した。

★設置部（※は同好会）
陸上競技、バレーボール、野球、ソフトボール、ソフトテニス、硬式テニス、バスケットボール、サッカー、卓球、柔道、山岳、水泳、弓道、剣道、バドミントン、ダンス、文学、物理化学、生物、地学、美術、書道、吹奏楽、写真、演劇、茶道、華道、合唱、料理、※パソコン研究、※棋道、※軽音楽

[行事]
・夾竹桃祭（文化祭）、春・秋スポーツ大会、校外学習（1・3年）、修学旅行（2年普通科）、芸術鑑賞会、合唱コンクール（1・2年）などを実施。
・**理数科**の行事には伊豆大島研修（1年）、海外科学技術研修（2年）、課題研究発表会などがある。

[進路]（令和5年3月）
・大学などから講師を招き、広い視野に立った進路指導に努めている。
・新大学入試に備えて**アクティブラーニング**や**分野融合型授業**（美術×化学の「顔料と展色材について」等）に加え、普通科1年でも総合的探究の時間において課題研究に取り組んでいる。

★卒業生の進路状況
＜卒業生315名＞
大学281名、短大0名、専門学校0名、就職0名、その他34名

★卒業生の主な合格実績
北海道大、東北大、大阪大、茨城大、埼玉大、千葉大、筑波大、東京海洋大、東京工業大、横浜国立大、千葉県立保健医療大、東京都立大、早稲田大、慶應義塾大、上智大、東京理科大

♣指定校推薦枠のある大学・短大など♣
早稲田大、慶應義塾大、青山学院大、学習院大、上智大、中央大、東京理科大、法政大、明治大、立教大　他

[トピックス]
・**進学重視型単位制**を導入し、50分7限週33単位を実施。
・平成14年度から5年間、文部科学省の**スーパーサイエンスハイスクール**（SSH）の研究指定校となり、フィールドワークや課題研究に全国レベルの成果を挙げた。24年度から再びSSHの指定を受け、**世界で活躍できる人材の育成**を目標に掲げた。28年度にはSSH指定において科学技術人材育成重点枠の指定を受けた。また、理数科3年生が**国際科学技術フェア（ISEF2016）**機械工学部門で最優秀賞（世界一）を受賞した。29年度から**第Ⅲ期SSH指定**を受けた。また、30年度はSSH重点枠の指定を受けた（令和3年度まで）。令和4年度から**SSH第Ⅳ期基礎枠**の指定を受けた（8年度まで）。5年度から**科学技術人材育成重点枠**の指定を受けた（8年度まで）。

[学校見学]（令和5年度実施内容）
★学校説明会　8月
★公開理科実験教室　10月（理数科希望者・要申込）
★学校見学は随時可（要連絡）

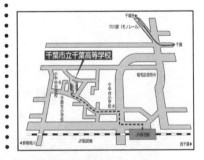

入試！インフォメーション

受検状況	年　度	学科名	募集定員	募集人員	志願者数	受検者数	倍　率	入学許可候補者数
	R6	普　通	280	280	425	421	1.50	280
		理　数	40	40	71	70	1.75	40
	R5	普　通	280	280	480	478	1.71	280
		理　数	40	40	69	67	1.68	40

習志野市立 習志野（ならしの）高等学校

普通科
商業科

https://hs-narashino.edumap.jp/

〒275-0001　習志野市東習志野 1-2-1
☎ 047-472-2148
交通　京成線実籾駅　徒歩 13 分

共 学

制 服　あり

[カリキュラム]　◇三学期制◇

★普通科
・1、2年次は基礎学力の定着と応用力の強化を目指す。
・2、3年次には選択制となる。特に3年次には、**文類型**と**理類型**に分かれて学習する。また、多様な進路に対応するため、学校独自の科目をはじめ多くの**選択科目**が用意されている。

★商業科
・簿記、情報処理、ビジネス基礎など、**検定・資格に直結した商業科目**を学ぶ。簿記実務検定試験（1～3級）、ワープロ実務検定試験（1～4級）、情報処理検定試験（1～3級）、商業経済検定試験（1～4級）などの受検が在学中に可能。
・3年次の選択科目には、受験科目を中心に大学入試などに対応した科目が設けられた**選択A**と、商業の専門科目について発展的な学習を行い、さらに高度な資格・技術の修得をめざすための科目が設けられた**商業選択**とがある。
・数学・理科は少人数授業、簿記は習熟度別授業を行っている。
・キャリア教育を重視した科目も用意されている。

[部活動]

・全国大会常連の部が目白押しである。**野球部、サッカー部、バレーボール部、バスケットボール部、ソフトボール部、剣道部、ボクシング部、柔道部**は全国優勝の実績がある。
・最近の主な実績は以下のとおり。
＜令和5年度＞
インターハイに**男子バレーボール部**（全国ベスト8）、ボクシング部（L

F級全国準優勝、P級・W級ベスト8）、**柔道部**（男子73kg級全国優勝）、**体操競技部**が出場した。また、**男子バレーボール部**（17年連続40回）と**女子バレーボール部**（16回）が全日本選手権に、**男子バスケットボール部**がウインターカップに、**女子ソフトボール部**が全国選抜大会に出場した。**吹奏楽部**は全日本吹奏楽コンクール金賞、日本学校合奏コンクールグランドコンテスト金賞・会長賞、全日本マーチングコンテスト金賞などの成績を収めた。
＜令和4年度＞
男子バレーボール部がインターハイで全国ベスト16、春高バレー全国大会出場（16年連続）、**柔道部**が男子団体で関東大会優勝・金鷲旗全国3位、インターハイに3階級で出場し-81kgで優勝、**ボクシング部**がインターハイに6階級で出場しLF級で優勝などの成績を収めた。

★設置部（※は同好会）
硬式野球、サッカー、柔道、バスケットボール、バレーボール、ボクシング、陸上、剣道、体操、空手、バドミントン、ソフトボール、硬式テニス、卓球、弓道、バトン、吹奏楽、商業、美術、生物、演劇、文芸、書道、軽音楽、茶道、※手芸

[行　事]

・さまざまな学校行事があるが、中でも**体育祭**は特に盛り上がる行事のひとつである。
・球技大会、海外語学研修、習高祭（文化の部・体育の部）、修学旅行（2年）、予餞会などを実施。

[進　路]　(令和5年3月)

・本校独自のN進路ナビでICT機器を利活用して進路情報を提供。
・スタディサプリに全生徒が登録。
・**小論文対策**は1年生から実施。
・職業体験、上級学校模擬講義、分野別講演会など**進路探究の機会**が充実。
・商業科では、**検定・資格取得**に力を入れ、進学に役立てている。

★卒業生の進路状況
＜卒業生314名＞
大学249名、短大6名、専門学校40名、就職9名、その他10名
★卒業生の主な進学先
長崎大、千葉県立保健医療大、学習院大、國學院大、駒沢大、成城大、専修大、中央大、東京理科大、東洋大、日本大、法政大、武蔵大、明治大、明治学院大、立教大
♣指定校推薦枠のある大学・短大など♣
学習院大、駒沢大、専修大、東海大、東京電機大、東邦大、東洋大、日本大、武蔵大、明治学院大　他

[学校見学]　(令和5年度実施内容)
★学校説明会　8・10月各1回
★学校見学ツアー　11・12月各2回、1月1回（要予約）
★習高祭文化の部　9月　見学可

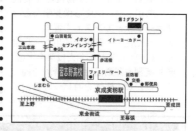

船橋市立船橋高等学校

ふなばし

https://www.ichifuna.ed.jp/

普通科
商業科
体育科

単位制

共学

制服　あり

〒273-0001　船橋市市場4-5-1
☎ 047-422-5516
交通　ＪＲ総武線東船橋駅　徒歩8分

[カリキュラム] ◇二学期制◇

・**単位制**を導入。進路希望に応じた学習を主体的・意欲的に行うことができる。授業時数は**週32時間**。
・学年・学科の枠を越えた「**課題探究学**」を週4時間実施。豊富な選択授業の中から自分で選び、苦手科目の克服や体力向上をはかる。

★普通科
・**国際教養コース**は1年次から、**文系コース・理系コース・α類型**は3年次から編成される。
・**国際教養コース**では、3名のALTが常駐し、**少人数授業、国内語学研修**（1年次・2泊3日）、**海外語学研修**（オーストラリア・約3週間）を実施。CommunicationやコンピュータLL演習など、特色ある授業で英語運用能力を高める環境が整っている。
・**α類型**では主要5教科を重点的に学習して**国公立大進学**をめざす。

★商業科
・進学希望者は**簿記、情報処理**などの専門科目の学習を生かした進学が可能。
・就職希望者は最新のコンピュータシステムによる情報処理などの学習により、実務能力の向上を図る。
・**簿記、情報処理、商業経済**関係の科目群で高度な**資格取得**が可能である。

★体育科
・専門競技の高度な運動技能を養成し、スポーツに関する栄養学などの**スポーツサイエンス**も学習する。
・恵まれた施設・設備を活用し、理論と実践の両面に対応した授業を実施。
・**野外実習**や運動部活動の経験を通して、豊かな人間性を身につける。

[部活動]

・部活動が盛んであり、**サッカー、野球、バスケットボール、バレーボール、吹奏楽**の各部は全国クラスの強豪。**体操競技部**と**陸上競技部**は国際大会でも活躍している。
・最近の主な実績は以下のとおり。

<令和5年度>
体操競技部が男子団体で2年連続全国大会三冠（インターハイ・全日本ジュニア・国体）達成、**サッカー部**がインターハイ（全国ベスト8）・全国選手権大会出場（24回目）、**陸上競技部**がインターハイの男子4×100mRで全国優勝、**剣道部**が国体出場、**女子バスケットボール部**がウインターカップ出場、**ダンス部**がダンスドリル全国大会出場、**吹奏楽部**が全日本マーチングコンテスト銀賞などの成績を収めた。

<令和4年度>
体操部が男子団体で全国大会三冠を達成、**陸上競技部**がインターハイの2種目で全国優勝、**女子バレーボール部**と**水泳部**もインターハイに出場、**野球部**が夏の甲子園出場、**男子バスケットボール部**がウインターカップに出場した。

★設置部
野球、サッカー、バスケットボール、バレーボール、陸上競技、剣道、柔道、水泳、ラグビー、体操、ソフトボール、硬式テニス、ソフトテニス、バドミントン、弓道、写真、書道、軽音楽、演劇、地学、吹奏楽、美術　他

[行事]

体育祭、文化祭、修学旅行、芸術鑑賞会、英語合宿、マラソン大会などを実施。**体育祭**では全国クラスの運動部生徒が力を競う。

[進路]（令和5年3月）

進路課外講座、進路講演会（3年）、保護者面談、就職内定者指導といった行事を適宜実施。4月には全学年を対象に**実力テスト**を行う。

★卒業生の進路状況
<卒業生397名>
大学287名、短大12名、専門学校55名、就職25名、その他18名

★卒業生の主な進学実績
筑波大、東京学芸大、鹿屋体育大、青山学院大、学習院大、國學院大、駒澤大、上智大、専修大、中央大、東洋大、獨協大、日本大、法政大、武蔵大、明治大、明治学院大、立教大

♣指定校推薦枠のある大学・短大など♣
國學院大、国士舘大、駒澤大、東洋大、日本大、法政大、立教大　他

[トピックス]

・昭和32年開校。市民のための市立高校として、船橋の王冠たるべき21世紀の未来を担う健全な若人の育成をめざす。**部活動**にかなりのエネルギーを注ぎ、卒業式には充実感でいっぱいの表情で卒業していく。
・平成29年度入学生より**普通科の学区を拡大**し、市内の県立高校と同様にした。また、普通科の入学者選抜に**市内中学生優先入学制度**を設けた。

[学校見学]（令和5年度実施内容）

★学校説明会　8月2回、11月1回

入試！インフォメーション

受検状況	年度	学科名	募集定員	募集人員	志願者数	受検者数	倍率	入学許可候補者数
	R6	普通	240	240	286	285	1.19	240
		商業	80	80	107	104	1.30	80
		体育	80	80	82	82	1.03	80
	R5	普通	240	240	307	305	1.27	240
		商業	80	80	114	112	1.40	80
		体育	80	80	86	86	1.08	80

松戸市立 松戸 高等学校

普通科
国際人文科

http://www.matsudo.ed.jp/ichimatsu-h/

☎ 270-2221　松戸市紙敷 2-7-5
☎ 047-385-3201
交通　ＪＲ武蔵野線東松戸駅、北総線東松戸駅・松飛台駅　徒歩 13 分

| 単位制 |
| 共　学 |
| 制　服 | あり（女子はスラックスも可） |

[カリキュラム] ◇三学期制◇

★普通科

・多彩な選択科目を設置した**単位制**で、進路や興味・関心に応じて履修科目の選択が可能である。

・科目選択の例を**キャンパス**と呼んでおり、３年次のキャンパスには人文社会、理数科学、医療看護、保育栄養、体育音楽などがある。

★国際人文科

・外国語と文系科目を中心とした専門学科で、考える力やコミュニケーション能力を高めるカリキュラムが特色。

・単なるコミュニケーションの道具としての**英語力**を伸ばすだけでなく、思考力の基本となる**日本語力**および**読書力**の向上を目指す。

・英語・小論文・ディベート指導では１クラスを３分割した**少人数制**の授業を実施。生徒13人に対して、ALT１名、日本人教師１名。

・**英語宿泊研修**（１年）や**海外研修**（２年・オーストラリア）、３名の**ALT**が常駐するなど、生きた英語を学ぶことができる。

[部活動]

・約９割が参加。**弓道部**と**陸上競技部**は全国大会や関東大会の常連。

・最近の主な実績は以下のとおり。

＜令和５年度＞

陸上競技部がインターハイ・ジュニアオリンピック・関東選手権・関東新人大会に出場した。**弓道部**が男子団体で関東大会で関東３位、全国高校遠的大会で全国５位などの成績を収めた。**女子テニス部**が関東予選で団体県５位、**女子バレーボール部**が関東予選で県７位となった。**吹奏楽部**は県吹奏楽コンクールでＡ部門金賞・本選大会出場という成績を収めた。

＜令和４年度＞

弓道部が関東大会・国体・全国選抜大会に出場し、全国選抜大会の男子団体で全国優勝を果たした。**陸上競技部**は関東大会・インターハイ・関東選手権・関東新人大会に出場した。**吹奏楽部**は日本管楽合奏コンテスト全国大会Ａ部門最優秀賞などの成績を収めた。

★設置部（※は同好会）

野球、サッカー（男女）、硬式テニス、陸上競技、弓道、ハンドボール、バスケットボール、バドミントン、水泳、剣道、ラグビー、バレーボール、卓球、柔道、ソフトボール、吹奏楽、軽音楽、書道、美術、華道、茶道、生物、イラストレーション、電気物理、ホームプロジェクト、※ESS、モダンダンス、合唱

[行　事]

校外学習、桜爛祭（文化祭）、体育祭、球技祭などを実施している。修学旅行は例年台湾を予定していたが、コロナ禍のため、令和４年度は関西に変更された。

[進　路]（令和５年３月）

・Try itによる動画視聴が可能。

・長期休業中の**進学補習**を実施。

・**公務員無料対策講座**を実施。令和４年度卒業生は千葉県庁、松戸市消防、市川市消防、東京国税局などに合格した。

★卒業生の進路状況

＜卒業生318名＞

大学198名、短大７名、専門学校80名、就職10名、その他23名

★卒業生の主な進学先

千葉県立保健医療大、青山学院大、学習院大、國學院大、駒澤大、成蹊大、専修大、中央大、東洋大、獨協大、日本大、法政大、武蔵大、明治大、明治学院大

♣指定校推薦枠のある大学・短大など♣

学習院大、工学院大、産業能率大、玉川大、東京電機大、東洋大、日本大、文教大、法政大、武蔵野大　他

[トピックス]

・松戸市の強力な支援のもと、ICT教室や少人数制授業用の施設をはじめとする**恵まれた施設・設備**を有する。

・全普通教室に**冷房**を完備。冷房費の保護者負担金はない。

・普通科の学区を拡大し、第２学区および隣接学区からの受検が可能となった。国際人文科は全学区からの受検が可能。

[学校見学]（令和５年度実施内容）

★学校説明会　８・10・11月各１回
★桜爛祭　９月　見学可
★学校見学は随時可（要連絡）

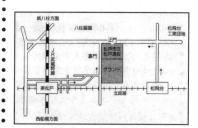

入試！インフォメーション

受検状況	年　度	学科名	募集定員	募集人員	志願者数	受検者数	倍　率	入学許可候補者数
	R6	普通	280	280	457	455	1.63	280
		国際人文	40	40	61	61	1.53	40
	R5	普通	280	280	462	461	1.65	280
		国際人文	40	40	51	51	1.28	40

169

柏市立 柏（かしわ）高等学校

普通科
スポーツ科学科

https://ncsaas.cu-mo.jp/ichikashi/

〒277-0801　柏市船戸山高野325-1
☎ 04-7132-3460
交通　ＪＲ常磐線柏駅、東部アンバーパークライン運河駅、
　　　つくばエクスプレス柏たなか駅　バス

単位制
共　学
制　服　あり

[カリキュラム] ◇三学期制◇

★普通科
＜一般クラス＞
・1年次より編成。2年次からは進路別に**文系、理系、音楽、体育**の4つのクラスに分かれる。
・選択科目が数多く用意され、どのような進路にも対応が可能である。語学では英語の他に**中国語**も学べる。
・すべてのクラスで**資格取得**を奨励。小論文の指導にも力を入れる。

＜総合進学クラス＞
・1年次より編成。2年次に**文系**と**理系**を選択。授業は少人数指導。
・一般入試に対応した授業展開により、希望する大学への進学を目指す。
・学習と部活動の両立をはかり、進路指導が行われる。
・総合型選抜や推薦入試も視野に入れ、小論文指導にも力を入れていく。
・英語検定や漢字検定など、検定や資格へのチャレンジもサポート。
・定期的に模試も行っている。

＜国際教養クラス＞
・1年次より編成。
・ALTの単独授業やSHR、**少人数展開**の語学指導などを通じて、**語学力**や**国際的視野**を育成。
・**海外語学研修**などを通じて、海外との交流を積極的に行うことで実践的な語学力の習得ができる。
・修学旅行はアメリカのカリフォルニア州トーランス北高校へ**体験留学**。
・語学系の大学などへの進学希望者に適している。

★スポーツ科学科
・スポーツ全般の技能や理論を学習。
・キャンプ実習、スクーバダイビング実習、スキー実習などを実施。

・体育大学や文科系大学への進学にも十分対応可能なカリキュラム編成。

[部活動]
・9割以上が参加。
・最近の主な実績は以下のとおり。

＜令和5年度＞
陸上競技部がインターハイに5種目で出場し男子4×400mリレーで全国5位、**吹奏楽部**が全日本吹奏楽コンクール金賞、**駅伝部**女子が関東大会出場（5年連続）、**ソフトテニス部**が男子個人で関東大会出場、**女子バスケットボール部**が県総体で県5位、**サッカー部**が選手権予選県ベスト14などの成績を収めた。

＜令和4年度＞
陸上競技部が関東大会、関東選手権、関東選抜新人大会に出場した。**女子バスケットボール部**が県総体とウィンターカップ県予選で県2位、**男子バスケットボール部**が県総体とウィンターカップ県予選で県3位となった。**吹奏楽部**が全日本吹奏楽コンクール銀賞、全日本マーチングコンテスト銀賞などを受賞した。

★設置部（※は同好会）
野球、サッカー、陸上競技、テニス、ソフトテニス、水泳、バスケットボール、バレーボール、バドミントン、卓球、剣道、柔道、ダンス、吹奏楽、理科、英会話、美術、工芸、書道、茶道、軽音楽、※イラスト、※家庭科

[行　事]
4月　宿泊研修（1年）、校外ホームルーム（2・3年）
9月　翔鷹祭（文化の部・体育の部）

11月　修学旅行（2年）、球技大会
2月　予餞会、マラソン大会

[進　路]（令和5年3月）

★卒業生の進路状況
　＜卒業生310名＞
　大学50%、短大1%、専門学校37%、就職7%、その他5%

★卒業生の主な進学先
　亜細亜大、学習院大、國學院大、専修大、中央大、東京理科大、東洋大、獨協大、日本大、武蔵大

♣指定校推薦枠のある大学・短大など♣
　学習院大、東洋大、獨協大、日本大、武蔵大　他

[トピックス]
・アメリカ、中国、オーストラリアに**姉妹校**があり、毎年多数の生徒が相互訪問を行っている。
・**アリーナ体育館、全室冷房完備、PC室**（2室）、**合宿所、プール**など施設が充実している。
・令和5年度より全校生徒を対象に**タ**ブレットの貸与を開始。

[学校見学]（令和5年度実施内容）
★学校説明会　8・9・10月各1回
★学校見学は随時可（要連絡）

入試！インフォメーション

受検状況	年度	学科名	募集定員	募集人員	志願者数	受検者数	倍率	入学許可候補者数
	R6	普通	280	280	348	345	1.23	280
		スポーツ科学	40	40	42	42	1.05	40
	R5	普通	280	280	322	318	1.14	280
		スポーツ科学	40	40	41	41	1.03	40

銚子市立 銚子(ちょうし)高等学校

普通科
理数科

http://www.choshi-h.jp/

〒288-0814 銚子市春日町2689
☎ 0479-25-0311
交通 ＪＲ総武本線・成田線銚子駅　徒歩20分またはバス

単位制

共学

制服　あり

[カリキュラム]　◇二学期制◇
・1年次は普通科と理数科に分けず授業を行う。国語・数学・英語の授業を少人数習熟度別で実施し、学力の向上と定着を図る。
・45分7限授業を実施。
・二学期制の活用により、授業時数の確保に努めている。土曜日には模試などを実施している。
★普通科
・2年次に文系・理系に分かれ、文系では選抜クラスも設定する。
・3年次には、生徒一人ひとりの進路希望に応じた約45の充実した選択科目を設定している。この結果、進路実現に適した時間割を組むことが可能となっている。看護・医療系進学に対応したカリキュラムが理系に設置される。
★理数科
・2年次に進路希望や適性（成績等）に基づいて理数科が編成される。授業の5割が数学・理科の科目となる。
・医・歯・薬・看護系大学、難関国公立大への現役合格を目指す。

[部活動]
・約8割が参加。
・最近の主な実績は以下のとおり。
<令和5年度>
陸上競技部が関東大会出場（男子走高跳・女子砲丸投・女子5000m競歩）、吹奏楽部が県吹奏楽コンクールA部門金賞・本選出場、演劇部が県中央発表会出場などの成績を収めた。
<令和4年度>
陸上競技部が南関東大会、関東選手権、関東選抜新人大会に出場した。弓道部が関東大会（男子団体、女子団体）、関東個人選抜大会に出場した。

空手道部が全国道場選抜空手道大会の男子組手で準優勝した。書道部が高野山競書大会で高野山管長賞や全日本書道連盟賞などを受賞した。
<令和3年度>
弓道部が県2位で関東大会出場（女子団体）、県総体の個人で県3位、関東個人選抜大会出場などの成績を収めた。陸上競技部が男子5000m競歩で南関東大会5位、県総体3位、関東選手権7位などの成績を収めた。
★設置部（※は同好会）
野球、陸上競技、弓道、剣道、柔道、卓球、バドミントン、ソフトテニス、バスケットボール、サッカー、ラグビー、テニス、バレーボール、空手道、水泳、吹奏楽、美術、書道、華道、茶道、演劇、写真、科学、文芸、英語、JRC、※家庭

[行　事]
球技大会、市銚祭（文化祭）、スポーツ大会、修学旅行（2年）などを実施。

[進　路]（令和5年3月）
・早朝・放課後には自習室として図書室、講義室を開放。
・早朝・放課後、長期休業中に進学講習を実施。
・千葉科学大との高大連携により、大学での講義や実験・実習を受講することもできる。
・1年次には、職業観の育成と進路決定模索のための職業人講話を設定。2年次には、進路に対する志望意思確認および志望の深化のための大学模擬授業を設定。
★卒業生の進路状況
<卒業生309名>
大学267名、短大2名、専門学校20名、

就職7名、その他13名
★卒業生の主な合格実績
東京大、北海道大、東北大、茨城大、千葉大、筑波大、東京学芸大、茨城県立医療大、埼玉県立大、千葉県立保健医療大、東京都立大、慶應義塾大、上智大、東京理科大

[トピックス]
・平成20年4月、旧市立銚子高校と同銚子西高校が統合されて、新市立銚子高校が創設された。進学指導に重きを置き、生きる力と豊かな心を育む活力ある学校像をコンセプトとして、次代を担う地域のリーダーを育てる全人教育を目指している。
・英語4技能を鍛えるべく、「市銚グローバル4」に取り組んでいる。
・全室エアコン完備。
・令和4年10月〜5年7月、本校生徒が銚子防災無線を担当し、電話de詐欺等の被害防止を呼び掛け、銚子警察署より感謝状を贈呈された。

[学校見学]（令和5年度実施内容）
★一日体験入学　8月2回
★学校説明会（中2対象）　1月2回
★市銚祭　6月　見学可
★学校見学は随時可（要連絡）

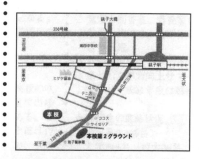

入試！インフォメーション

受検状況	年度	学科名	募集定員	募集人員	志願者数	受検者数	倍率	入学許可候補者数
	R6	普通・理数科	240	240	255	255	1.06	240
	R5	普通・理数科	280	280	271	270	0.96	270
	R4	普通・理数科	280	280	298	298	1.06	280

※普通科と理数科はくくり募集。

千葉県
公立
高校

学校ガイド

＜定時制・通信制＞

・第8学区のエリアに含まれる、専門学科や総合学科を
　設置する高校も、紹介しています。
・学校を紹介したページの探し方については、2ページ
　「この本の使い方＜知りたい学校の探し方＞」を参照し
　てください。

県立 生浜 高等学校
おいはま

https://cms1.chiba-c.ed.jp/oihama-h/

☏ 260-0823　千葉市中央区塩田町372
☎ 043-266-4591
交通　ＪＲ浜野駅　徒歩15分、JR蘇我駅　自転車15分

普通科

単位制
共　学
定時制（三部制）
制　服　標準服あり

[カリキュラム]　◇二学期制◇
・午前・午後・夜間の３つの部からなる。
・授業は１限45分、２コマ連続。
・全日制の課程との相互履修が可能。
・三部制定時制の課程内で他部の授業を受けることができる（他部履修）。
・定時制課程だが、１日４時間の授業に加え、２時間の他部履修によって、３年間で卒業することもできる（３修制）。
・履修届に基づき、個別の時間割を持つことができる。
・１年次は２～４単位のみが選択・選択必履修科目で大部分は必履修科目だが、２年次以降はほとんどの科目が選択科目となる。選択科目には普通科目はもちろん、「日本語基礎」「簿記」「情報処理」など、ユニークな科目も多数用意されている。
・ほぼすべての授業で習熟度別・少人数の授業を行い、基礎学力の向上を図っている。１年次生徒を対象に授業中「マナトレ（国・英）」を行っている。数学は独自のプリントを使用。
・二学期制を採用しており、半期単位認定科目もある。

[部活動]
・全日制と合同で活動することも可能。
・最近の主な実績は以下のとおり。
＜令和５年度＞
バスケットボール部（男）、ソフトテニス部（男女）が全国定通体育大会に出場した。
＜令和４年度＞
ソフトテニス部、卓球部、剣道部、バドミントン部、陸上競技部、バスケットボール部が全国定通体育大会に出場した。
★設置部（※は同好会）
サッカー、野球、卓球、合気道、バレーボール、アーチェリー、バドミントン、陸上競技、ソフトテニス、ソフトボール、剣道、硬式テニス、ハンドボール、バスケットボール、軟式野球、ダンス、音楽、家庭科、美術、書道、コンピュータ、演劇、茶道、将棋、合唱、生物、写真、※英語、ビジネス研究、※文芸

[行　事]
全日制との合同開催となる、しほた祭（文化祭）やスポーツデーは秋の楽しみの一つ。
9月　遠足
10月　スポーツデー、しほた祭（文化祭）
11月　修学旅行（関西）

[進　路]
大学・短大・専門学校への進学から就職まで幅広い進路に対応。
★卒業生の進路状況（令和５年３月）
　　＜卒業生150名＞
　　大学23名、短大３名、専門学校37名、就職50名、その他37名
★卒業生の主な進学先
江戸川大、神田外語大、敬愛大、淑徳大、千葉経済大、千葉工業大、千葉商科大、中央学院大、東京情報大、日本大、法政大、明海大、立正大

[トピックス]
・三部制の定時制高校として、平成19年４月に開校された。
・８月末に実施予定の選抜試験を受ければ、秋から入学することもできる。
・学校行事や部活動など、支障がない限り全日制と合同で実施している。
・グラウンドには夜間照明があり、夜間部の授業で使用されている。
・標準服（全日制制服と同じもの）着用が推奨されているが、理由の状況により未着用も許可されている。
・地域防災交流や地域美化活動交流を継続して行っている。
・平成28年度より不登校に悩む生徒達をサポートするための不登校回復プログラムを実施。「コーピング」や「フリーワークショップ」、専用休憩室「ライトルーム」など「一歩踏み出すきっかけ」を様々な形で用意している。
・選択講座「日本語基礎」や専用講座「アドバンスト英語」など、日本語を母語としない生徒のためのサポートプログラムに取り組んでいる。
・スクールカウンセラーとスクールソーシャルワーカーが週２回来校している。

[学校見学]（令和５年度実施内容）
★学校説明会　10・11・12月各１回
★学校見学は随時可（要連絡）

入試！インフォメーション

受検状況	年　度	学科名	募集定員	募集人員	志願者数	受検者数	倍　率	入学許可候補者数
	R6	普通（午前部）	80	66	70	70	1.06	66
		普通（午後部）	80	66	71	68	1.03	66
		普通（夜間部）	80	66	18	17	0.26	19
	R5	普通（午前部）	80	66	63	63	0.95	62
		普通（午後部）	80	66	64	63	0.95	63
		普通（夜間部）	80	66	21	20	0.30	20

※＊は募集定員から、転入学等の予定人員及び「秋季入学者選抜」の募集人員を減じた数の60％。

県立 佐倉南 高等学校 （さくらみなみ）

https://cms2.chiba-c.ed.jp/sakuraminami-h/

☎ 285-0808　佐倉市太田 1956
☎ 043-486-1711
交通　ＪＲ総武線佐倉駅　徒歩 20 分またはバス

普通科

共　学
定時制（三部制）

| 制　服 | あり（午前・午後部） |

[カリキュラム] ◇二学期制◇

1　三部制の定時制

午前部・午後部・夜間部の３部に分かれ、１日４時限の授業を**４年間**受け、**74単位以上を修得すること**で卒業できる。**３年間での卒業**をめざす場合は、自分の所属していない部の時間帯の授業を履修することになる（**他部履修**）。２年次からは選択科目が増え、進路に応じた科目選択ができる。旧情報コースも継承し、ワープロ・表計算・グラフィックなどのソフトの利用、インターネットの活用、アルゴリズムなどの専門的な授業も選べる。

2　高大連携教育

東京情報大・植草学園大・千葉敬愛短大・敬愛大と連携し、**教育および生徒の受け入れ授業を実施**する。生徒は大学の公開講座に参加が可能。また、教員をめざす大学生が高校で模擬授業を行う。現在の社会情勢を踏まえて、従来行っていた**修学旅行のプレゼン**も大学で発表するのではなく、リモートでの発表を計画している。

3　計画的な学び直し

入学時から計画的な学び直しを行い、高校卒業に値する学力を身につける学習指導を行う。**総合的な探究の時間**では学び直しの日を年10回設け、国語・数学・英語の学び直し教材に取り組む。

[部活動]

・午前部・午後部の生徒は７・８時限目の時間帯が活動の中心となり、夜間部の生徒は自分の時間割に応じて７・８時限目や12時限目後の時間帯が活動の中心となる。
・**定時制**（３・４年生）には、男子バスケットボール、卓球、軟式野球、ソフトテニス、芸術の各部を設置。

★設置部（※は同好会）

陸上競技、硬式野球、サッカー、バスケットボール、弓道、バドミントン、ソフトテニス、ソフトボール、吹奏楽、書道、美術・工芸、イラスト、ニューライフ、茶道、写真

[行　事]

新入生歓迎会、学年行事、生徒総会、南櫻祭、体育祭、修学旅行（２年）、学年行事、生徒会役員選挙などを実施。

[進　路]（令和５年３月）

・「**卒業後に生きる力を育成する**」ことを目標に、キャリア教育に力を入れている。
・**地域ボランティア**に積極的に参加し、社会参画の基礎を身につける。
・２年次末に**進路相談期間**を設定し、生徒全員に対して進路担当職員による面談を実施している。
・就職希望者には、卒業年次の前期に複数回の**就職指導講座**を実施し、職業理解、業界研究、企業研究、求人票の見方、履歴書作成指導、面接指導、会社見学、採用試験対策指導を行っている。

★卒業生の進路状況

＜卒業生164名＞
大学29名、短大５名、専門学校78名、就職38名、その他14名

★卒業生の主な進学先

敬愛大、淑徳大、千葉商科大、東京情報大、明海大

♣指定校推薦枠のある大学・短大など♣

植草学園大、敬愛大、淑徳大、城西国際大、千葉経済大、東京情報大、明海大　他

[トピックス]

・平成23年１月、**ユネスコスクール**への本校の加盟が承認された。
・令和４年度に**三部制定時制高校**へと改編された。（全日制課程の募集は停止。佐倉東高校定時制を編入。）
・キャリア教育として、令和５年度より**さくら咲クリエイションプロジェクト**を開始。地域の方や産業と協働しながら、生徒の想像力を育むことを目的とする。初年度には市役所と連携したワークショップや、地域イベントへの参加などが行われた。

[学校見学]（令和５年度実施内容）

★学校説明会　８・11・12月各１回
★南櫻祭文化の部　９月　見学可
★学校見学は随時可（要連絡）

入試！インフォメーション

受検状況	年　度	学科名	募集定員	募集人員	志願者数	受検者数	倍　率	入学許可候補者数
	R6	普通（午前部）	80	66	64	63	0.95	63
		普通（午後部）	80	66	64	63	0.95	63
		普通（夜間部）	40	33	32	30	0.91	31
	R5	普通（午前部）	80	66	77	77	1.17	66
		普通（午後部）	80	66	68	65	0.98	66
		普通（夜間部）	40	33	31	30	0.91	33

県立 松戸南 高等学校（まつどみなみ）

https://cms1.chiba-c.ed.jp/matsudominami-h/

〒270-2221　松戸市紙敷1199
☎ 047-391-2849
交通　ＪＲ武蔵野線・北総鉄道東松戸駅　徒歩10分

普通科

| 単位制 |
| 共　学 |
| 定時制（三部制） |
| 制　服　標準服あり |

[カリキュラム] ◇二学期制◇

・生徒は**午前・午後・夜間**のいずれかの部に所属。自分のライフスタイルに合わせた選択ができる。授業は1日4時限が基本。

・通常は4年で卒業。ただし、**三修制向け授業**を受ければ、**3年間での卒業**も可能。

・千葉商科大学や江戸川大学と**高大連携事業**を実施。大学の授業を受講して単位を認定。

・1・2年次の国語・数学・英語の授業は**習熟度別**に行う。中学までの学習を補い、基礎・基本を着実に身につけ、高校の学習に意欲的に取り組めるようにしている。また、**情報**の授業では複数の教員による丁寧な指導が行われる。

・選択科目には**少人数編成**の講座も多く、アットホームな雰囲気で安心して学ぶことができる。

・ワープロ検定、情報処理検定、電卓検定などの資格取得が可能。

[部活動]

・午前部・午後部・夜間部が合同で活動している。

・令和4年度には、全国高校定時制通信制体育大会に**陸上競技部・サッカー部・バレーボール部・バスケットボール部・卓球部・柔道部・剣道部・バドミントン部**が出場した。

★設置部（※は同好会）

サッカー、バレーボール、バスケットボール、卓球、柔道、剣道、バドミントン、テニス、陸上競技、軟式野球、ダンス、ボランティア、郷土史、茶道、手芸、音楽、美術、書道、漫画イラスト研究、コンピュータ、軽音楽、演劇、文芸、写真、アロマ＆ハーブ研究、科学研究、※囲碁

[行　事]

4月　新入生オリエンテーション
6月　校外学習
9月　鵬南祭（文化祭）
10月　体育祭
12月　芸術鑑賞会

[進　路]（令和5年3月）

・就職説明会、進学説明会、進路ガイダンス、進学模試、入試説明会などを実施。夏休みには進学補習や就職講習を行っている。

★卒業生の進路状況

＜卒業生206名＞
大学60名、短大2名、専門学校48名、就職61名、その他35名

★卒業生の主な進学先

大妻女子大、神田外語大、国士舘大、駒澤大、東京電機大、東京理科大、日本大、和洋女子大

♣指定校推薦枠のある大学・短大など♣

江戸川大、敬愛大、淑徳大、千葉経済大、千葉工業大、千葉商科大、中央学院大、東京情報大、東洋大、明海大、流通経済大、和洋女子大　他

[トピックス]

・不登校を経験した生徒が多く、「**学び直し**」のできる、一人一人を大切にサポートする学校である。

・自分で担任を選ぶことができる**パーソナルチューター**（個別担任）を導入し、個々の生徒をサポートしている。

・標準服はあるが、式典は正装という決まりで、原則私服登校可。

・スクールカウンセラーやスクールソーシャルワーカーが配置されるなど、**教育相談体制が充実**している。

・**秋季入学者選抜**を実施。

[学校見学]（令和5年度実施内容）

★学校説明会　7・11月各1回
★個別相談会　10月1回
★鵬南祭　9月　制限公開
★学校見学は火～金曜日16時以降（要連絡）

入試！インフォメーション

受検状況	年度	学科名	募集定員	募集人員	志願者数	受検者数	倍率	入学許可候補者数
	R6	普通（午前部）	120	104	120	116	1.12	104
		普通（午後部）	120	104	123	119	1.14	104
		普通（夜間部）	80	66	64	64	0.97	66
	R5	普通（午前部）	120	104	130	130	1.25	104
		普通（午後部）	120	104	135	133	1.28	104
		普通（夜間部）	80	66	62	61	0.92	66

＜その他の定時制・通信制＞

※募集人員はすべて令和6年度入試のものです。
※所在地等は、全日制掲載ページをご参照ください。

①定時制単位制普通科

学校名	募集人員	全日制掲載ページ	学校名	募集人員	全日制掲載ページ
船橋（船橋市）	120	59	東金（東金市）	40	132
東葛飾（柏市）	80	88	長生（茂原市）	40	138
佐原（香取市）	40	120	長狭（鴨川市）	40	146
匝瑳（匝瑳市）	40	128	館山総合（館山市）	40	149
			木更津東（木更津市）	40	155

②定時制単位制専門学科

学校名	科名	募集人員	全日制掲載ページ	学校名	科名	募集人員	全日制掲載ページ
＜工業に関する学科＞							
千葉工業（千葉市中央区）	工業	40	39	市川工業（市川市）	工業	40	69
＜商業に関する学科＞							
千葉商業（千葉市中央区）	商業	40	37	銚子商業（銚子市）	商業	40	125

③通信制単位制普通科

学校名	募集人員	全日制掲載ページ
千葉大宮（千葉市若葉区）	500	＊

・＊は通信制のみの設置校。所在地、電話番号、最寄り駅は次のとおりです。
　〒264-8505　千葉市若葉区大宮町2699-1　☎ 043-264-1981
　交通　JR総武線千葉駅　バス20分

総　索　引

※校名は「県立」「市立」を除いた部分で配列されています。県立と市立で同一校名の高校、および市立高校については、校名のあとに「県立」「○○市立」と記載しております。
※校名のあとの「全」は全日制、「定」は定時制、「通」は通信制の略です。特に記載のない高校は全日制のみの設置校です。

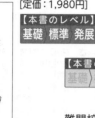
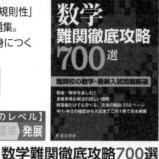

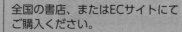

東京学参の
中学校別入試過去問題シリーズ

＊出版校は一部変更することがあります。一覧にない学校はお問い合わせください。

東京ラインナップ

あ 青山学院中等部(L04)
麻布中学(K01)
桜蔭中学(K02)
お茶の水女子大附属中学(K07)
か 海城中学(K09)
開成中学(M01)
学習院中等科(M03)
慶應義塾中等部(K04)
啓明学園中学(N29)
晃華学園中学(N13)
攻玉社中学(L11)
国学院大久我山中学
　　（一般・CC）(N22)
　　（ＳＴ）(N23)
駒場東邦中学(L01)
さ 芝中学(K16)
芝浦工業大附属中学(M06)
城北中学(M05)
女子学院中学(K03)
巣鴨中学(M02)
成蹊中学(N06)
成城中学(K28)
成城学園中学(L05)
青稜中学(K23)
創価中学(N14)★
た 玉川学園中学部(N17)
中央大附属中学(N08)
筑波大附属中学(K06)
筑波大附属駒場中学(L02)
帝京大中学(N16)
東海大菅生高中等部(N27)
東京学芸大附属竹早中学(K08)
東京都市大付属中学(L13)
桐朋中学(N03)
東洋英和女学院中学部(K15)
豊島岡女子学園中学(M12)
な 日本大第一中学(M14)

日本大第三中学(N19)
日本大第二中学(N10)
は 雙葉中学(K05)
法政大学中学(N11)
本郷中学(M08)
ま 武蔵中学(N01)
明治大付属中野中学(N05)
明治大付属八王子中学(N07)
明治大付属明治中学(K13)
立教池袋中学(M04)
わ 和光中学(N21)
早稲田中学(K10)
早稲田実業学校中等部(K11)
早稲田大高等学院中学部(N12)

神奈川ラインナップ

あ 浅野中学(O04)
栄光学園中学(O06)
か 神奈川大附属中学(O08)
鎌倉女学院中学(O27)
関東学院六浦中学(O31)
慶應義塾湘南藤沢中等部(O07)
慶應義塾普通部(O01)
さ 相模女子大中学部(O32)
サレジオ学院中学(O17)
逗子開成中学(O22)
聖光学院中学(O11)
清泉女学院中学(O20)
洗足学園中学(O18)
捜真女学校中学部(O29)
た 桐蔭学園中等教育学校(O02)
東海大付属相模高中等部(O24)
桐光学園中学(O16)
な 日本大中学(O09)
は フェリス女学院中学(O03)
法政大第二中学(O19)
や 山手学院中学(O15)
横浜隼人中学(O26)

千・埼・茨・他ラインナップ

あ 市川中学(P01)
浦和明の星女子中学(Q06)
か 海陽中等教育学校
　　（入試Ⅰ・Ⅱ）(T01)
　　（特別給費生選抜）(T02)
久留米大附設中学(Y04)
さ 栄東中学（東大・難関大）(Q09)
栄東中学（東大特待）(Q10)
狭山ヶ丘高校付属中学(Q01)
芝浦工業大柏中学(P14)
渋谷教育学園幕張中学(P09)
城北埼玉中学(Q07)
昭和学院秀英中学(P05)
清真学園中学(S01)
西南学院中学(Y02)
西武学園文理中学(Q03)
西武台新座中学(Q02)
専修大松戸中学(P13)
た 筑紫女学園中学(Y03)
千葉日本大第一中学(P07)
千葉明徳中学(P12)
東海大付属浦安高中等部(P06)
東邦大付属東邦中学(P08)
東洋大附属牛久中学(S02)
獨協埼玉中学(Q08)
な 長崎日本大中学(Y01)
成田高校付属中学(P15)
は 函館ラ・サール中学(X01)
日出学園中学(P03)
福岡大附属大濠中学(Y05)
北嶺中学(X03)
細田学園中学(Q04)
や 八千代松陰中学(P10)
ら ラ・サール中学(Y07)
立命館慶祥中学(X02)
立教新座中学(Q05)
わ 早稲田佐賀中学(Y06)

公立中高一貫校ラインナップ

北海道 市立札幌開成中等教育学校(J22)	都立三鷹中等教育学校(J29)
宮城 宮城県仙台二華・古川黎明中学校(J17)	都立南多摩中等教育学校(J30)
市立仙台青陵中等教育学校(J33)	都立武蔵高等学校附属中学校(J04)
山形 県立東桜学館・致道館中学校(J27)	都立立川国際中等教育学校(J05)
茨城 茨城県立中学・中等教育学校(J09)	都立小石川中等教育学校(J23)
栃木 県立宇都宮東・佐野・矢板東高校附属中学校(J11)	都立桜修館中等教育学校(J24)
群馬 県立中央・市立四ツ葉学園中等教育学校・ 市立太田中学校(J10)	**神奈川** 川崎市立川崎高等学校附属中学校(J26)
	県立平塚・相模原中等教育学校(J08)
埼玉 市立浦和中学校(J06)	横浜市立南高等学校附属中学校(J20)
県立伊奈学園中学校(J31)	横浜サイエンスフロンティア高校附属中学校(J34)
さいたま市立大宮国際中等教育学校(J32)	**広島** 県立広島中学校(J16)
川口市立高等学校附属中学校(J35)	県立三次中学校(J37)
千葉 県立千葉・東葛飾中学校(J07)	**徳島** 県立城ノ内中等教育学校・富岡東・川島中学校(J18)
市立稲毛国際中等教育学校(J25)	**愛媛** 県立今治東・松山西中等教育学校(J19)
東京 区立九段中等教育学校(J21)	**福岡** 福岡県立中学校・中等教育学校(J12)
都立大泉高等学校附属中学校(J28)	**佐賀** 県立香楠・致遠館・唐津東・武雄青陵中学校(J13)
都立両国高等学校附属中学校(J01)	**宮崎** 県立五ヶ瀬中等教育学校・宮崎西・都城泉ヶ丘高校附属中 学校(J15)
都立白鷗高等学校附属中学校(J02)	
都立富士高等学校附属中学校(J03)	**長崎** 県立長崎東・佐世保北・諫早高校附属中学校(J14)

公立中高一貫校「適性検査対策」問題集シリーズ

総合編　作文問題編　資料問題編　数と図形編　生活と科学編　実力確認テスト編

私立中・高スクールガイド
ザ THE 私立
私立中学＆高校の学校生活がわかる！

東京学参の
高校別入試過去問題シリーズ

*出版校は一部変更することがあります。一覧にない学校はお問い合わせください。

高校入試特訓問題集シリーズ

- 英語長文難関攻略33選(改訂版)
- 英語長文テーマ別難関攻略30選
- 英文法難関攻略20選
- 英語難関徹底攻略33選
- 古文完全攻略63選(改訂版)
- 国語融合問題完全攻略30選
- 国語長文難関徹底攻略30選
- 国語知識問題完全攻略13選
- 数学の図形と関数・グラフの
　融合問題完全攻略272選
- 数学難関徹底攻略700選
- 数学の難問80選
- 数学　思考力―規則性と
　データの分析と活用―

公立高校入試対策問題集シリーズ

- 目標得点別・公立入試の数学
　(基礎編)
- 実戦問題演習・公立入試の数学
　(実力錬成編)
- 実戦問題演習・公立入試の英語
　(基礎編・実力錬成編)
- 形式別演習・公立入試の国語
- 実戦問題演習・公立入試の理科
- 実戦問題演習・公立入試の社会

都道府県別 公立高校入試過去問シリーズ

- 全国47都道府県別に出版
- 最近数年間の検査問題収録
- リスニングテスト音声対応

2404A

― 参 考 資 料 ―

「令和6年度千葉県公立高等学校入学者選抜実施要項」
（千葉県教育庁教育振興部学習指導課）
千葉県教育委員会　公式ホームページ
千葉県公立高等学校　各校学校案内等資料・公式ホームページ

●この本の内容についてのお問い合わせは、

03-3794-3002

（東京学参）

までお願いいたします。

公立高校入試完全ガイド　2025年

千葉県

ISBN978-4-8141-3301-7

2024年7月29日　第1版

発行所：東京学参株式会社
東京都目黒区東山2－6－4　〒153－0043
編集部　ＴＥＬ．03（3794）3002
　　　　ＦＡＸ．03（3794）3062
営業部　ＴＥＬ．03（3794）3154
　　　　ＦＡＸ．03（3794）3164
　　　　ＵＲＬ．https://www.gakusan.co.jp/
　　　　Ｅ-mail　shoten@gakusan.co.jp
印刷所　株式会社シナノ

Printed in Japan ©　　東京学参　2024

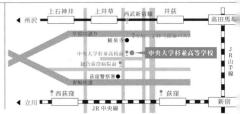

全国47都道府県を完全網羅

全国公立高校入試過去問題集シリーズ

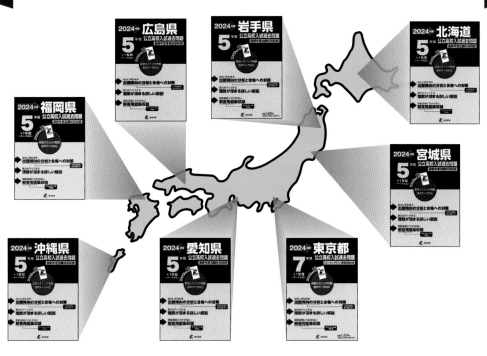

POINT

① **入試攻略サポート**
- 出題傾向の分析×**10年分**
- 合格への対策アドバイス
- 受験状況

② **便利なダウンロードコンテンツ**（HPにて配信）
- 英語リスニング問題音声データ
- 解答用紙

③ **学習に役立つ**
- 解説は全問題に対応
- 配点
- 原寸大の解答用紙を
  ファミマプリントで販売
  ※一部の店舗で取り扱いがない場合がございます。

最新年度の発刊情報は
HP（https://www.gakusan.co.jp/）をチェック！

愛知県　宮城県　こちらの2県は

予想問題集も発売中

＼＼実戦的な合格対策に!!／／